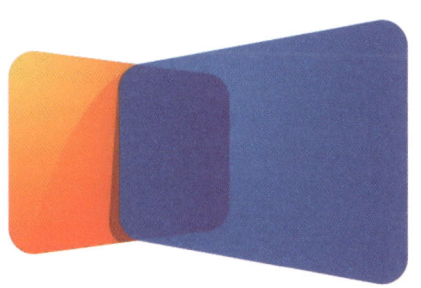

차세대 프리젠테이션 도구

프로프리젠터 7 가이드북

(ProPresenter Guidebook)

차세대 프리젠테이션 도구

프로프리젠터 7 가이드북 (ProPresenter Guidebook)

초판 발행 2024년 4월 22일
지은이 DVNEST Lab
펴낸곳 ㈜디브이네스트 / **주소** 서울시 금천구 가산디지털1로 205-27 626
전화 1544-5596 / **팩스** 02-6085-5596
홈페이지 www.dvnest.com
등록 2011년 6월 24일 제2011-000053호 / **ISBN** 979-11-85357-12-6
총괄 이광희 / **책임편집** 최가연 / **기획** 이승미

이 문서는 Renewed Vision, LLC의 독립 리셀러인 주식회사 디브이네스트에서 제작하였으며 Renewed Vision의 공식 판매품에 해당하지 않습니다. 이 문서는 저작권법에 의해 보호를 받습니다. 이 가이드북의 어떠한 부분도 제작사의 서면동의 없이 복제 또는 어떠한 형태의 변경을 할 수 없습니다.

저작권 © 주식회사 디브이네스트 : 2002-2024.
프로프리젠터, ProPresenter 제품명은 Renewed Vision의 등록상표입니다.

목 차

가이드북에 대하여 9

시작하기 11

    ProPresenter 다운로드 11

    ProPresenter 설치 12

    ProPresenter에 오신 것을 환영합니다 12

    ProPresenter 등록하기 17

인터페이스 21

    보기 모드 22

    도구 모음 (Toolbar) 31

    라이브러리 및 재생 목록 (Library and Playlist) 32

    미디어 빈 (Media Bin) 34

    컨트롤 표시 (Show Controls) 47

화면 구성 49

    디스플레이 용어 (Display Terminology) 49

    화면 구성 창 (Screen Configuration Window) 56

    청중의 외형 편집 (Audience Looks) 66

    스테이지 레이아웃 (Stage Layout) 70

    테스트 패턴 78

    예제 구성 80

슬라이드 작업 89

    슬라이드 편집기 89

    리플로우 뷰 (Reflow View) 131

테마 (Themes) 133

그룹 및 정렬 (Group and Arrangements) 137

슬라이드 작업 (Slide Action) 141

파일 작업 155

가져오기 (Importing) 155

내보내기 (Exporting) 163

마이그레이션(Migration) 166

인쇄 (Printing) 171

미디어 작업 175

미디어 큐 검사기 (Media Cue Inspector) 175

오디오 큐 검사기 (Audio Cue Inspector) 184

비디오 입력 (Video Input) 190

오디오 입력 (Audio Input) 192

컨트롤 표시 (Show Controls) 195

오디오 빈 (Audio Bin) 195

스테이지 (Stage) 200

타이머 (Timer) 201

메시지 (Messages) 203

프롭스 (Props) 211

다른 기능들 217

공지 사항 레이어 (The Announcement Layer) 217

오디오 라우팅 (Audio Routing) 218

성경 (Bibles) 222

캘린더 (Calendar) 232

통신 (Communications) 235

저작권 표시 (Copyright Display) 240

현지화 (Localization) 242

마스크 (Mask) 244

녹화 및 RTMP 스트리밍 (Recording and RTMP Streaming) 247

Resi를 통한 스트리밍 (Streaming with Resi) 251

타임라인 (Timeline) 256

전환 (Transitions) 258

설정 (Preferences) 261

일반 탭 (General Tab) 261

스크린 탭 (Screen Tab) 263

가져오기 탭 (Import Tab) 264

그룹 탭 (Group Tab) 265

입력 탭 (Input Tab) 266

네트워크 탭 (Network Tab) 272

동기화 탭 (Sync Tab) 273

Resi 탭 (Resi Tab) 274

서비스 탭 (Service Tab) 275

오디오 탭 (Audio Tab) 277

고급 탭 (Advanced Tab) 279

기기 탭 (Device Tab) 281

업데이트 탭 (Update Tab) 282

가이드북에 대하여

ProPresenter 사용자 가이드에 오신 것을 환영합니다. 이 페이지는 ProPresenter가 제공하는 다양한 기능을 엿볼 수 있도록 해드릴 것입니다. 아래의 각 섹션을 통해 어떤 정보를 얻을 수 있을지 확인해 보세요.

- **시작하기** – 이 영역에서는 컴퓨터에서 소프트웨어를 다운로드, 설치 및 등록하는 프로세스를 수행합니다. 이 기능은 처음 사용하는 경우에 사용됩니다. 소프트웨어를 사용하고 컴퓨터에 추가하는 작업을 수행합니다.

- **인터페이스** – 인터페이스는 슬라이드를 트리거 할 위치, 프로그램을 실행할 때 표시되는 내용 및 방법을 포함하여 프로그램의 많은 기본 창을 안내합니다. 프로그램에서 당신의 요소들을 정리하세요.

- **화면 구성** – 청중과 스테이지에 있는 사람들이 볼 수 있는 화면을 설정하는 방법을 설명합니다.

- **슬라이드 작업** – ProPresenter는 프레젠테이션 프로그램이므로 슬라이드가 주요 항목 중 하나입니다! 이 섹션에서는 슬라이드를 편집하는 방법과 흥미로운 프레젠테이션을 작성하기 위해 슬라이드로 수행할 수 있는 모든 다양한 작업에 대해 설명합니다.

- **파일 작업** – 프로그램으로 항목을 가져오고 내보내는 방법과 소프트웨어 인쇄의 기본 사항에 대해 알아봅니다.

- **미디어 작업** – 미디어에는 비디오, 이미지, 오디오 및 비디오 입력이 포함되며 이 섹션에서는 프로그램을 빌드할 때 소프트웨어에서 이러한 항목을 조합하는 방법에 대해 설명합니다.

- **기타 기능** – 이 섹션에서는 새롭고 흥미로운 방법으로 메시지를 전달할 수 있는 ProPresenter의 기본 기능에 대해 설명합니다.

- **환경설정** – 프로그램의 환경설정은 프로그램 자체의 작동 방식을 수정할 수 있는 여러 가지 방법을 제공합니다. 이 섹션에서는 이 창의 각 탭에 대해 설명하고 해당 설정이 사용자에게 미치는 영향에 대해 설명합니다.

시작하기

ProPresenter를 사용할 준비를 할 때 거쳐야 하는 세 가지 주요 단계는 다음과 같습니다.

1. 리뉴드비전 웹 사이트(www.renewedvision.com)에서 프로그램을 다운로드합니다.
2. 컴퓨터에 ProPresenter 프로그램을 설치합니다.
3. 프로그램을 구입하고 발급받은 라이센스를 등록하고 활성화합니다.

ProPresenter 다운로드

ProPresenter를 다운로드하려면 www.renewedvision.com의 다운로드 페이지로 이동합니다. 다운로드 페이지에는 Mac과 Windows에 대한 옵션이 모두 표시됩니다. 최신 버전은 다운로드 링크에 있으며 이전 버전은 버전 기록(Version History)에서 찾으실 수 있습니다. 항상 최신 업데이트를 다운로드하여 설치하는 것이 좋습니다.

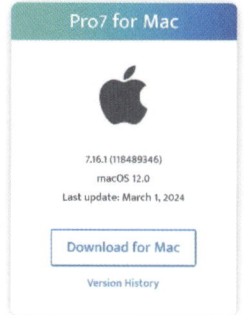

ProPresenter 설치

설치 프로세스는 Mac 또는 Windows 시스템에 따라 약간 다릅니다.

ProPresenter를 Mac에 설치하기 위해서는 웹 사이트에서 다운로드한 Zip 파일의 압축을 풀면 응용 프로그램 파일이 나타납니다. 해당 응용프로그램 파일을 Finder의 응용프로그램 폴더로 끌어다 놓은 다음 해당 폴더에서 응용프로그램 자체를 시작합니다. 원하는 경우 Dock에 추가할 수 있습니다. ProPresenter를 처음 열 때 바탕 화면 및 문서 폴더에 대한 프로그램 액세스를 허용하라는 메시지가 표시될 수 있습니다. ProPresenter는 기본적으로 해당 정보를 이 폴더에 내부적으로 저장하므로 이를 허용하는 것이 좋습니다.

Windows에 ProPresenter를 설치하려면 설치 관리자를 사용합니다. 이 설치 관리자에서는 프로그램이 이전 ProPresenter 버전의 프레젠테이션 파일과 함께 작동하도록 파일 연결을 설정하라는 메시지가 표시됩니다. 그런 다음 바탕 화면과 시작 메뉴에 원하는 바로 가기를 추가하라는 메시지가 표시됩니다. 마지막으로 설치가 시작되고 프로그램을 시작하라는 메시지가 표시됩니다.

ProPresenter에 오신 것을 환영합니다

컴퓨터에서 ProPresenter를 처음 열면 프로그램이 사용자를 환영하고 초기 사용을 위한 프로그램을 설정하는데 도움이 되는 새로운 단계별 안내를 시작합니다.

먼저 프로그램 창 자체의 기본 기능을 보여주는 영상이 나와 프로그램이 처음 시작될 때 보게 될 내용의 안팎을 설명합니다. 그런 다음 프로그램에 대한 라이센스 계약에 동의해야 합니다. 계속하면 마이그레이션 창이 나타납니다. 이 창에서는 ProPresenter 6에서 라이브러리와 해당 재생 목록, 미디어 빈, 오디오 빈 및 모든 설정/지원 파일을 가져올 수 있습니다.

이전 버전의 소프트웨어에서 이동하는 경우 많은 데이터를 빠르고 효율적으로 ProPresenter로 가져올 수 있는 좋은 옵션입니다!

지금 마이그레이션하지 않거나 마이그레이션할 이전 데이터가 없는 경우 마이그레이션 건너뛰기 창을 선택할 수 있습니다. 나중에 파일 > 가져오기 > ProPresenter Library로 이동하여 항상 기존 데이터를 마이그레이션하도록 선택할 수 있습니다.

마이그레이션이 완료되거나 건너뛰면 다음 창에서 단일 청중 화면과 스테이지 화면을 설정할 수 있습니다.

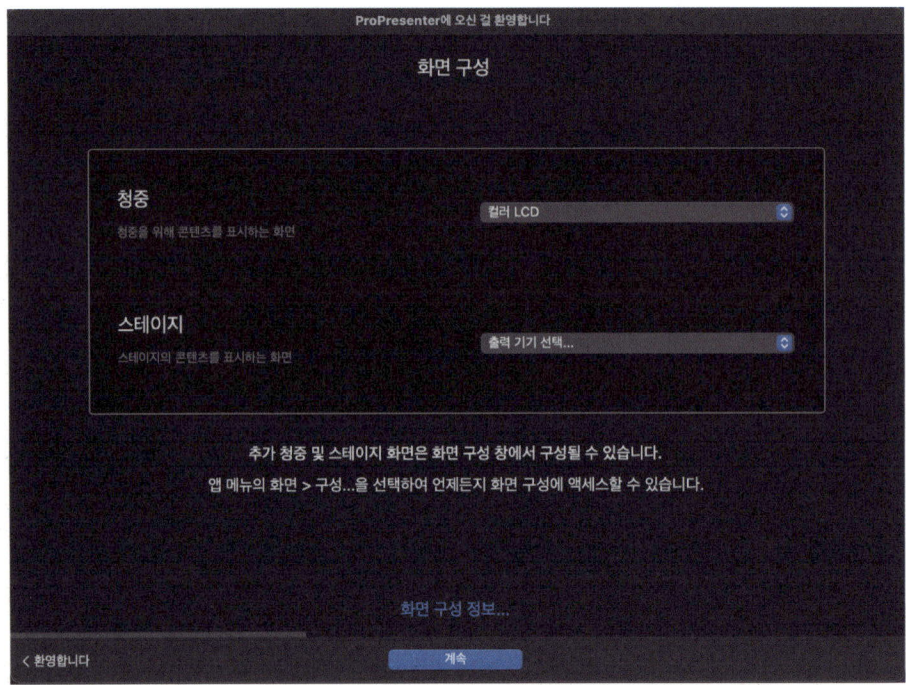

이 설정 창에서 현재 부착된 화면 또는 각 화면을 할당할 SDI 출력 장치를 선택할 수 있습니다.

NDI 또는 Syphon 출력에 대해서도 설정할 수 있습니다(Syphon은 Mac에만 해당). 현재 출력을 연결하지 않은 경우 나중에 출력을 할당할 수 있도록 자리 표시자를 선택하는 것이 가장 좋습니다. 이러한 화면을 설정했으면 계속을 클릭하고 옵션 창으로 이동할 수 있습니다.

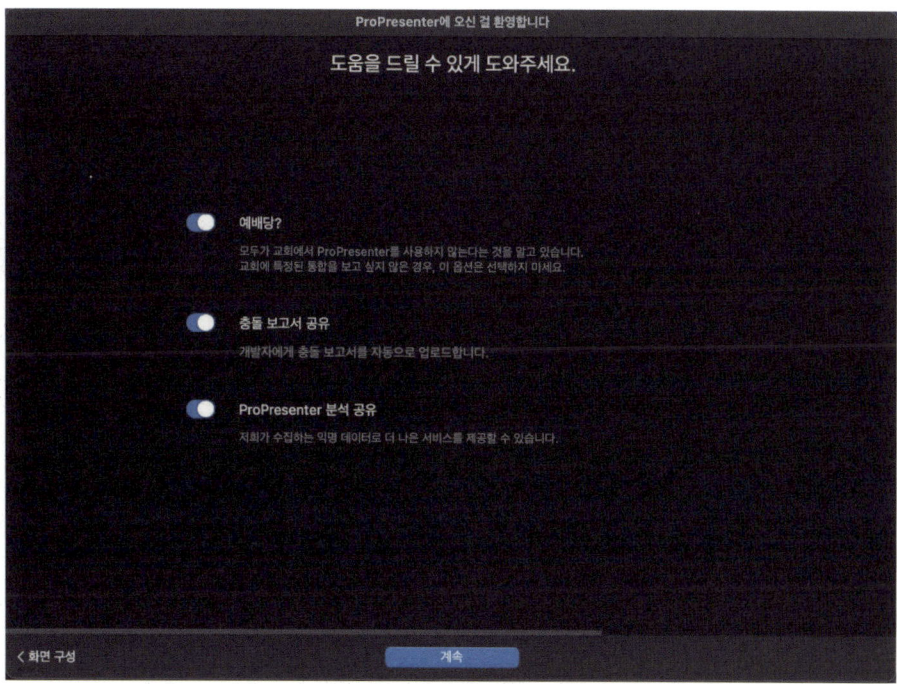

여기서는 프로그램에서 발생할 항목에 대한 세 가지 질문을 합니다.

1. **예배당(House of wership)** - 이것은 여러분이 성경 보기 뿐만 아니라 계획 센터 온라인과 찬양 선택 (Song Select) 같은 교회용 통합 프로그램으로 사용하기 원하는지 묻는 것입니다.

2. **충돌 보고서 공유** - 프로그램이 충돌하는 것을 보고 싶지 않고 발생할 가능성은 낮지만, 이 옵션을 사용하면 프로그램이 내부적으로 모든 사용자를 위해 프로그램을 개선할 수 있습니다!

3. **ProPresenter 분석 공유** - 사용자 환경을 개선하고 개선하는 과정에서 가장 많은 사용자가 프로그램을 사용하고 있는 부분이 무엇인지 알고 싶습니다. 이 옵션을 활성화하면 소프트웨어에서 가장 많이 사용하는 기능에 대한 데이터를 전송하고 미래에 대한 최상의 계획을 함께 세울 수 있습니다.

이 질문에 대한 답변을 마치면 소프트웨어 사용 및 작업 방법을 계속 배울 수 있는 유용한 리소스에 대한 링크를 제공합니다.

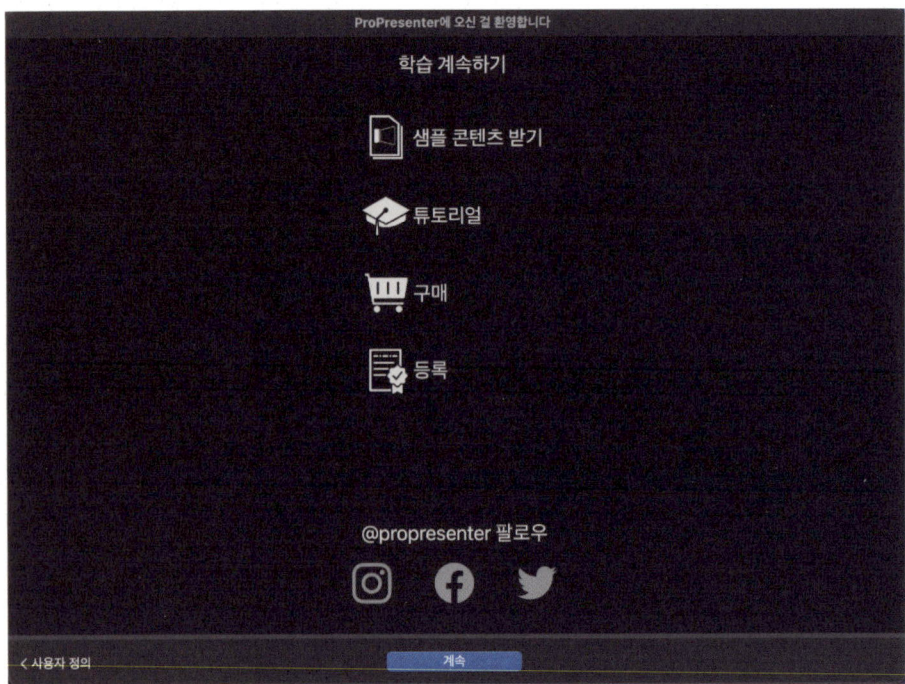

이 창에서 "계속"을 클릭하면 빠른 시작 마법사가 닫히고 ProPresenter 경험을 시작할 준비가 됩니다. 이 작업을 다시 수행할 시간을 찾거나 프로그램을 시작할 때 처음에 건너뛴 경우 언제든지 도움말 메뉴에서 "ProPresenter 시작" 옵션을 선택하여 이 안내서에 다시 액세스할 수 있습니다.

이제 소프트웨어 등록으로 이동할 수 있습니다.

ProPresenter 등록하기

ProPresenter를 사용하면 언제든지 전체 기능 프로그램을 실행할 수 있으며, 화면에 워터마크가 임의의 간격으로 표시됩니다. 이를 통해 프로그램을 물리적으로 등록할 필요 없이 프로그램 테스트뿐만 아니라 프레젠테이션을 만들고 내보낼 수 있습니다.

프로그램을 처음 시작할 때 프로그램 등록을 요청하는 대신 프로그램 창의 오른쪽 상단 모서리에 녹색 "등록 열기(Open Registration)" 아이콘이 있으며, 이 아이콘을 클릭하여 등록 창을 열 수 있습니다. 메뉴 모음에서 ProPresenter > Registration으로 이동할 수도 있습니다.

이렇게 하면 "등록 안 됨 (Not Registered)"이 표시되고 체험 시작(Start Trial), 구매 (Purchase) 및 등록 (Register) 버튼이 있는 창이 나타납니다.

소프트웨어를 평가판으로 사용하려면 여기서 **체험 시작(Start Trial)**을 클릭하고 양식으로 이동하여 프로그램 창에 두 평가판 코드를 바로 삽입할 수 있습니다.

구매(Purchase)를 클릭하면 스토어가 로드되어 프로그램을 사용하고자 하는 라이센스를 구매할 수 있습니다.

※ 한국 공식 리셀러 비디오마트 [www.videomart.kr]에서 구입이 가능합니다)

소프트웨어를 이미 구입했거나 잠금 해제 코드가 있는 경우 **등록(Register)** 버튼을 클릭하면 라이센스 정보를 입력할 수 있는 창이 열립니다.

이 창에는 ProPresenter를 구입하거나 새 버전으로 업그레이드할 때 전자 메일로 받은 등록 이름 및 잠금 해제 코드를 입력합니다. 또한 다음과 같은 장치 이름 필드가 표시됩니다

자동으로 장치 이름을 채웁니다. 이 이름은 서버에서 사용할 수 있으므로 자동 입력된 이름과 다른 이름을 사용하려면 여기서 해당 이름을 편집할 수 있습니다!

정보를 입력하고 등록을 클릭하면 아래와 같이 표시됩니다:

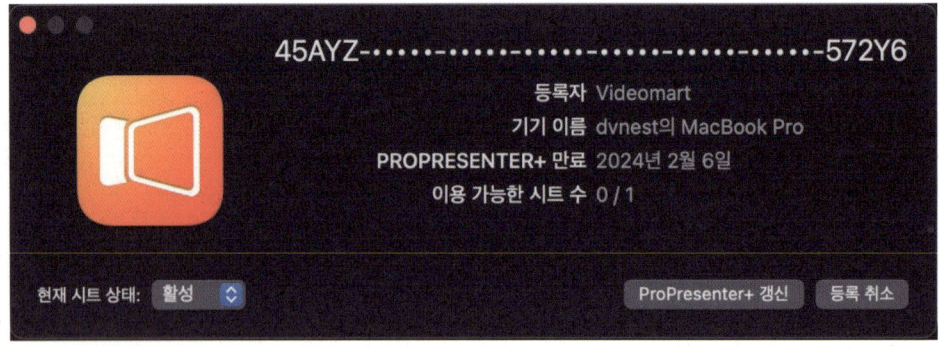

이 창에서는 맨 위에 잠금 해제 코드의 처음과 마지막 5개 문자가 표시됩니다. 또한 전체 등록자, 기기 이름(서버에 표시됨), ProPresenter+ 만료 날짜 및 사용 가능한 시트 수가 표시됩니다.

창 하단에 현재 시트 상태가 표시됩니다. 위 스크린샷에서 시트 상태는 "활성(Active)"입니다. 시트 상태가 "활성(Active)"이면 출력에 워터마크가 나타나지 않습니다. 이 드롭 다운을 열고 "비활성(Inactive)"을 선택할 수도 있습니다.

시트가 "비활성" 상태일 때 출력물에 워터마크가 표시되지만 이전에 구입한 성경을 포함하여 프로그램에 대한 전체 액세스 권한은 유효합니다.

※ 시트를 "비활성(Inactive)"으로 변경하면 해당 시트는 "사용 가능한 시트(available seats)"에 계산되지 않습니다. 따라서, 싱글 시트를 가지고 있는 경우 여러 대의 컴퓨터에서 등록할 수 있지만 하나의 "활성(Active)" 시트만 사용할 수 있게 됩니다.

이 창에서 사용 가능한 또 다른 옵션은 ProPresenter+ 계약을 갱신하는 것입니다. ProPresenter+ 유지 관리 계획을 사용하면 계획이 활성화되는 동안 모든 업데이트를 받을 수 있습니다. **ProPresenter+ 갱신(Renew ProPresenter+)** 버튼을 클릭하면 화면에 새 창이 열립니다. 해당 창에서 몇 년 동안 갱신할 것인지 선택한 다음 체크아웃을 진행할 수 있습니다!

이 창에는 소프트웨어 등록 취소 옵션도 있습니다. 시트를 다른 컴퓨터로 이동하려면 여기서 등록 취소를 클릭한 다음 라이센스 정보를 사용하여 새 컴퓨터에 시트를 등록할 수 있습니다.

인터페이스

ProPresenter의 사용자 인터페이스(프로그램과 상호 작용하는 기본 창)는 수 년에 걸쳐 현재 위치로 발전했습니다. 사용자 인터페이스의 목표는 효율적이고 사용하기 쉬운 동시에 강력한 제어 기능을 제공하는 것입니다.

이 페이지에서는 ProPresenter 내부에 있는 기본 창의 주요 기능에 대해 설명합니다.

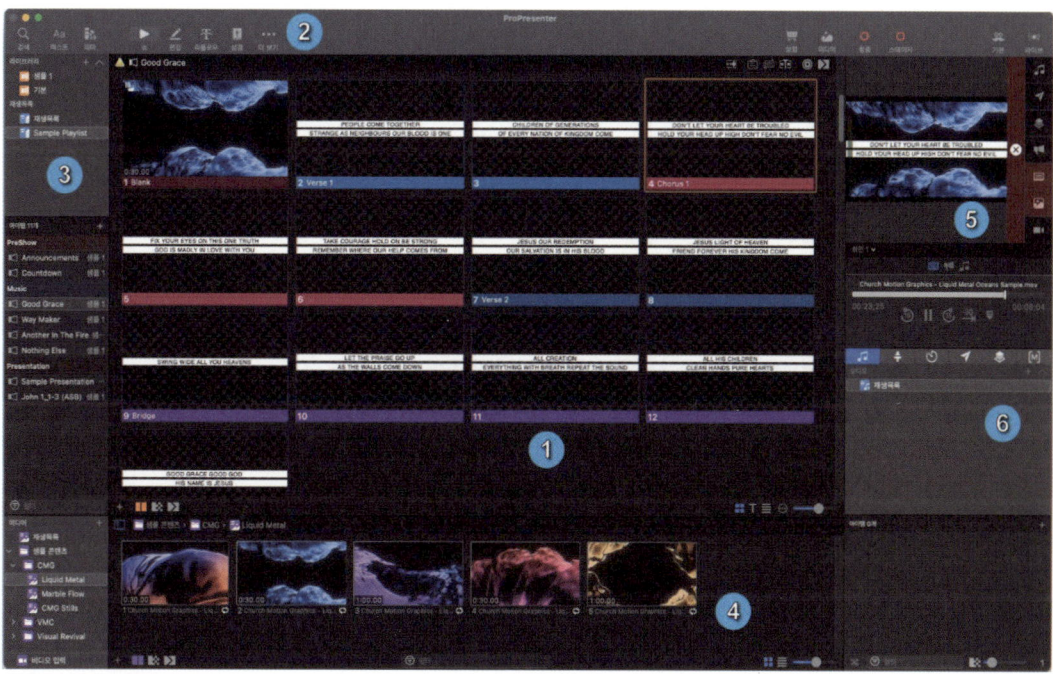

아래에서는 각 섹션에 대해 자세히 설명합니다:

1. 메인 영역은 슬라이드를 보고, 상호 작용하고, 빌드하는 뷰 모드입니다.

2. 메뉴 상단에는 ProPresenter의 다양한 영역으로 빠르게 이동할 수 있는 툴바가 있습니다.

3. 왼쪽 영역은 라이브러리의 모든 프레젠테이션과 재생 목록을 작성하는 곳입니다.

4. 하단에는 이미지/비디오 미디어 파일에 빠르게 액세스할 수 있는 미디어 빈이 있습니다.

(숨기기 가능)

5. 오른쪽 상단에는 ProPresenter에서 진행되는 모든 것이 표시됩니다. 미리 보기를 보거나 지우기 버튼을 클릭하거나 이 영역에서 현재 재생 중인 비디오의 진행 상황을 확인할 수 있습니다.

6. 오른쪽 아래에는 표시 제어 기능이 있습니다. 표시 제어(Show Controls)를 사용하면 프롭스(Props), 메시지 (Messages) 및 타이머 (Timer)와 같은 라이브 쇼를 준비하고 실행하기 위한 다양한 기능에 액세스할 수 있습니다.

보기 모드

ProPresenter에서 가장 많은 영역은 보기 모드 (View Mode)입니다. 이 영역은 ProPresenter의 중앙 영역을 포함하며 여러 용도로 사용됩니다. 도구 모음의 왼쪽 상단에 있는 버튼을 사용하여 이러한 기능을 전환할 수 있습니다.

쇼 보기 (Show View)

라이브 공연 중에는 대부분의 시간을 멀티 뷰의 쇼 뷰에서 보내게 될 것입니다. 슬라이드를 제어하고 화면으로 트리거하여 말 그대로 쇼를 실행할 수 있는 주요 ProPresenter 영역입니다.

프레젠테이션 머리글

1. **슬라이드 쇼 모드** – 슬라이드 쇼 버튼을 사용하여 특정 시간 동안 프레젠테이션의 모든 슬라이드를 실행하는 트리거 이벤트를 실행할 수 있습니다.
이 설정은 프레젠테이션 데이터와 슬라이드/큐 데이터에서 처리되므로 모든 슬라이드에서 'Go to Next Timer'를 추가하지 않고 각 타이머가 끝날 때 트리거 이벤트만 실행되며 모든 슬라이드에 적용됩니다.

   이런 식으로 슬라이드에 이미 다음 타이머로 이동이 있는 경우 슬라이드의 다음 타이머로 이동은 슬라이드 쇼 버튼에 설정된 시간을 재정의합니다.
또한 최종 슬라이드는 항상 프레젠테이션의 첫 번째 슬라이드로 되돌아갑니다. 이 설정을 활성화하면 파란색으로 표시되고 슬라이드가 실행되는 시간이 나열됩니다. 기본값은 5, 10, 15, 20이나 사용자 정의 시간을 설정하도록 선택할 수 있습니다.

2. **운영자 노트(Operator Notes)** – 이 버튼을 누르면 프레젠테이션 프로그램에 참고를 입력할 수 있는 작은 줄을 추가할 수 있습니다.
여기에 추가된 참고는 제목 바로 아래에 있는 어두운 회색 막대에 표시됩니다. 운영자 메모는 ProPresenter를 실행하는 사용자의 프레젠테이션과 관련된 일반적인 주의사항을 포함해야 하는 경우 유용합니다.

3. **그룹/정렬(Group/Arrangements)** – 이 버튼을 사용하여 정렬 창을 열거나 닫을 수 있습니다. 여기에서는 프레젠테이션에서 사용할 정렬을 설정할 수 있습니다.

4. **타임라인(Timeline)** – 프레젠테이션의 시간 표시 막대를 열 수 있습니다.
타임라인에는 슬라이드 간에 사용자 지정 타이밍을 사용하여 프레젠테이션을 만들 수 있고 오디오 트랙을 포함하거나 포함하지 않고 노래에 맞춰 슬라이드를 녹음할 수 있는 옵션이 있습니다.

5. **대상 타겟 (Destination Target)** - 대상 타겟 버튼을 사용하여 선택한 프레젠테이션을 프레젠테이션 또는 알림 계층으로 이동할지 여부를 설정할 수 있습니다.
여기서 사용자의 선택은 화면 및 청중 모양 설정 방법에 따라 달라집니다.

6. **프레젠테이션 전환(Presentation Transition)** – 프레젠테이션 전환은 프레젠테이션의

모든 슬라이드에 사용할 전환을 설정할 수 있습니다.
이렇게 하면 쇼 보기(Show View) 영역의 왼쪽 아래에 있는 글로벌 전환 세트가 재정의되고 전환이 로컬에 추가되어 재정의됩니다.

슬라이드 보기/트리거

이 영역에서 슬라이드를 볼 수 있는 방법에는 그리드 보기, 테이블 보기 및 사용자 환경 보기의 세 가지가 있습니다. 세 개의 버튼 중 하나를 클릭하여 보기 표시의 오른쪽 아래 모서리에서 사용 중인 보기를 변경할 수 있습니다. 네 번째 버튼은 해당 보기에 대한 설정입니다. 오른쪽 맨 아래에 있는 슬라이더는 보기 표시 영역의 썸네일 이미지 크기를 제어합니다.

그리드 뷰(Grid View)

그리드 보기는 ProPresenter의 기본 보기입니다. 각 슬라이드 썸네일에는 여러 가지 시각적

아이콘이 표시되어 각 슬라이드에서 트리거되는 내용을 알 수 있습니다. 바로 가기 키 및 기타 슬라이드 작업 아이콘은 슬라이드 썸네일 이미지의 왼쪽 상단 모서리에 표시되고 로컬 전환이 슬라이드에 설정된 경우 썸네일 이미지의 오른쪽 하단에 전환 아이콘이 표시됩니다. 활성 슬라이드의 윤곽은 주황색으로 표시됩니다.

오른쪽 하단의 설정에는 그룹별 슬라이드 및 배경색의 두 가지 옵션이 있습니다. **그룹별 슬라이드(Slides by Group)**가 활성화된 경우 슬라이드는 개별 그룹으로 분류되고 더 많은 그룹이 표시됩니다. 정렬을 사용하는 경우 정렬에서 그룹의 각 인스턴스가 분리됩니다. 이 보기는 곡에 대해 미리 설정된 순서가 없고 곡의 각 섹션을 빠르게 찾을 수 있기를 원하는 경우에 유용할 수 있습니다.

배경색(Background Color)을 사용하면 썸네일 이미지의 슬라이드 배경색을 변경할 수 있습니다. 슬라이드의 실제 출력에는 영향을 주지 않으며 슬라이드를 더 잘 볼 수 있도록 썸네일 이미지에만 적용됩니다.

테이블 뷰 (Table View)

테이블 보기는 그리드 보기 및 사용자 환경 보기와 유사하지만 썸네일 이미지 외에도 슬라이드 텍스트의 일반 텍스트 보기도 제공됩니다. 이 보기에서는 동일한 아이콘을 사용하여 작업 및 전환을 나타냅니다.

이 보기에는 프레젠테이션에 추가한 슬라이드 노트도 포함됩니다. 활성 슬라이드는 주황색이며 그리드/간편 보기보다 더 명확합니다.

여기서의 설정은 간편 보기와 비슷하지만 보기 오른쪽에 있는 슬라이드 텍스트의 일반 텍스트 보기에 영향을 줍니다. 슬라이드 미리 보기의 배경색을 별도로 설정하는 것과 함께 테이블 자체의 배경색을 설정할 수도 있습니다.

쉬운 보기 (Easy View)

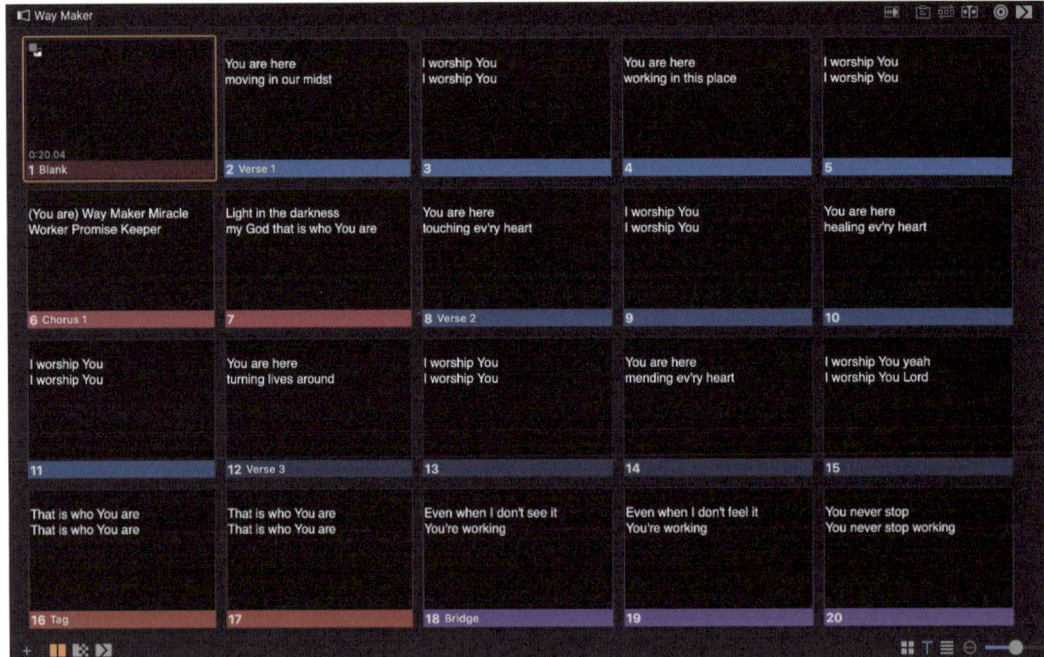

쉬운 보기(Easy View)는 슬라이드의 출력을 직접 변경하지 않고 미리 보기의 모양을 설정할 수 있는 ProPresenter의 새로운 보기 옵션입니다. 이 보기는 그리드 보기와 비슷하지만 슬라이드 미리 보기에 미디어 작업이 표시되지 않으며 설정에 따라 텍스트 형식이 지정됩니다.

설정 탭에서 미리 보기의 텍스트 모양에 대한 다음 항목을 설정할 수 있습니다.

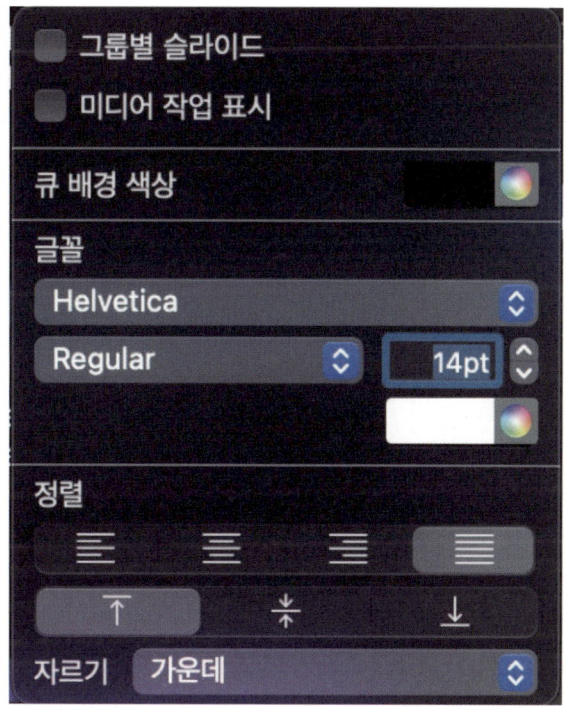

- **그룹별 슬라이드(Slides By Group)**: 그리드 보기에서와 마찬가지로 슬라이드가 개별 그룹으로 분할되어 더 많은 그룹으로 표시됩니다.

- **큐 배경 색상 (Cue Background color)**: 색상 팔레트에서 썸네일의 배경 색상을 변경할 색상을 선택합니다.

- **글꼴(Font Formatting)**: 글꼴 유형, 스타일, 크기 및 색상을 변경합니다. 이렇게 하면 슬라이드에 있는 내용을 더 잘 읽도록 텍스트를 설정할 수 있습니다. 이 기능은 썸네일 이미지에서 보기 어려운 작은 크기의 슬라이드가 있는 경우에 특히 유용합니다.

- **정렬(Alignment)**: 여기서 썸네일 이미지에서 슬라이드 텍스트의 수평 또는 수직 정렬을 설정할 수 있습니다.

- **자르기(Truncate)**: 자르기를 사용하면 텍스트가 너무 커서 안에 들어갈 수 없는 경우 축소 이미지에 표시되지 않는 텍스트 부분을 선택할 수 있습니다. 슬라이드 텍스트의 처음, 가운데, 종료(끝)에서 자를 수 있습니다.

기타 옵션

슬라이드를 보는 방법과 여기서 슬라이드를 트리거하는 방법에 영향을 줄 수 있는 몇 가지 다른 옵션이 있습니다.

트리거된 프레젠테이션 표시 / 알림 표시

프레젠테이션 표시(Show Triggered Presentation) 및 트리거된 알림 표시(Show Triggered Announcement) 옵션을 사용하면 현재 표시되는 항목을 프레젠테이션 및 알림 계층에 빠르게 로드할 수 있습니다. 이러한 항목은 프레젠테이션 메뉴에 있습니다.

- **트리거된 프레젠테이션 표시 (Show Triggered Presentation)**는 현재 표시되는 프레젠테이션을 표시 계층에서 표시 보기로 로드합니다. Mac에서는 Command-L, PC에서는 Control-L의 바로 가기 키를 사용하여 이 항목을 로드할 수도 있습니다.

- **트리거된 알림 표시(Show Triggered Announcement)**는 알림 계층에서 보기로 현재 표시되는 프레젠테이션을 로드합니다. Mac에서는 Shift-Command-L 또는 PC에서는 Shift-Control-L의 바로 가기 키를 사용하여 이 항목을 로드 할 수 있습니다.

연속 재생 목록 (Continuous Playlist)

이전 버전의 ProPresenter에서는 이 뷰를 "연속(Contiguous)" 뷰라고 했습니다.

이렇게 하면 재생 목록의 모든 항목을 한 번에 표시 보기로 로드 할 수 있으므로 전체 재생 목록을 한 번에 스크롤할 수 있습니다. 메뉴 모음에서 보기 > 연속 재생 목록으로 이동하여 이 기능을 설정/해제할 수 있습니다.

글로벌 전환 제어(Global Transition Control)

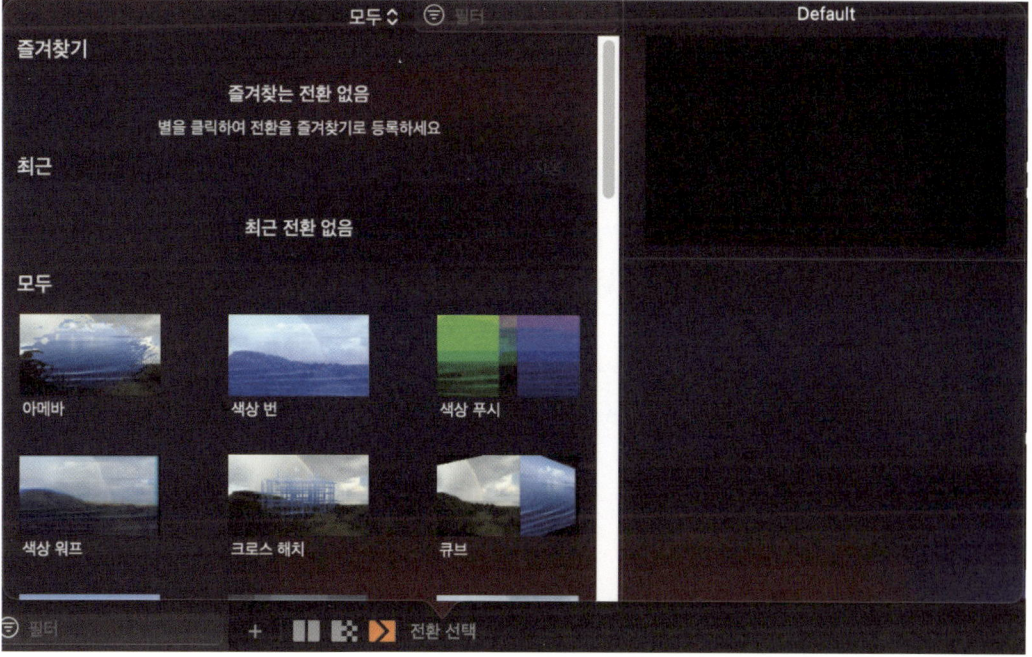

보기 하단에는 마스터 슬라이드 전환을 결정하는 세 개의 전환 버튼이 있습니다. 다른 전환을 사용할 이유가 없는 한 모든 슬라이드가 사용하는 "기본 전환"으로 사용하는 것이 좋습니다.

여기서 잘라내기, 디졸브 또는 고급 전환을 설정할 수 있습니다.

편집 보기 (Edit View)

편집 보기 버튼을 클릭하면 ProPresenter의 편집기가 나타납니다.

리플로우 뷰 (Reflow View)

리플로우 뷰를 사용하면 프레젠테이션의 텍스트를 빠르고 쉽게 편집할 수 있습니다. Reflow 보기 버튼을 클릭하여 Reflow 편집기를 엽니다.

성경 보기 (Bible View)

많은 ProPresenter 사용자들은 청중들에게 성경 구절을 빨리 보여주고 싶어합니다. 성경 보기를 사용하면 주어진 시간에 화면에 하나 이상의 성경 구절을 빠르게 표시할 수 있습니다.

더 보기

스테이지 편집기 (Stage Editor) 또는 프롭스 편집기 (Props Editor)와 같이 ProPresenter에서 사용할 수 있는 몇 가지 보기 모드가 있습니다. 이러한 모든 경우 도구 모음의 "자세한 내용" 버튼이 강조 표시됩니다. 기본 보기 중 하나로 돌아가려면 연결된 보기 버튼을 클릭하면 해당 보기가 닫힙니다.

도구 모음 (Toolbar)

도구 모음은 ProPresenter 사용자 인터페이스의 맨 위에 있으며 ProPresenter의 많은 기능에 빠르게 액세스할 수 있습니다.

왼쪽 상단부터:

- **검색(Search)**: 검색 창을 표시합니다.
- **텍스트(Text)**: 메뉴의 옵션을 사용하여 현재 선택한 슬라이드 또는 프레젠테이션에 새 텍스트 형식을 적용할 수 있습니다.
- **테마(Theme)**: 새 템플릿을 현재 선택한 슬라이드 또는 프레젠테이션에 빠르게 적용할 수 있습니다.

다중 보기 버튼:

- **쇼(Show)**: 보기 표시
- **편집(Edit)**: 편집 보기 표시
- **리플로우(Reflow)**: 리플로우 뷰 표시
- **성경(Bible)**: 성경 보기 표시
- **더 보기(More)**: 슬라이드 편집기를 제외한 모든 편집기(예: 프롭스 편집기, 테마 편집기, 스테이지 레이아웃 편집기)에 대한 액세스 권한이 있는 메뉴를 엽니다.

기능 버튼:

- **상점(Store)**: 미디어 저장소 토글
- **미디어(Media)**: 미디어 빈 토글

라이브러리 및 재생 목록 (Library and Playlist)

ProPresenter 사용자 인터페이스의 맨 왼쪽 섹션에서는 라이브러리 및 재생 목록에 있는 프레젠테이션과 상호 작용할 수 있습니다.

프레젠테이션(Presentation)은 간단한 슬라이드 그룹입니다. 즉, 쉽게 액세스할 수 있도록 여러 슬라이드를 그룹화하려면 언제든지 프레젠테이션을 만들고 해당 슬라이드를 해당 프레젠테이션에 추가합니다. 프레젠테이션의 일반적인 예로는 노래, 스피커 노트 또는 알림이 있습니다.

라이브러리(Library)는 프레젠테이션의 대규모 데이터베이스로, 일반적으로 사용자가 만들고 다시 사용하려는 모든 프레젠테이션을 포함합니다. 예를 들어 사용 가능한 모든 노래가 들어 있는 라이브러리가 있거나 해당 프레젠테이션 컴퓨터에서 실행될 다양한 유형의 서비스에 대해 서로 다른 라이브러리가 있을 수 있습니다. 라이브러리는 항상 프레젠테이션을 알파벳 순으로 정렬합니다.

재생 목록(Playlist)은 일반적으로 특정 이벤트 또는 서비스를 나타내는 작은 프레젠테이션 그룹입니다. 예를 들어, 이벤트 또는 서비스가 다가오는 경우 재생 목록을 만든 다음 해당 재생 목록에 프레젠테이션을 추가하고 이벤트 또는 서비스에서 사용되는 순서대로 구성합니다.

> ※ 참고: 프레젠테이션은 여러 라이브러리에 있을 수 있지만 각 프레젠테이션은 다른 파일로 표시됩니다. 프레젠테이션이 위치한 라이브러리의 속성을 가지고 있다고 생각해보세요. 해당 프레젠테이션을 하나 이상의 재생 목록(또는 단일 재생 목록에 두 번 이상)에 추가할 수도 있지만 재생 목록은 원래 프레젠테이션을 참조하는 것일 뿐입니다. 따라서 프레젠테이션(라이브러리 또는 재생 목록)을 변경하는 위치는 중요하지 않으며 해당 프레젠테이션을 참조하는 모든 재생 목록이 변경됩니다.

ProPresenter의 왼쪽 상단에서 라이브러리 및 재생 목록을 보고
구성할 수 있습니다.

+ 버튼을 클릭하여 다음을 수행합니다:

- 새 라이브러리 추가
- 새 프레젠테이션 추가
- 새 재생 목록 추가
- 새 재생 목록 폴더 추가
- 계획 센터 서비스 추가

^ 버튼을 클릭하면 라이브러리 및 재생 목록 섹션이 숨겨지므로 운영자가 현재 선택한 콘텐츠에만 집중할 수 있습니다. 이 모드에서는 현재 재생 목록 또는 라이브러리의 이름이 위쪽에 표시됩니다.

모든 재생 목록 및 라이브러리 목록을 표시하려면 이 이름을 클릭한 다음 새 재생 목록 또는 라이브러리를 클릭하여 해당 항목의 내용을 표시합니다. v 버튼을 클릭하여 라이브러리 및 재생 목록 섹션을 다시 표시합니다.

라이브러리 (Libraries)

라이브러리를 클릭하고 드래그하여 라이브러리를 다시 정렬합니다. 라이브러리 이름을 변경하려면 라이브러리에서 마우스 오른쪽 버튼을 누른 후 **이름 변경(Rename)**을 선택합니다. 라이브러리를 삭제하려면 라이브러리를 마우스 오른쪽 버튼으로 클릭하고 **삭제(Delete)**를 선택하거나 라이브러리를 선택하고 삭제 또는 백스페이스 키를 누릅니다.

라이브러리를 선택한 경우 이 영역의 맨 아래에 "필터" 옵션이 있습니다. 여기서 특정 라이브러리에서 프레젠테이션 제목이나 제목의 일부를 검색하여 원하는 항목을 좁힐 수 있습니다. 여러 개의 라이브러리가 있는 경우 열려 있는 특정 라이브러리만 보기 때문에 특히 유용합니다.

재생 목록 (Playlist)

재생 목록을 클릭하고 드래그하여 재생 목록을 다시 정렬합니다. 재생 목록의 이름을 바꾸려면 재생 목록을 마우스 오른쪽 버튼으로 클릭하고 **이름 바꾸기(Rename)**를 선택하거나 재생 목록을 선택하고 잠시 기다린 후 이름을 다시 클릭합니다. 재생 목록을 삭제하려면 재생 목록을 마우스 오른쪽 버튼으로 클릭하고 **삭제(Delete)**를 선택하거나 재생 목록을 선택하고 삭제 또는 백스페이스 키를 누릅니다.

재생 목록을 마우스 오른쪽 버튼으로 클릭하고 내보내기를 선택하거나 재생 목록을 선택하고 메뉴 모음에서 **파일 > 내보내기 > 재생 목록...**을 선택하여 재생 목록을 내보낼 수 있습니다.

미디어 빈 (Media Bin)

메인 ProPresenter 창의 맨 아래에 있는 미디어 빈(Media Bin)은 스틸 이미지와 비디오를 구성하고 트리거할 수 있는 좋은 방법입니다.

미디어 빈을 표시하거나 숨기려면:

- 기본 ProPresenter 창의 오른쪽 상단에 있는 Media(미디어) 버튼을 클릭합니다.
- 메뉴 바에서 보기 > 미디어 빈을 선택합니다.
- Mac에서는 Control-V를 누르고 PC에서는 Control-Shift-V를 누릅니다.

> ※ 참고: 이 섹션에서 "미디어"는 정지 이미지 및 비디오를 의미합니다. 오디오는 오디오 빈을 통해 구성해야 하므로 오디오를 미디어 빈에 추가할 수 없습니다.

미디어 빈은 왼쪽의 미디어 재생 목록 및 폴더를 나열하는 개요 보기와 오른쪽의 세부 정보 보기의 두 섹션으로 나뉩니다. 두 섹션의 크기를 조정하려면 섹션 사이의 구분선을 클릭하여 끕니다. 칸막이를 클릭하여 미디어 빈의 상단을 가로질러 끌어서 더 크게 또는 더 작게 만듭니다.

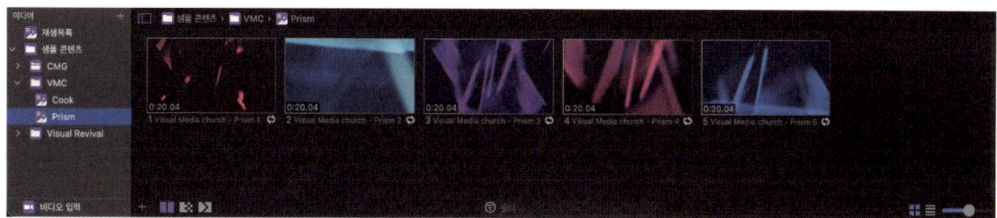

미디어 재생 목록 (Media Playlist)

미디어 빈의 왼쪽에는 미디어를 구성하는데 도움이 되는 여러 **미디어 재생 목록(Media Playlist)**이 있습니다. **스마트 재생 목록(Smart Playlist)**을 추가하여 ProPresenter가 컴퓨터의 폴더 내용을 자동으로 반영하도록 하고 **재생 목록 폴더(Playlist Folders)**를 추가하여 미디어 재생 목록을 구성할 수 있습니다.

미디어 재생 목록(Media Playlist)은 전경 및 배경 미디어를 모두 포함할 수 있는 재생 목록입니다. 간단히 미디어 재생 목록에 미디어 파일을 구성하고 분리하기 위한 컨테이너로 생각해봅시다. 예를 들어, 느린 작업 배경과 빠른 작업 배경을 위한 미디어 재생 목록이 있을 때, 파란색을 기본 색으로 하고 빨간색을 기본 색으로 하는 미디어를 사용할 수 있습니다. 필요한 만큼 미디어 파일을 미디어 재생 목록에 추가, 제거 및 정렬할 수 있습니다.

스마트 재생 목록(Smart Playlist)은 컴퓨터의 폴더를 보고 컴퓨터의 폴더를 기반으로 미디어를 자동으로 추가 및 제거하는 특수 유형의 미디어 재생 목록입니다. 컴퓨터의 운영 체제를 통해 수동으로 스마트 재생 목록 미디어를 추가하거나 제거할 수 없습니다. 운영 체제를 열고 해당 폴더에서 미디어를 추가하거나 제거하면 ProPresenter가 즉시 변경 사항을 반영하도록 업데이트됩니다.

> ※ 참고: 스마트 재생 목록은 "재귀적(Recursive)"입니다. 즉, 사용자가 가리키는 폴더뿐만 아니라 해당 폴더 내의 하위 폴더도 검색합니다.

재생 목록 폴더(Playlist Folders)는 미디어 재생 목록 및 스마트 재생 목록을 구성하기 위한 폴더입니다. 즉, 폴더 자체에는 미디어가 포함될 수 없고 대신 미디어가 포함된 재생 목록이 포함됩니다.

항상 표시되는 두 가지 특별한 미디어 재생 목록이 있습니다:

- **다운로드**(Downloads)에는 리뉴드비전 미디어 상점에서 다운로드한 미디어가 포함되어 있으며 미디어 상점에서 파일을 다운로드한 후에만 표시됩니다.
- **비디오 입력**(Video Input)은 기본 설정의 비디오 입력 탭에서 설정한 비디오 입력을 표시합니다.

재생 목록 또는 폴더를 클릭하여 끌어서 재생 목록 영역을 구성합니다. + 버튼을 클릭하여 다음을 수행합니다:

- 새 재생 목록 만들기
- 새 스마트 재생 목록 만들기
- 새 재생 목록 폴더 만들기

재생 목록의 이름을 바꾸려면 해당 재생 목록을 선택하고 몇 초 동안 기다린 다음 이름을 다시 클릭합니다.

미디어 큐 (Media Cues)

미디어 빈의 기본 영역에는 현재 선택한 미디어 재생 목록의 내용이 표시됩니다. 즉, 가장 최근에 클릭한 재생 목록에 포함된 모든 미디어가 표시됩니다.

이 영역은 용도가 다양합니다. 미디어를 구성하고 준비하는데 도움이 됩니다. 주어진 미디어의 많은 속성을 빠르게 볼 수 있습니다. 미디어를 클릭하기만 하면 미디어를 실행(청중 화면으로 전송)할 수 있습니다. 또한 미디어 빈에서 미디어를 슬라이드 보기의 슬라이드 바로 위로 빠르게 끌어서 해당 미디어를 해당 슬라이드에 작업으로 연결할 수 있습니다.

컴퓨터의 운영 체제에서 이 섹션으로 미디어를 끌거나 왼쪽 아래에 있는 +를 클릭하여 미디어를 추가합니다.

미디어를 클릭하여 끌어서 수동으로 미디어를 구성하거나, 미디어 조각을 마우스 오른쪽 버튼으로 클릭하고 정리 기준 위에 마우스를 올린 다음 해당 범주별로 미디어를 정렬하는 옵션 중 하나를 선택합니다.

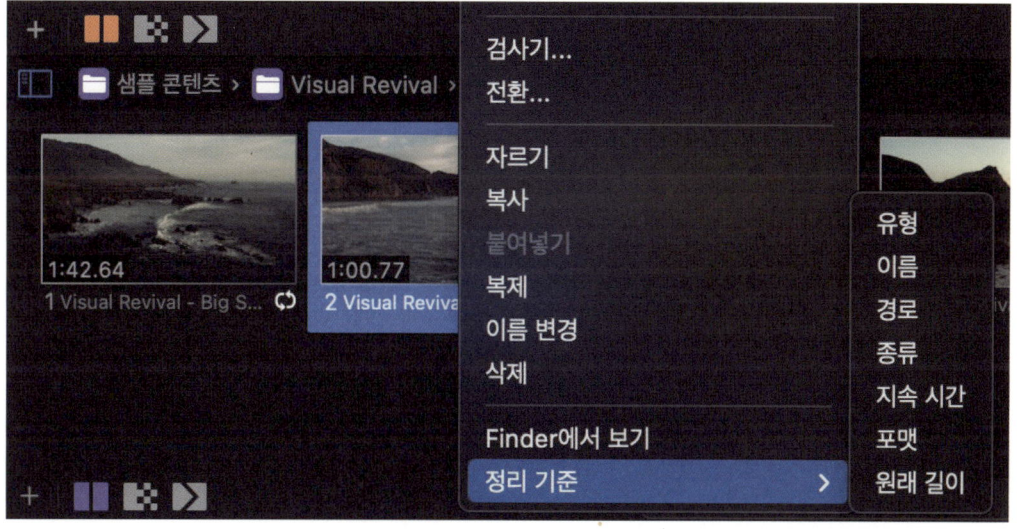

왼쪽 아래에서 기본 미디어 전환 효과/시간을 제어하기 위한 전환 옵션 중 하나를 선택합니다.

※ 참고: 기본 미디어 전환은 특정 미디어 작업에 추가되는 전환에 의해 무시될 수 있습니다.

미디어 빈 하단에서 **필터(Filter)** 텍스트 상자를 클릭하여 현재 선택한 재생 목록의 모든 미디어 이름을 검색합니다. **X 버튼**을 클릭하여 검색을 지웁니다.

미디어 빈의 오른쪽 아래에서 미디어 썸네일이 미디어 빈에 표시되는 방식을 제어할 수 있습니다. 슬라이더를 끌어서 썸네일 이미지를 더 크게 또는 더 작게 만듭니다. 미디어 빈에는 두 가지 보기가 있습니다:

- **그리드 보기(Grid view)**: 미디어 썸네일은 그리드로 표시되며, 더 많은 썸네일을 표시하지만 미디어 자체에 대한 제한된 정보를 표시합니다.

- **테이블 보기(Table View)**: 미디어 썸네일은 테이블에 표시됩니다. 이렇게 하면 표시되는 썸네일의 수가 제한되지만 경로(컴퓨터에 미디어가 있는 위치), 기간, 형식 및 제작자(미디어 상점에서 다운로드한 경우)와 같은 미디어 자체에 대한 자세한 정보를 제공합니다. 표 보기에서 열을 전환하려면 헤더를 마우스 오른쪽 버튼으로 클릭하고 전환할 열을 클릭합니다.

미디어 미리 보기를 마우스 오른쪽 버튼으로 클릭하면 다음과 같은 다양한 옵션이 제공됩니다:

- **모드 (Mode)**: 미디어가 재생할 레이어(포그라운드 또는 백그라운드)를 제어합니다.
- **크기 조정 (Scaling)**: 미디어의 크기를 조정하는 방법을 제어합니다. (조정해서 맞추기, 조정해서 채우기, 늘려서 채우기)
- **재생 모드 (Playback)**: 동영상이 끝날 때 동영상을 정지, 반복, 소프트 반복으로 재생할지 여부를 제어합니다.

- **다음 큐(Next Cue)**: 비디오 끝에서 재생할 미디어 파일(있는 경우) 제어

> ※ 다음 큐 설정은 미디어 빈 재생 목록에만 적용할 수 있으며 미디어 큐가 슬라이드 또는 라이브러리 재생 목록에 작업으로 추가된 경우 전송되지 않습니다.

- **검사기(Inspector)**: 미디어 검사기를 엽니다.

- **전환(Transitions)**: 이 미디어 파일에 대한 고유한 전환 효과를 설정할 수 있습니다.

- **Finder에서 보기(Show in Finder)** 또는 **파일 탐색기에 표시(Reveal in File Explorer)**: 시스템에서 미디어 파일이 저장된 위치를 표시합니다.

- **정리 기준(Clean in By)**: 선택한 옵션을 기준으로 현재 재생 목록을 정렬합니다.

- **잘라내기, 복사, 붙여넣기, 삭제**: 파일 작업의 표준 사용 명령입니다.

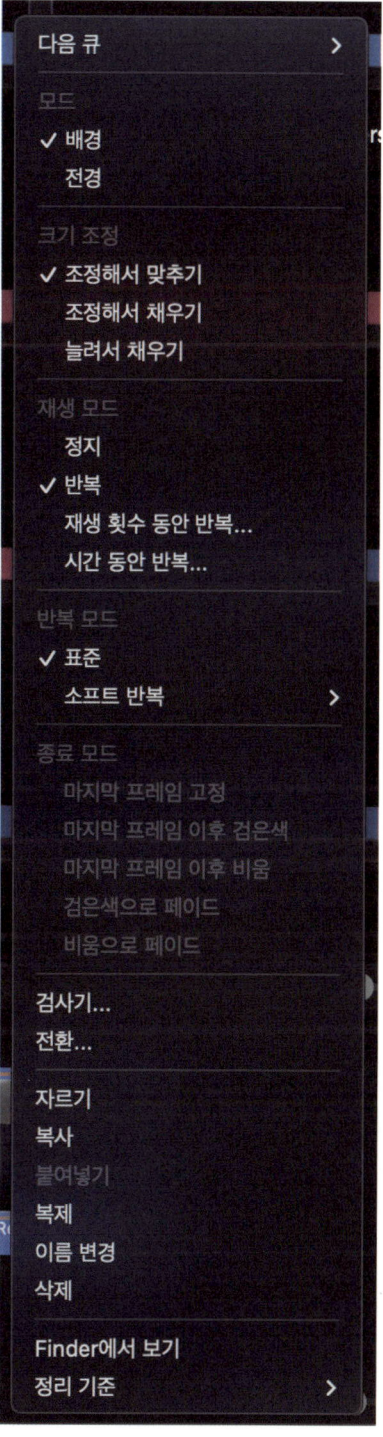

미디어 빈 작업 (Media Bin Actions)

ProPresenter 7.3 릴리스부터는 이제 슬라이드 클릭 한 번으로 미디어 빈에서 재생 목록을 트리거할 수 있습니다. 이 기능은 스마트 재생 목록에서 알림과 같은 미디어의 전체 재생 목록을 트리거하려는 경우에 매우 유용합니다.

미디어 재생 목록을 미디어 상자에서 프레젠테이션의 슬라이드로 끌어서 이 작업을 수행할 수 있습니다. 또한 슬라이드 앞이나 뒤에 추가하여 이 작업에 대한 고유한 슬라이드 큐를 만들거나 슬라이드에 미디어 빈 재생 목록을 추가하여 액션 팔레트에서 추가할 수 있습니다.

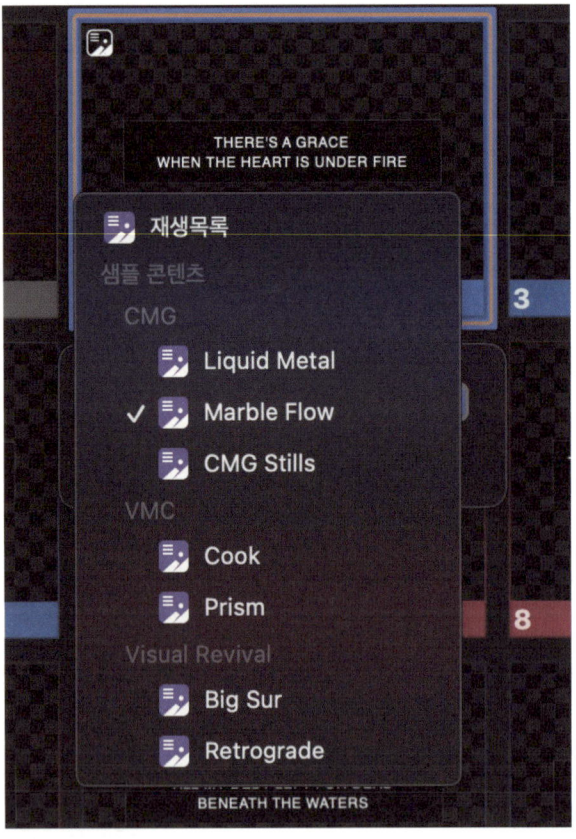

미리보기 창 (Preview Window)

ProPresenter의 기본 창 오른쪽 상단에 있는 ProPresenter의 미리 보기 영역을 사용하면 ProPresenter의 출력을 볼 수 있을 뿐만 아니라 청중 및 스테이지 화면을 빠르게 켜고 끌 수 있으며 콘텐츠 계층을 지울 수 있습니다.

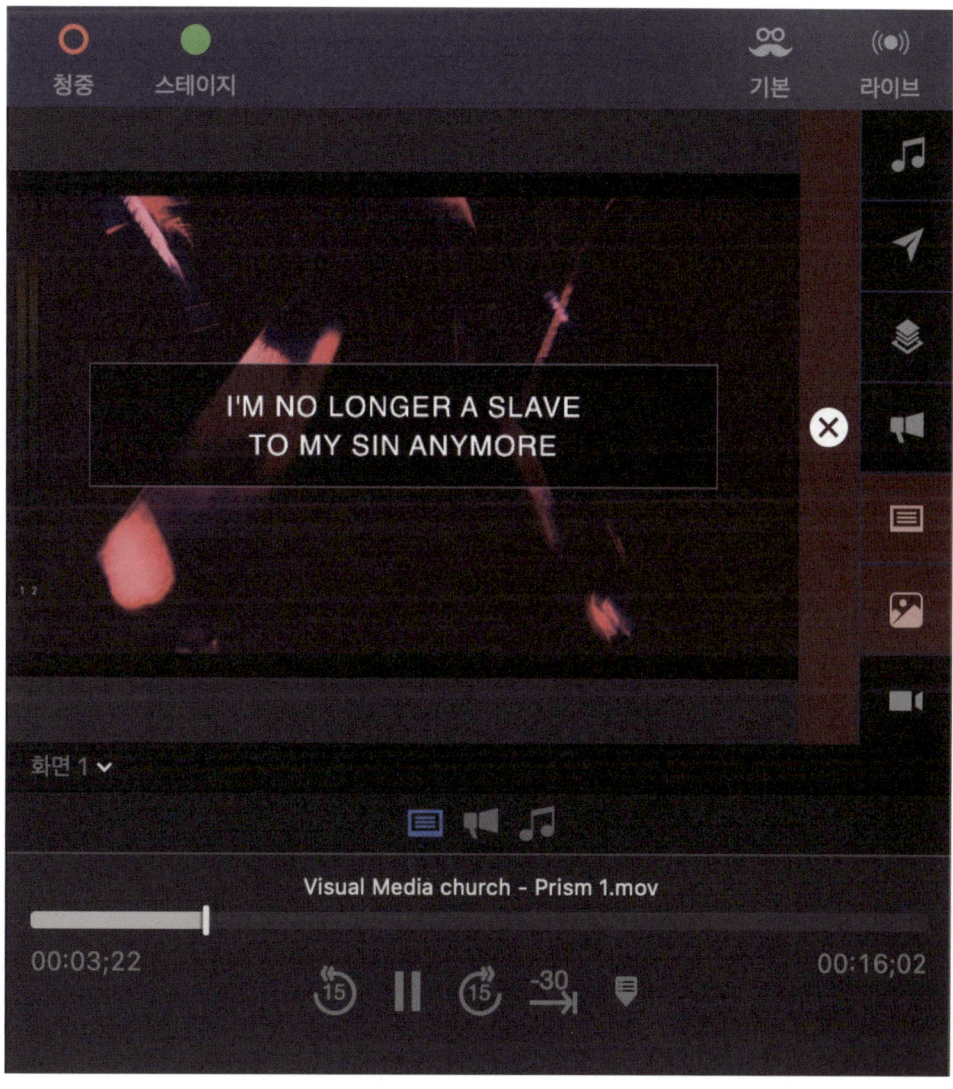

청중 및 스테이지 미리보기 (Audience and Stage Preview)

화면 중 하나의 미리 보기를 볼 수 있는 큰 미리 보기 창이 있습니다. 미리 보기 창 아래의 아래쪽 화살표를 클릭하여 미리 볼 화면(청중 또는 스테이지)을 선택합니다.

미리 보기 창 위쪽에는 청중 또는 스테이지 화면이 켜져 있는지 여부를 알려주는 두 개의 아이콘이 있습니다. 녹색 불이 켜지면 화면이 켜지고 빨간색 불이 켜지면 화면이 꺼집니다. 이 버튼을 클릭하여 청중 또는 스테이지 화면을 끄거나 켤 수 있습니다. 이는 장비에 연결된 시스템 출력에만 적용됩니다.

캡처 버튼 (Capture Button)

미리 보기 창의 오른쪽 상단에 있는 라이브 버튼을 사용하면 캡처 자체를 시작할 뿐만 아니라 화면 녹화 또는 스트림에 대한 캡처 설정에 액세스할 수 있습니다.

캡처를 시작하면 캡처 상태에 따라 세 가지 색상이 표시될 수 있습니다. 일반적으로 녹색 표시기는 연결이 제대로 스트리밍되고 ProPresenter를 통한 중단이 없음을 의미하기 때문에 녹색으로 표시됩니다.

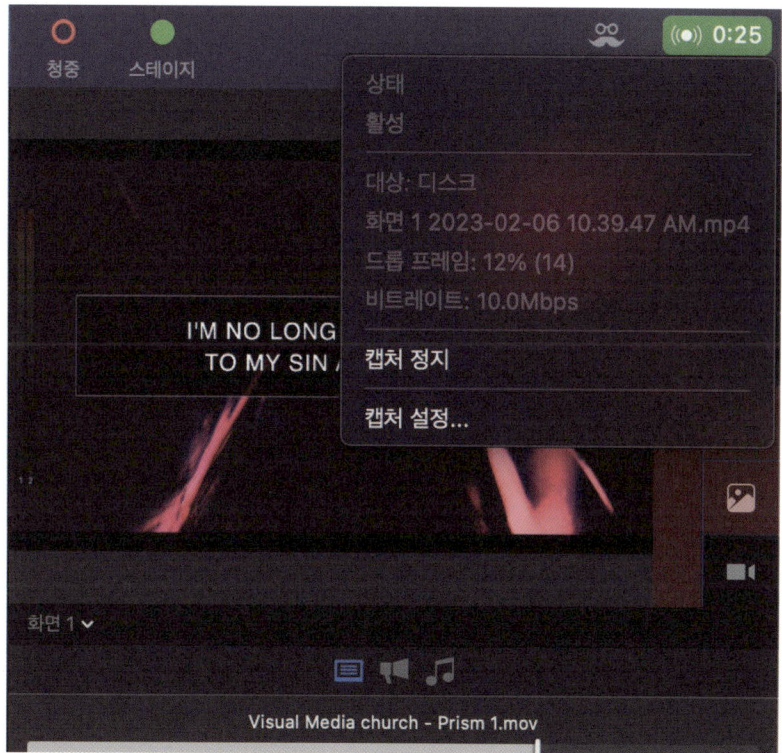

색상이 노란색이면 스트림이 프레임을 삭제하고 있다는 경고입니다. 빨간색이면 네트워크 연결이 끊겼거나 다른 이유로 스트림이 중지되었음을 나타냅니다. 이 검사는 정기적으로 수행되며 스트림 상태를 확인하기 위해 이 표시기를 시청하는 것이 좋습니다.

캡처 중에 이 표시기를 클릭하면 캡처에 대한 통계가 표시되고 언제든지 캡처를 중지할 수 있습니다.

버튼 지우기 (Clear Buttons)

미리 보기 창의 오른쪽에 있는 아이콘은 각 레이어를 나타냅니다. 콘텐츠가 지정된 계층을 채우는 경우 해당 계층의 버튼이 빨간색으로 바뀝니다.

해당 레이어를 지우려면 버튼을 한 번 더 클릭합니다. Clear All(모두 지우기) 버튼을 클릭하여 모든 레이어를 한 번에 지웁니다.

메뉴바의 작업 메뉴로 이동하거나 해당 키보드 단축키를 눌러 레이어를 지울 수도 있습니다:

- **F1**: 모두 지우기
- **F2**: 슬라이드 지우기
- **F3**: 배경 지우기
- **F4**: 프롭스 지우기
- **F5**: 오디오 지우기
- **F6**: 로고 지우기
- **F7**: 알림 지우기

로고 지우기 (Clear to Logo)

ProPresenter 환경설정(Preferences)의 일반(General) 탭에 로고를 설정한 경우 **로고 지우기 (Clear to Logo)** 옵션이 미리보기 창의 오른쪽 아래에 나타납니다. 이 버튼을 클릭하면 선택한 로고가 청중 화면의 미디어 계층으로 즉시 전송됩니다. 환경설정에 로고가 설정되어 있지 않으면 이 선택사항은 창에 나타나지 않습니다.

전송 제어 (Transport Controls)

미리 보기 창 아래에는 현재 재생 중인 미디어의 진행률을 보고 제어할 수 있는 영역이 있습니다. 이러한 컨트롤을 흔히 **전송 제어(Transport Controls)** 라고 합니다.

Transport Controls(전송 제어) 상단에는 세 개의 아이콘이 있습니다. 이 아이콘은 Transport Control이 표시하는 미디어를 제어합니다:

- 전경/백그라운드 미디어
- 알림 미디어
- 오디오 파일

이러한 아이콘 아래에는 스크럽 막대가 있습니다. 현재 선택한 레이어에서 비디오를 재생하는 경우(또는 오디오 레이어를 선택한 경우 오디오 파일) 스크럽 바에서 비디오의 진행률을 볼 수 있습니다. 스크럽 바를 클릭하고 끌어 비디오의 타이밍을 제어합니다.

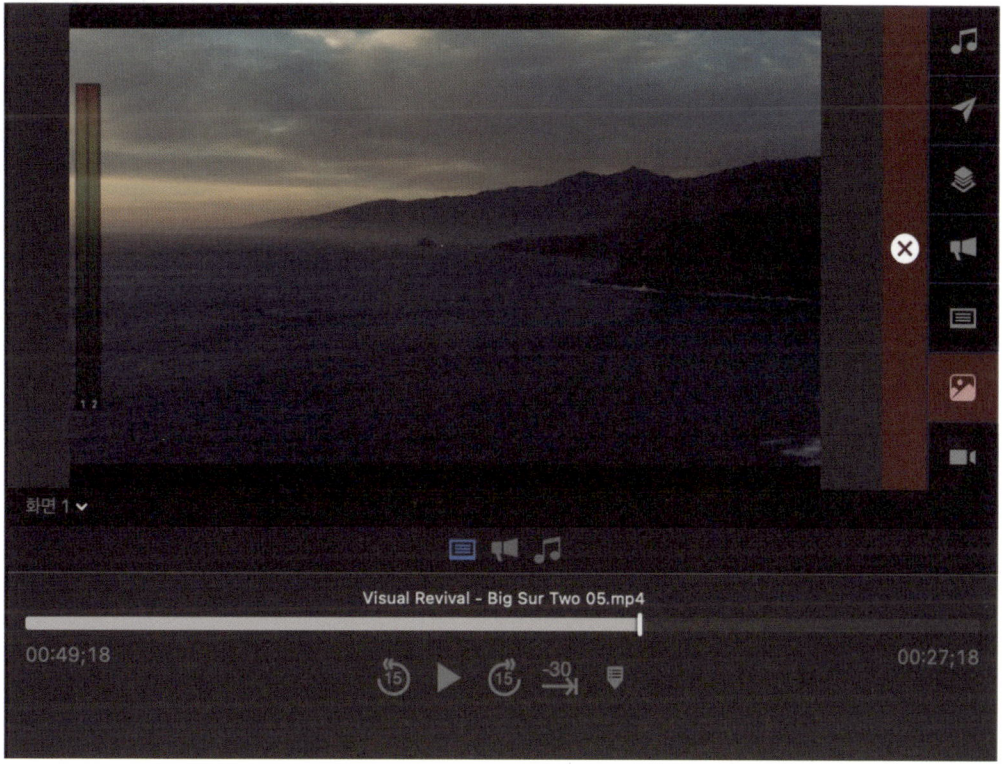

스크럽 바 아래에는 다음과 같은 네 개의 버튼이 있습니다:

- **뒤로감기 (Rewind)**: 15초 뒤로 감기

- **일시 중지/재생 (Pause/Play)**

- **빨리 감기 (Fast Forword)**: 15초 빨리 감기

- **이동 (Jump to…)**: 다음으로 이동

*이동(Jump to...) 버튼을 사용자 지정할 수 있습니다. 마우스 오른쪽 버튼을 클릭하고 다음 중 하나를 선택합니다:

- **-0**(비디오 끝에 표시됨)
- **-10**(10초를 남기고 비디오의 끝까지 이동)
- **-30**(30초를 남기고 비디오의 끝까지 이동)
- **-60**(60초를 남기고 비디오의 끝까지 이동)
- **-90**(90초를 남기고 비디오의 끝까지 이동)

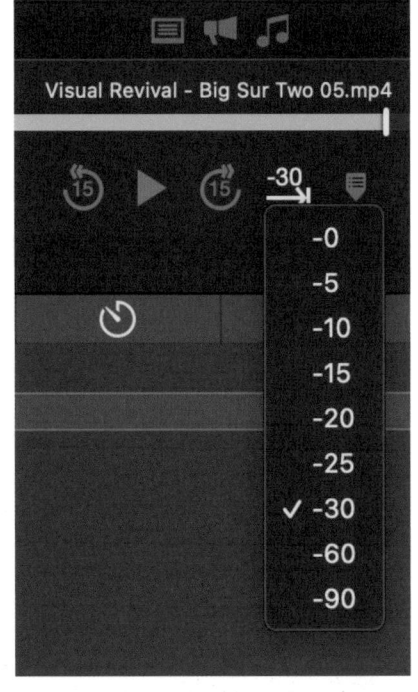

컨트롤 표시 (Show Controls)

ProPresenter 7.5는 ProPresenter 인터페이스에 새로운 기능을 도입하였습니다.

컨트롤 표시는 프로그램 오른쪽 아래에 있는 도구로 라이브 쇼를 준비하고 실행할 수 있습니다. 이 프로그램 영역에서는 오디오 파일을 재생하고, 프롭스 및 메시지를 설정하고, 스테이지 화면의 작동 방식을 변경하고, 이벤트의 여러 측면에 대한 타이머를 만들 수 있습니다.

컨트롤 표시에 대한 자세한 내용은 이 사용 설명서의 해당 섹션에서 확인할 수 있습니다.

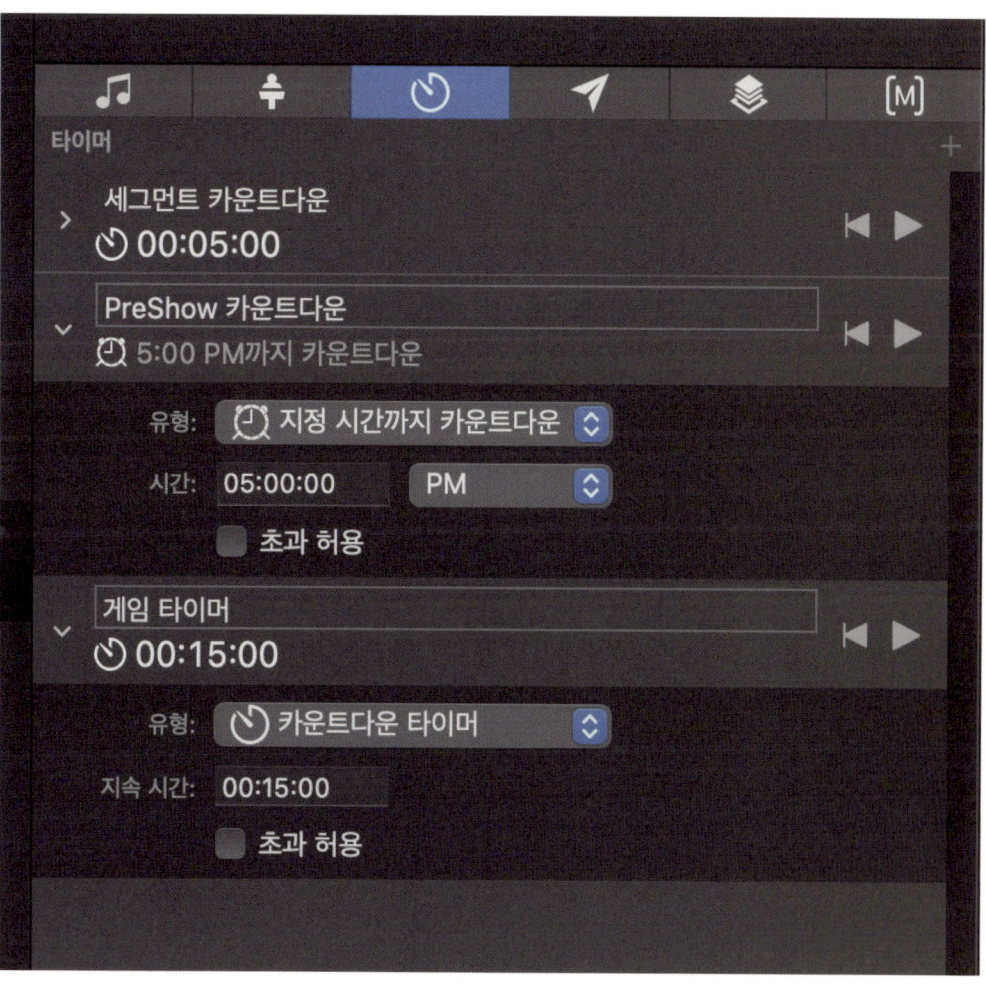

화면 구성

ProPresenter는 여러 출력과 대상에 동시에 출력할 수 있는 강력한 렌더 엔진을 갖추고 있습니다. 이 기능을 사용하면 컴퓨터에서 처리할 수 있는 만큼 많은 시스템 출력을 SDI, NDI 및 Syphon과 같은 고급 출력 유형에 추가할 수 있습니다.

디스플레이 용어 (Display Terminology)

화면 구성 창을 마스터하려면 먼저 화면 구성 창에서 사용하는 용어를 마스터해야 합니다.

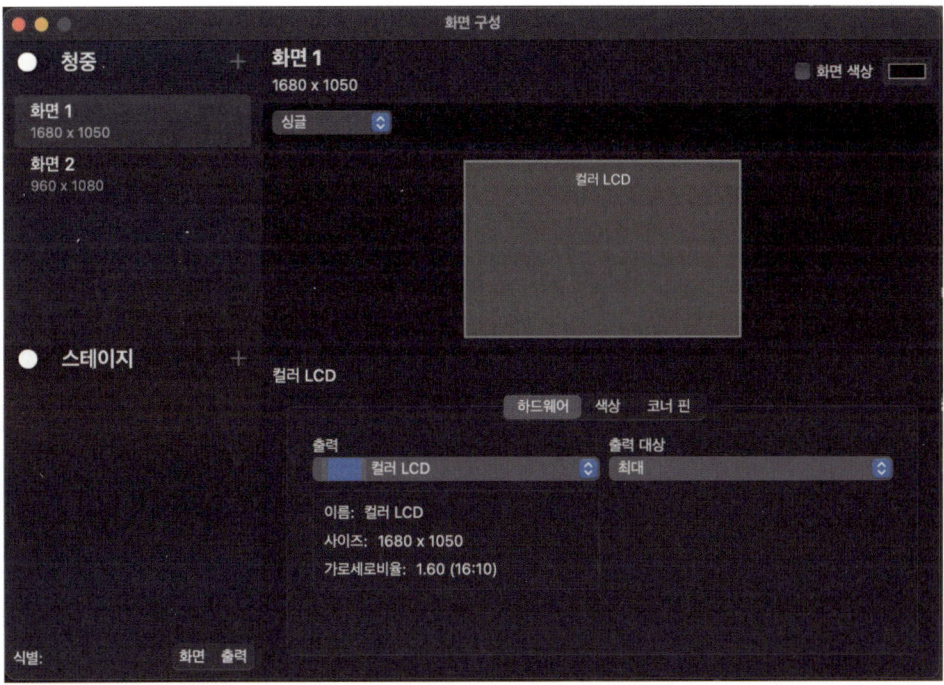

청중 vs 스테이지 (Audience vs Stage)

ProPresenter에는 청중과 스테이지라는 두 가지 유형의 화면이 있습니다. 일반적으로 청중 화면은 청중이 보게 되는 화면이고, 스테이지 화면은 스테이지에 있는 사람들이 볼 수 있는 화면입니다.

더 구체적으로 말하면, 대상 화면에는 계층 섹션에서 설명한 대로 전체 계층 스택이 있으며 슬라이드, 미디어 및 기타 콘텐츠가 표시됩니다. 대신 스테이지 화면은 청중 화면으로 전송되는 콘텐츠를 가져오고, 시계, 타이머 및 노트와 같은 다른 콘텐츠와 함께 스테이지에 있는 사람들이 해당 정보를 빠르게 볼 수 있도록 사용자에게 친숙한 방식으로 표시됩니다.

> ※ 팁: 스테이지 위에 있는 사람들이 볼 수 있는 스크린은 수년간 많은 것들로 불려왔습니다. 신뢰 모니터, 컨퍼런스 모니터, 폴드백 화면처럼 말이죠. 이전 버전의 ProPresenter에서는 이것을 스테이지 디스플레이라고 표시했습니다.

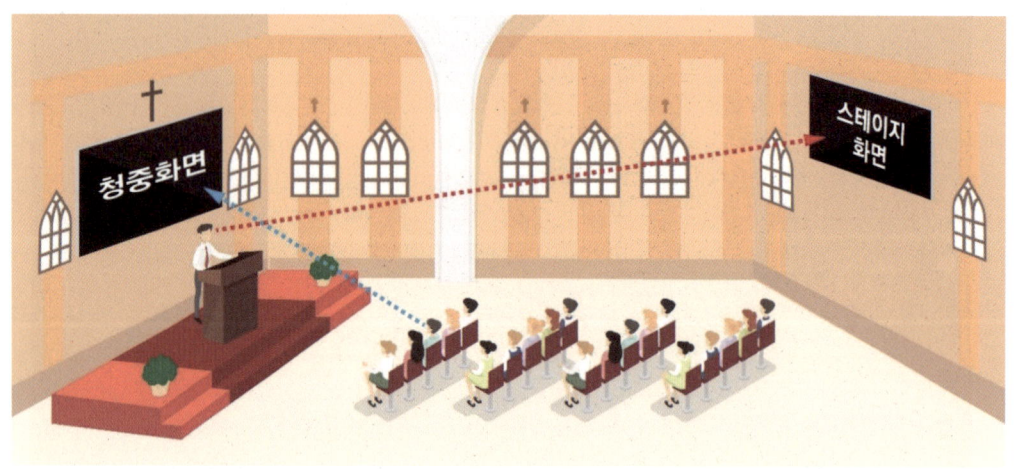

화면(Screen)

화면은 ProPresenter 안에 있는 실제 장치의 디지털 표현입니다. 화면을 ProPresenter에서 렌더링한 것으로 생각합니다.

하나의 화면을 여러 장치로 보낼 수 있으므로(좌우 반전 옵션 사용) ProPresenter에서 한 번 렌더링하면서도 여러 출력으로 해당 화면을 표시할 수 있습니다.

화면에는 네 가지 유형(싱글, 좌우반전, 그룹화됨, 가장자리 혼합) 이 있으며, 각 옵션에 대해서는 개별적으로 자세히 설명합니다.

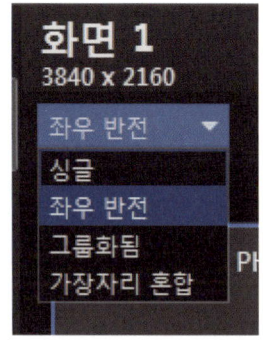

※ 번역 과정에서 '미러(Mirror)'가 '좌우반전'으로 번역되어 혼동스러울 수 있습니다. 실제로 반전이 되는 것이 아니라 화면이 그대로 복사되는 것을 의미합니다.

출력 (Output)

출력은 화면(위에서 정의)과 ProPresenter가 표시할 물리적 장치(또는 이에 상응하는 디지털 장치) 간의 연결입니다. 즉, 렌더링 된 이미지의 위치를 알려주는 화면 속성입니다.

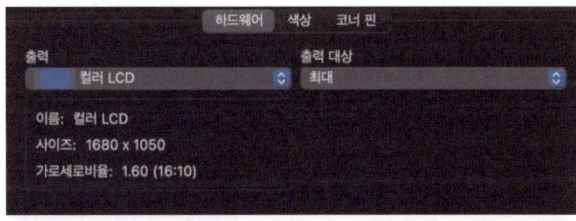

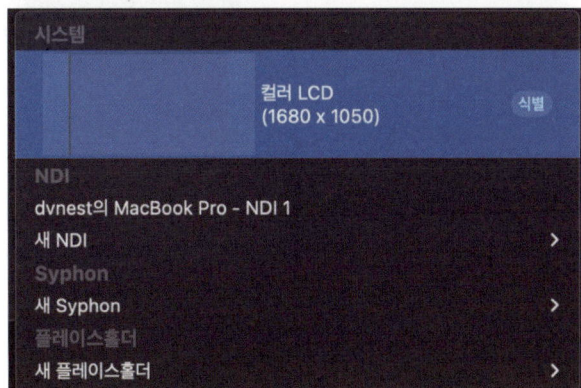

다음은 다양한 출력 유형입니다.

1. **시스템** - VGA, DVI 및 HDMI 출력을 포함하여 컴퓨터에 물리적으로 연결된 출력입니다.

2. **BlackMagic** - 프로그램에서 SDI 출력을 허용하는 BlackMagic 장치입니다.

3. **NDI** - 이 옵션은 NDI 입력을 수신할 수 있는 모든 소프트웨어 프로그램 또는 외부 하드웨어에 네트워크를 통해 표시되는 가상 출력을 생성합니다.

4. **Syphon** - 동일한 컴퓨터에서 Syphon 입력을 수신할 수 있는 프로그램으로 출력할 수 있는 Mac 전용 옵션입니다.

5. **플레이스홀더**(Placeholder) - 출력에 물리적으로 연결되어 있지 않지만 나중에 연결하고 프로그램에 대한 화면 및 모양 설정을 시작하려는 경우 사용됩니다.

출력 대상 (Output Target)

대부분의 경우 렌더링 된 이미지가 장치를 채우길 원하지만 매트릭스 장치(DualHead2Go, TripleHead2Go, Datapath 등)를 사용하는 경우처럼 렌더링 된 이미지가 장치를 채우지 않기를 원하는 경우가 있을 수 있습니다. 이러한 경우 출력 대상을 출력의 일부에만 렌더링하도록 설정할 수 있습니다.

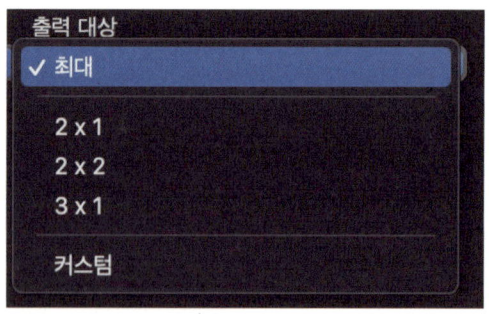

기본 출력 (Primary Output)

경우에 따라 화면에 둘 이상의 출력이 있을 수 있습니다. 이러한 경우 화면의 다른 출력에서 가로 세로 비율과 같은 제한을 설정하는 기본 출력(Primary Output)이 있습니다.

화면 유형 (Screen Type)

아래에 설명된 것처럼 4가지 유형의 화면이 있습니다. 새 화면을 만들 때 화면 유형을 선택하거나 나중에 화면 구성 창의 왼쪽 상단에 있는 드롭다운을 선택하여 항상 변경할 수 있습니다.

싱글 화면 (Single Screen)

싱글(Single)을 선택하면 ProPresenter에서 하나의 화면을 렌더링하여 하나의 출력으로 전송합니다. 대부분의 설치에서 사용하려는 표준 옵션입니다.

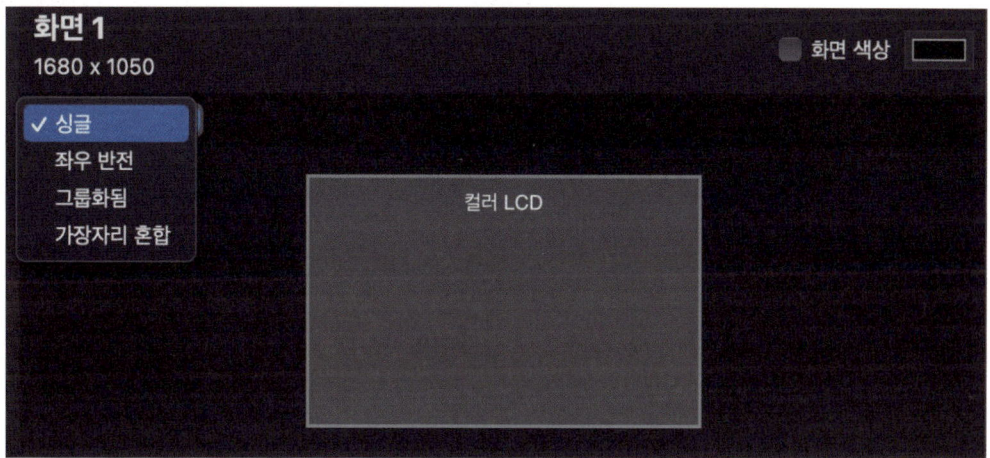

좌우반전 화면 (Mirrored Screen)

> ※ 참고 : 번역 과정에서 '미러(Mirror)'가 '좌우반전'으로 번역되어 혼동스러울 수 있습니다. 실제로 반전이 되는 것이 아니라 화면이 그대로 복사되는 것을 의미합니다.

좌우반전(Mirror)을 선택하면 하나의 화면을 여러 출력으로 전송할 수 있습니다. 미러링된 각 출력은 창 중앙에 별도의 상자로 표시됩니다. 상자를 클릭하여 속성을 제어할 상자를 선택합니다. Primary Output(기본 출력)이 표시되는 가장 왼쪽 출력입니다. Configure(구성) 창의 오른쪽 상단 모서리에서 표시되는 미러링된 출력 수를 선택할 수 있습니다.

> ※ 참고: 미러링된 출력은 기본 출력과 다른 해상도를 가질 수 있지만 모든 출력은 기본 출력과 동일한 가로 세로 비율로 렌더링됩니다.

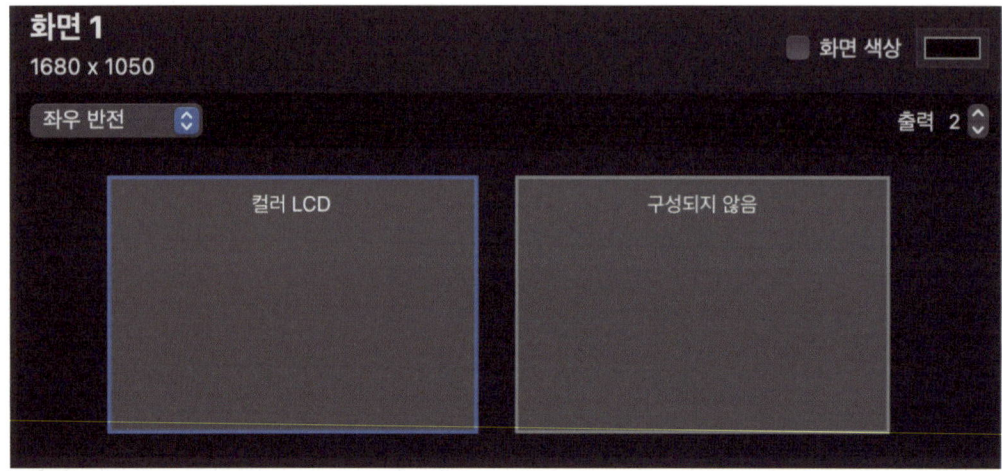

그룹화된 화면(Grouped Screen)

ProPresenter에서 하나의 화면을 여러 개의 출력 그리드로 출력하려면 **그룹화됨**(Grouped)를 선택합니다. 이것은 전통적으로 여러 대의 TV에 하나의 이미지를 표시하는 TV 월(Television Wall)처럼 동작되는 것을 의미합니다.

설정 창의 오른쪽 상단 모서리에서 그리드의 **행**(Rows) 및 **열**(Columns) 수를 선택할 수 있습니다.

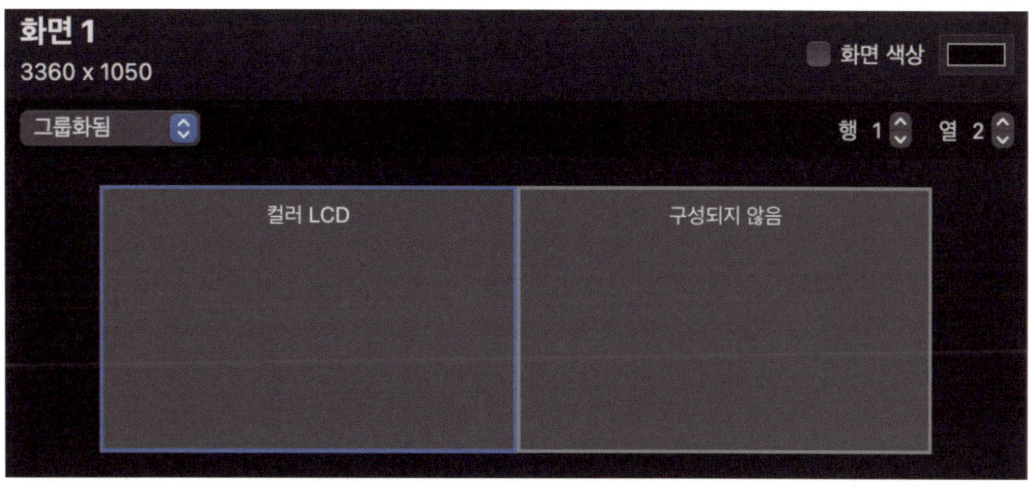

가장자리 혼합 화면 (Edge Blend Screen)

가장자리 혼합(Edge Blend) 옵션은 여러 개의 프로젝터를 가장자리가 혼합된 상태로 사용하여 더 크고 매끄러운 이미지를 만드는 경우에 적합합니다.

구성 창의 오른쪽 상단 모서리에서 가장자리 혼합을 위한 **기기 수**(Number of Device)를 선택하여 화면을 만들 수 있습니다.

※ 참고: ProPresenter 내부에서는 수평 가장자리 혼합만 지원됩니다.

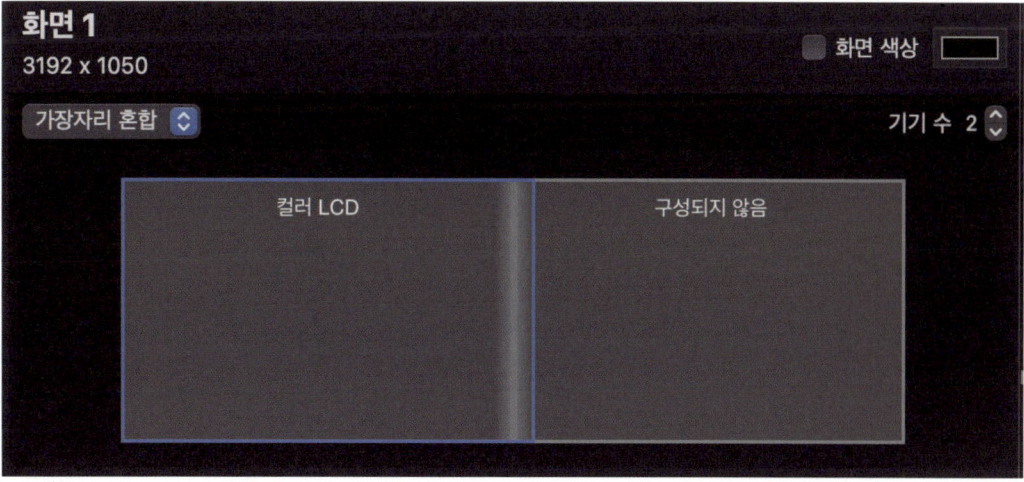

화면 구성 창 (Screen Configuration Window)

화면 구성 (Configure Screens)창은 화면과 출력을 설정하는 곳입니다. Mac에서는 Command-Option-1을 누르거나 PC에서는 Control-Alt-1을 누르거나 **화면 > 화면 구성** 메뉴에서 선택하여 이 창을 엽니다.

> ※ 참고: 이전 버전의 ProPresenter에서는 화면설정(Configure Screens) 창이 화면구성 (Display Preference) 탭을 대체합니다.

화면 구성 (Configure Screens) 창은 왼쪽 상단의 청중 화면, 왼쪽 하단의 스테이지 화면, 창의 오른쪽에 있는 구성 영역으로 나뉩니다.

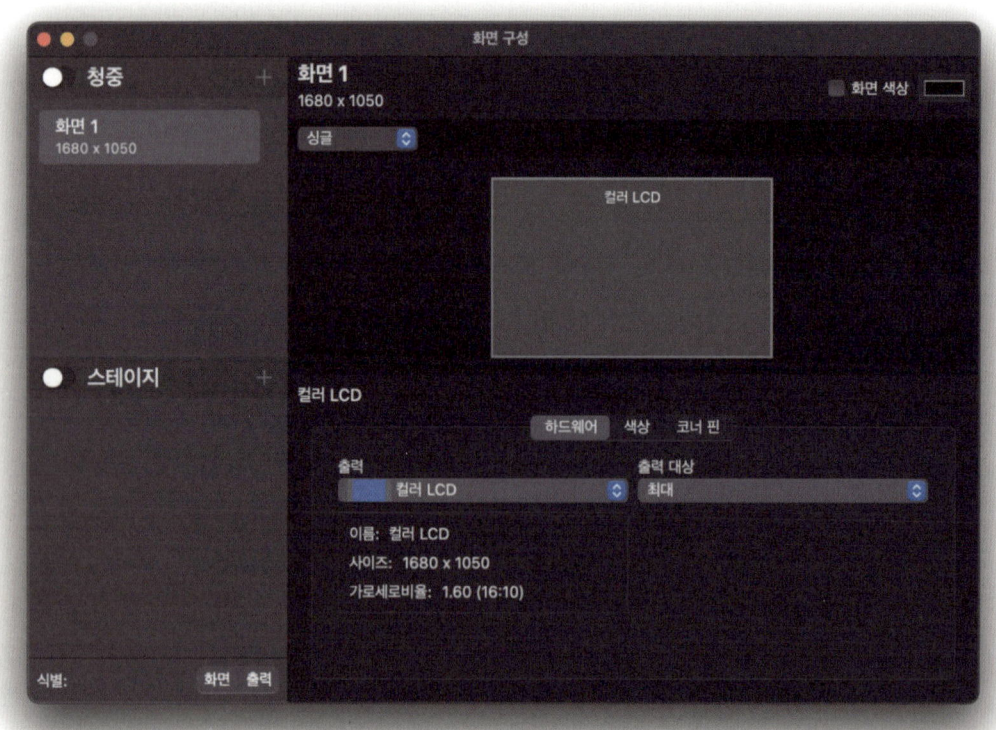

청중 및 스테이지 스크린 (Audience and Stage Screens)

화면 구성 창의 왼쪽에는 청중 화면과 스테이지 화면의 두 섹션이 있습니다. 모든 화면이 다음 목록 중 하나에 나타납니다.

섹션 헤더 옆에 있는 토글 버튼을 클릭하여 해당 섹션의 모든 화면을 켜거나 끕니다. 시스템 화면(컴퓨터에 직접 연결된 HDMI / VGA / DVI 장치)만 켜거나 끌 수 있습니다. SDI, Syphon 및 NDI 화면은 일단 생성된 후에는 꺼질 수 없으며 영구적으로 켜져 있습니다. + 버튼을 클릭하여 해당 섹션에 새 화면을 추가할 수 있습니다.

특정 화면을 클릭하면 해당 화면을 편집할 수 있습니다. 화면 이름을 한 번 클릭하면 화면 이름을 변경하거나 화면을 마우스 오른쪽 버튼으로 클릭하여 해당 화면 이름을 변경하거나 삭제할 수 있습니다.

트랙패드가 있는 경우, 또한 화면 이름 전체를 스와이프하여 화면을 삭제할 수도 있습니다. 부분적으로 스와이프하면 클릭할 수 있는 삭제 옵션이 표시됩니다.

식별 (Identify)

화면 구성 창의 왼쪽 아래에는 **화면**(Screen) 및 **출력**(Outputs), 두 개의 **식별**(Identify) 버튼이 있습니다. 이 버튼은 설치 중 문제 해결에 유용합니다.

화면 버튼을 클릭하면 모든 디스플레이 장치에 해당 '화면 이름', '화면에 표시되는 장치 유형(하드웨어)', '해상도' 및 '화면 비율'이 오버레이되어 표시됩니다.

출력을 클릭하면 '해당 출력의 이름(장치이름)', '사용 중인 하드웨어 드라이버', '해상도', '화면비율' 및 '프레임 레이트'가 오버레이되어 표시됩니다.

'출력'은 하드웨어 출력에 대한 전체 정보를 표시하는 목적이며, '화면'은 출력으로 렌더링되는 개별 디스플레이를 표시하기 때문에 출력 대상을 확인할 때 유용합니다.

식별 - 화면을 선택했을 때 화면의 테두리에 흰색으로 선택영역이 나타나고 '화면 이름' / 하드웨어 출력 / 해상도 / 화면비율이 표시됩니다.

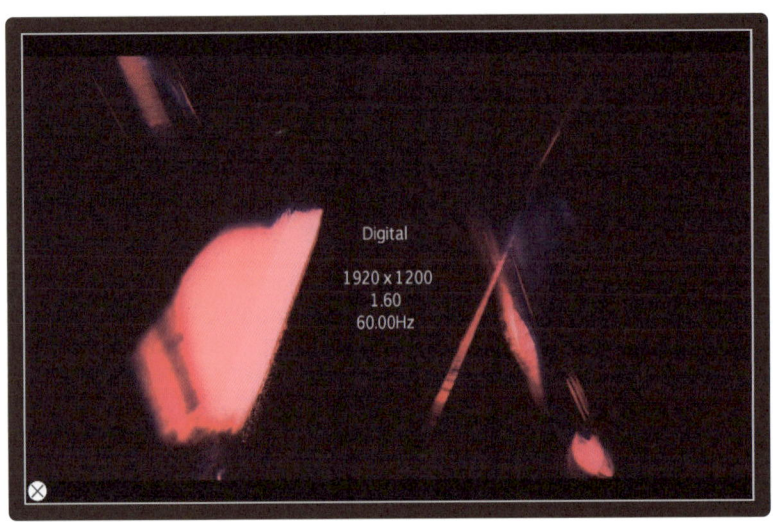

※ 참고: 식별 버튼이 작동하려면 청중 또는 스테이지 출력이 켜져 있어야 합니다. 언제든지 화면 식별 또는 출력 식별만 활성화할 수 있습니다.

화면 구성

화면 구성 창의 기본 영역을 사용하면 화면을 출력에 연결하는 등 화면을 완전히 사용자 지정할 수 있습니다.

창 위쪽에 화면 이름과 해상도가 표시됩니다. 화면 이름을 변경하려면 화면 이름을 더블 클릭합니다.

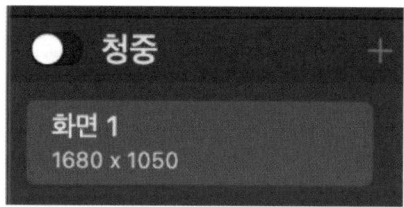

우측 상단에 있는 **화면 색상**(Screen Color) 옆의 확인란을 클릭하면 해당 화면의 배경색을 사용하도록 설정할 수 있습니다. 색상 선택기를 클릭하여 해당 화면의 배경에 사용할 색상을 선택하면 됩니다.

※ 참고 : 출력되는 자막을 크로마키를 사용하여 비디오스위처에서 업스트림키(Up Stream Key)로 적용하려는 경우 화면 색상을 '초록색'이나 '파란색'으로 지정해 놓으면 슬라이드마다 크로마 색상을 입력하지 않아도 되기 때문에 편리한 사용이 가능합니다. 물론 알파키를 사용하는 경우에는 해당 사항이 없습니다.

화면 이름과 해상도 아래에 **정렬**(Arrangement) 옵션이 있습니다. 드롭다운을 클릭하여 사용할 화면 유형(싱글, 좌우반전, 그룹화됨, 가장자리 혼합)을 선택합니다.

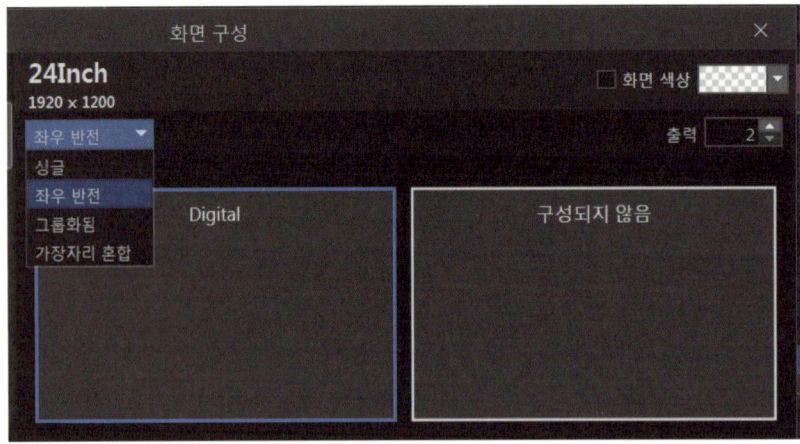

드롭다운 오른쪽에는 화면 유형 섹션에 나와 있는 것처럼 화면의 출력 수를 편집할 수 있습니다.

※ 여러 디스플레이에 동일한 화면을 출력하려면 정렬 구성을 '좌우반전(미러링)'으로 설정하고 출력 수를 원하는 디바이스 수만큼 늘리면 됩니다.

창 중앙에는 현재 선택한 화면 내의 모든 출력이 시각적으로 표시됩니다. 출력을 클릭하여 선택하고 아래 속성을 편집합니다. 가장자리 혼합 (Edge Blend) 유형을 사용하는 경우 화면 사이의 혼합 영역을 클릭하여 해당 혼합 영역의 속성을 편집합니다.

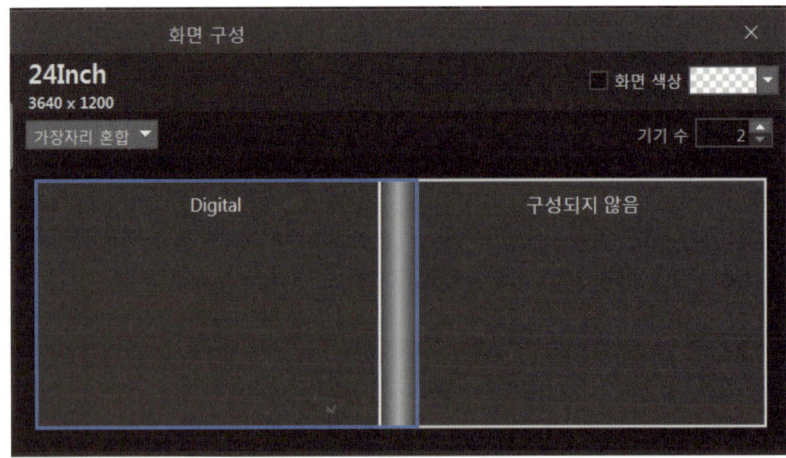

창 하단에서 물리적 또는 가상 장치를 해당 출력에 할당하는 것을 포함하여 현재 선택된 출력을 구성할 수 있습니다. 출력의 다른 속성을 조정하기 위해 선택할 수 있는 여러 탭이 있습니다.

하드웨어 탭 (Hardware tab)

출력 아래의 드롭다운 메뉴를 클릭하여 신호를 보낼 장치와 해상도를 선택합니다. 드롭다운 아래에는 출력에 대한 정보가 표시됩니다.

어떤 정보가 표시되는지는 선택한 출력 유형에 따라 다르지만 **이름(Name)**과 **해상도(Resolution)** 같은 정보가 있을 수 있습니다. 마찬가지로 사용 중인 출력 유형에 따라 이름과 같은 일부 옵션을 변경할 수도 있습니다.

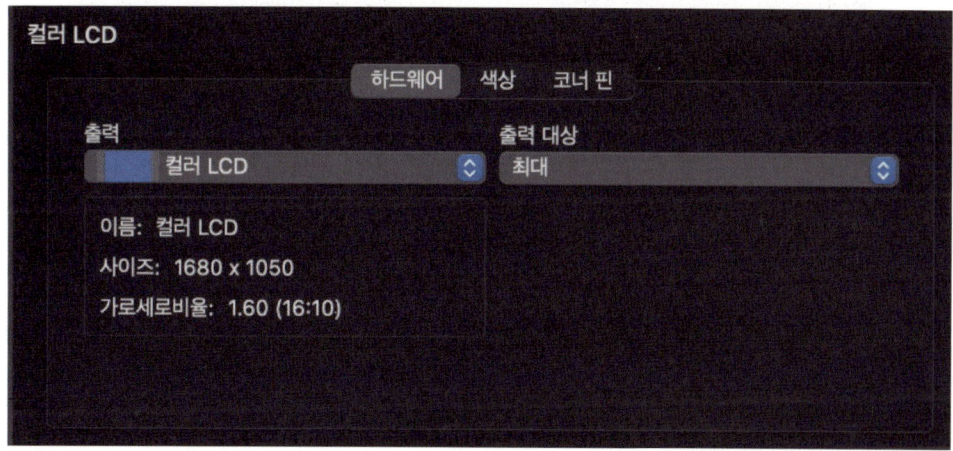

하드웨어 탭의 오른쪽에서 **출력 대상(Output Target)**을 선택할 수 있습니다. 드롭다운 메뉴를 클릭하여 렌더링 된 이미지를 전체 화면에 채울지 또는 화면의 일부만 채울지 선택합니다. 기본값(예: 2 x 1, 2 x 2, 3 x 1) 중 하나를 선택하거나 사용자 지정을 선택하여 화면의 특정 위치를 지정할 수 있습니다.

색상 탭 (Color tab)

이 탭에서 출력의 색상을 조정할 수 있습니다. 색이 일치하지 않는 프로젝터나 TV가 있거나 색이 있는 벽에 투영하여 보정해야 하는 경우 이 기능을 사용할 수 있습니다.

왼쪽의 확인란을 기능 활성화 또는 비활성화로 전환합니다. 슬라이더를 클릭하여 끌거나 -1과 1 사이의 숫자를 입력하거나 화살표를 사용하여 필요에 따라 각 색상을 조정합니다. 모든 속성을 다시 0으로 재설정하려면 **모두 재설정(Reset All)**을 클릭합니다.

코너 핀 탭 (Corner Pin tab)

프로젝터를 사용하는 경우 가장 좋은 시나리오는 프로젝터가 프로젝터에 투영하는 것의 각도가 완전히 수직이 되는 것입니다. 그러나 이것이 항상 그렇게 동작하지는 않을 수 있습니다. 예를 들어, 프로젝터가 중앙에서 벗어나 설치되는 경우 화면은 어쩔 수 없이 기울어짐이 발생하게 됩니다. 이런 경우 ProPresenter의 코너 핀을 사용하여 화면을 임의로 기울이게 출력할 수 있습니다.

이 기능을 사용하면 투영된 이미지가 화면에 완벽하게 맞도록 모서리 중 하나 이상을 조정(또는 "핀")할 수 있습니다. 왼쪽의 확인란을 기능 활성화 또는 비활성화로 전환합니다.

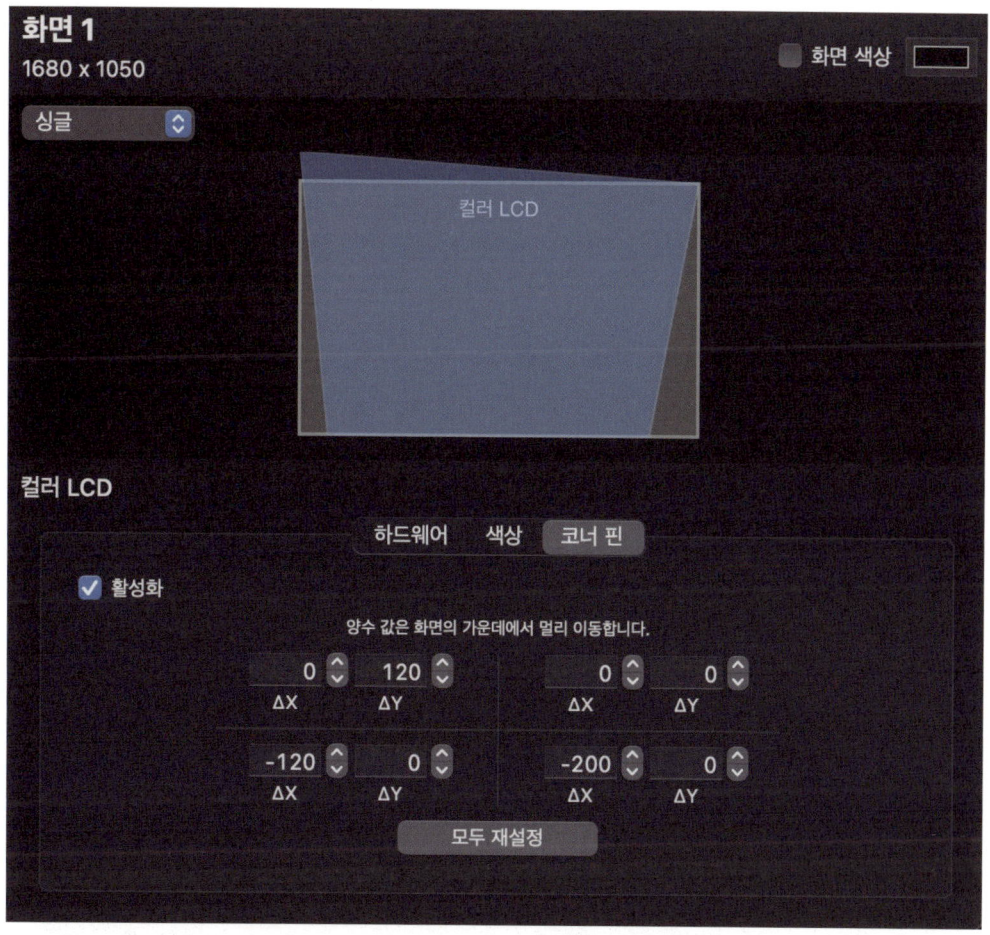

텍스트 상자 중 하나에 숫자를 입력하거나 화살표를 사용하여 필요에 따라 각 모서리를 수동으로 조정합니다. 모든 속성을 다시 0으로 재설정하려면 **모두 재설정(Reset All)**을 클릭합니다.

각 숫자는 해당 모서리의 델타(Δ로 표시됨)를 나타냅니다. 즉, 숫자를 입력하면 해당 모서리가 일반적으로 있는 위치에서 픽셀 수가 조정됩니다. 음수는 중심을 향하고, 양수는 중심에서 멀어집니다.

예를 들어, ΔX의 경우 -50으로 입력하고 ΔY의 경우 -50으로 입력하면 화면 중앙으로 50픽셀이 이동합니다.

※ 참고: 각 숫자는 해당 출력의 전체 해상도의 1/4로 제한됩니다. 예를 들어 출력이 1920x1080인 경우 이러한 숫자를 4로 나누어 480x270의 한계를 얻으므로 X 값은 -480에서 480 사이의 숫자로 제한되고 Y 값은 -270에서 270 사이의 숫자로 제한됩니다.

알파 키 탭 (Alpha Key tab)

※ 참고: 알파 키 탭은 알파 키가 지원되는 하드웨어가 있는 NDI 출력 및 SDI 출력에만 사용할 수 있습니다.

SDI 출력에서 알파 키가 활성화된 경우 사용할 키 유형(외부 또는 내부)을 설정할 수 있습니다 또한 사용될 혼합의 백분율 수치도 표시합니다.

별도의 키 및 채우기 출력을 브로드캐스트 비디오 전환기로 보내는 경우 외부 키가 사용됩니다. 키 신호를 BlackMagic 장치의 미리 보기와 프로그램 출력의 채우기를 통해 전송합니다. 알파 키를 다운스트림 키로 사용하는 경우 내부 키가 사용되며, 비디오 입력이 BlackMagic 장치로 들어오고 그 장치에서 나오는 경우 내부 키가 사용됩니다.

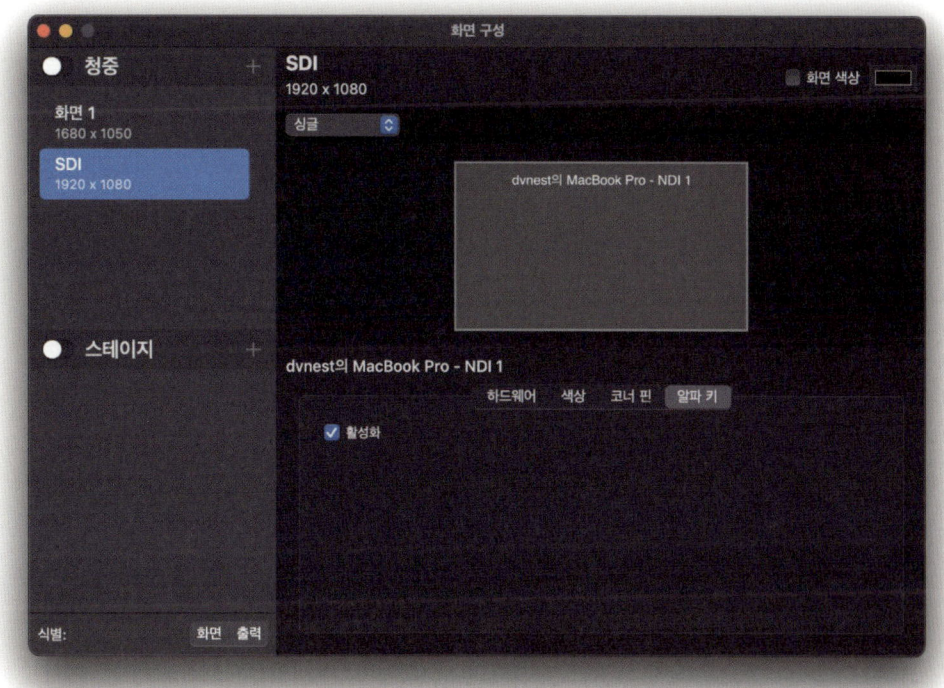

NDI에서 알파 키가 활성화된 경우 ProPresenter는 배경색 대신 알파 키를 사용하여 렌더링 된 이미지를 전송합니다. 예를 들어 텍스트를 비디오 위에 입력하려는 경우 유용합니다. NDI 출력을 통해 알파 키를 송출하는 경우 다른 설정은 요구되지 않으며, 키를 활성화하거나 비활성화할 수 있습니다.

※ **배경색만 키 아웃되고 다른 레이어의 내용은 키 아웃되지 않습니다.**

청중의 외형 편집 (Audience Looks)

외형편집을 사용하면 각 개별 화면에 표시되는 콘텐츠의 구성 요소를 선택할 수 있습니다.

외형편집 창에 액세스하려면 프레젠테이션 헤더의 대상 목적지 버튼으로 이동하고 외형 편집을 누르거나 Mac에서는 Shift-Command-1 또는 Windows에서는 Control-Shift-1의 바로 가기 키를 사용하거나 메뉴 모음에서 **화면 > 외형 편집…**으로 이동합니다.

외형 창에는 화면 구성에서 만든 각 대상 화면에 대한 열이 제공됩니다. 이렇게 하면 각 화면으로 이동할 요소를 설정할 수 있으며 필요한 경우 슬라이드의 형식을 변경할 수 있습니다.

창 왼쪽에는 현재 실시간 보기가 맨 위에 표시된 다음 아래에 만든 사전 설정이 나열됩니다. 새 사전 설정을 추가하기 위해 + 버튼을 클릭하면 목록 맨 아래에 자동으로 나타납니다. 프리셋 이름을 클릭하여 이 사전 설정의 이름을 변경하면 이 외형 (Look)이 사용되는 용도를 더 잘 설명할 수 있습니다.

왼쪽에서 사전 설정 보기를 선택하면 해당 사전 설정이 오른쪽에 나타납니다. 창의 오른쪽 상단에 사전 설정 이름이 나타납니다.

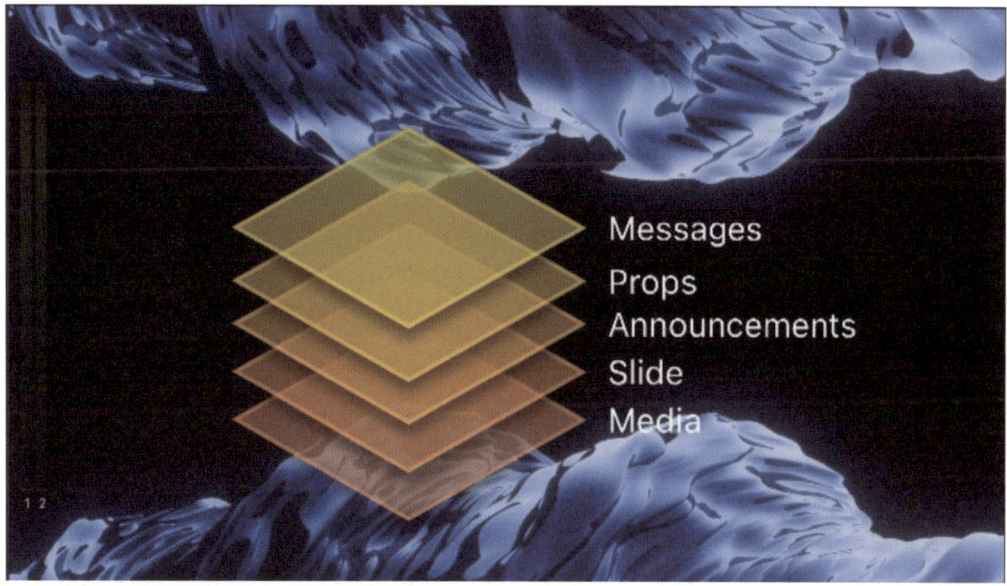

식별 활성화 (Enable Identify) 버튼을 사용하면 특정 외형 프리셋에 대해 해당 화면에서 활성화된 구성 요소의 계층을 청중 화면에서 시각적으로 볼 수 있습니다.

또한 사전 설정 보기를 변경하고 저장 버튼을 클릭하여 사용 중인 사전 설정을 업데이트하거나 프로그램에서 사용할 새 사전 설정으로 저장할 수 있습니다.

청중 외형 구성 요소 (Audience Look Components)

외형이 설정된 방식에 따라 청중 화면을 전송하도록 선택할 수 있는 7가지 레이어가 있습니다.

- **마스크(Mask)** – 마스크를 사용하면 사용자 지정 투영 화면을 만들거나 프로젝터가 원하지 않는 물체에 투사되지 않도록 화면의 일부를 "마스크"(또는 가리개)할 수 있습니다. 여기 드롭다운에서 사용할 마스크(있는 경우)를 선택할 수 있습니다.

- **메시지(Messages)** – 메시지는 하나 이상의 화면 위에 텍스트를 배치하는데

사용되며, 제어 표시 영역에서 즉시 설정하거나 특정 슬라이드에서 작업을 사용하여 트리거 할 수 있습니다.

- **프롭스 (Props)** – 프롭스는 화면의 세 번째로 높은 층에 영구 슬라이드 객체를 오버레이 하는데 사용됩니다.

- **알림(Announcements)** – 알림 계층을 사용하면 기본 프레젠테이션 계층으로 다른 프레젠테이션을 보내면서 대상 알림이 포함된 프레젠테이션 세트를 일부 화면으로 보낼 수 있습니다.

- **프레젠테이션(Presentation)** – 프레젠테이션 계층은 두 개의 구성요소로 구성된 정적 계층입니다. 드롭다운 메뉴에서 프레젠테이션 슬라이드를 다시 포맷하는데 사용되는 테마 템플릿을 변경할 수 있습니다. 이렇게 각기 다른 화면에 각각의 다른 템플릿을 적용하면 동일한 텍스트를 여러 사용자 화면으로 보낼 수 있지만 각 화면에서 나타나는 형식은 달라지게 됩니다.

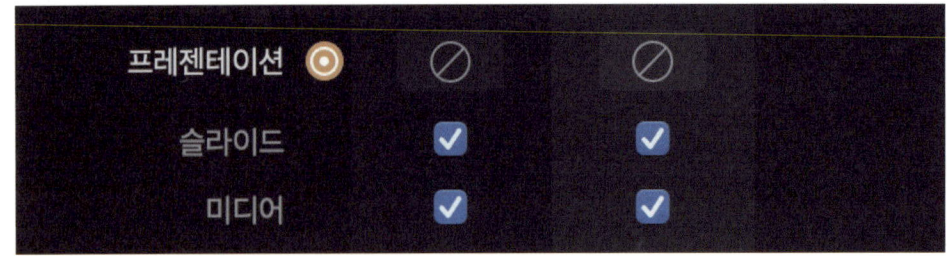

- 이 설정이 완료되면 프레젠테이션에 사용할 수 있는 두 가지 구성요소가 있습니다.

    - **슬라이드(Slide)** – 프레젠테이션 계층에 대한 큐 자체의 텍스트/모양 개체 구성요소를 보여줍니다.

    - **미디어(Media)** – 프레젠테이션 계층에 대한 큐에 추가된 미디어 작업을 표시합니다. 이는 미디어 빈의 독립형 미디어에도 영향을 미칩니다.

- **비디오 입력(Video Input)** – 화면의 맨 아래 계층은 비디오 입력 계층입니다. 이 옵션을 선택하면 이전에 지정한 비디오 입력을 프로그램에 표시할 수 있습니다.

청중 외형 작업 (Audience Look Actions)

슬라이드의 청중 외형 작업을 사용하여 청중 화면에 콘텐츠를 표시하는데 사용하는 모양을 빠르게 변경할 수 있습니다.

다음 방법으로 슬라이드에 청중 외형 작업을 추가할 수 있습니다:

- 액션 팔레트(Action Palette)를 열고 청중 외형 작업을 슬라이드로 드래그 합니다.
- 슬라이드에서 마우스 오른쪽 버튼을 클릭하고 작업 추가 > 추가 청중 외형 작업을 선택한 후 사용할 청중 외형을 선택합니다.

대상 외형 작업을 추가하거나 편집할 때, 해당 슬라이드를 클릭할 때 사용할 모양을 선택할 수 있습니다. 이렇게 하면 작업 또는 모양 메뉴를 통해 새 모양이 선택될 때까지 사용되는 라이브 외형이 변경됩니다.

슬라이드당 하나의 청중 외형 동작만 가질 수 있습니다.

스테이지 레이아웃 (Stage Layout)

스테이지 스크린 기능은 신뢰적인 모니터링 도구를 제공하여 스테이지에 있는 사람들이 현재 및 다음 슬라이드, 시계, 타이머, 노트, 코드 차트, 심지어 자신만 볼 수 있는 사용자 지정 메시지와 같은 정보를 받을 수 있도록 합니다. 스테이지 화면은 계속 진화하고 있으며 ProPresenter는 이 화면에 보낼 수 있는 구성 요소에 대해 이전보다 훨씬 더 많은 유연성을 갖추고 있습니다.

이러한 레이아웃을 설정하려면 스테이지 레이아웃 편집기를 열어야 합니다. 이 옵션을 열려면 Mac에서는 Command-4를 누르거나 PC에서는 Control-4를 누르거나 메뉴 바에서 **화면 〉 레이아웃 편집**으로 이동합니다.

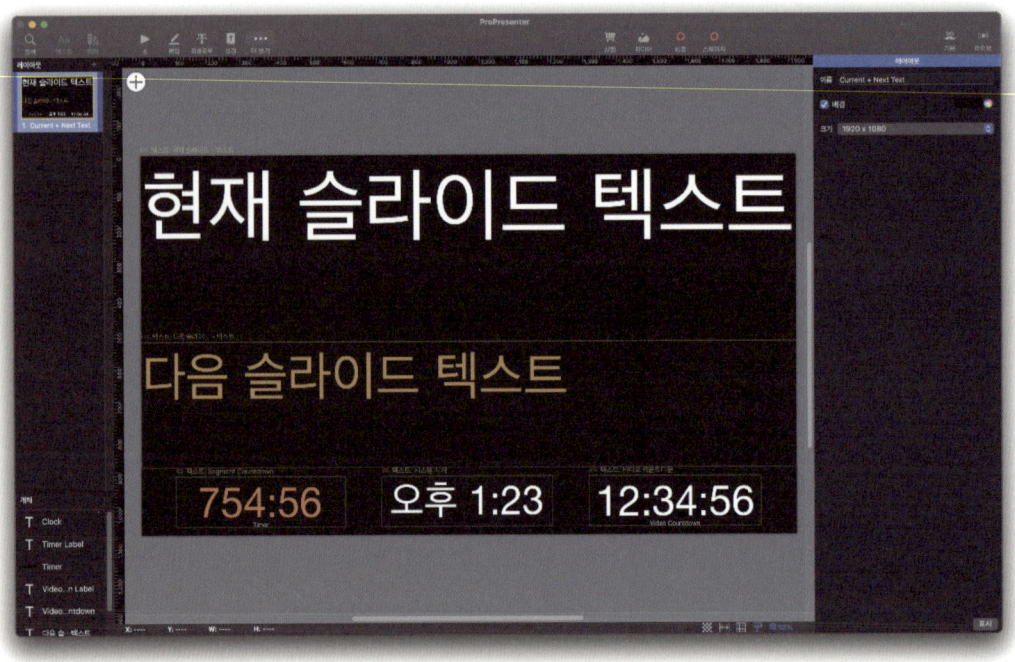

스테이지 레이아웃 편집기는 기본 슬라이드 편집기와 유사하게 작동하여 프로그램의 다른 부분에 연결하기 위한 추가 옵션을 추가합니다. 새 레이아웃을 만들려면 미리 만든 레이아웃에서 선택하거나 슬라이드 탐색기에서 편집기 왼쪽 상단에 있는 **+** 버튼을 눌러 빈

레이아웃을 추가할 수 있습니다.

스테이지 레이아웃에는 객체를 선택하지 않은 경우 세 가지 기본 형식 지정 옵션이 있습니다.

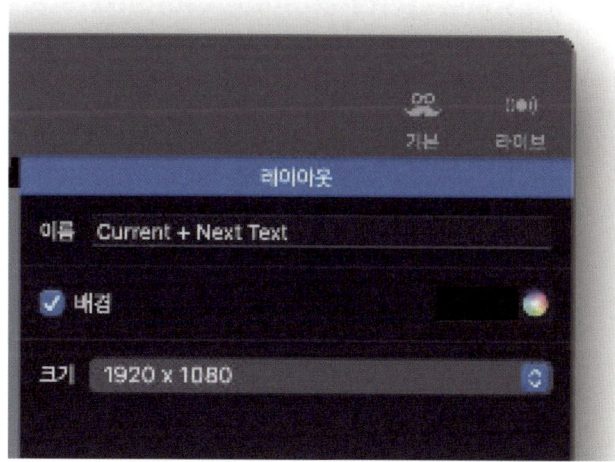

- **이름(Name)** – 프로그램 전체에 표시되는 스테이지 레이아웃의 이름입니다. 이는 각 화면에 대한 스테이지 레이아웃을 선택할 때 화면 메뉴에서 확인할 수 있습니다.
- **배경(Background)** – 설정에 더 잘 통합하기 위해 색상 팔레트를 사용하여 레이아웃의 배경색을 기본 검은색이 아닌 검은색으로 설정할 수 있습니다.
- **크기(Size)** – 레이아웃을 실행할 해상도를 설정할 수 있습니다. 이 스테이지 레이아웃을 표시할 출력의 해상도와 일치하도록 이 크기를 설정하는 것이 좋습니다.

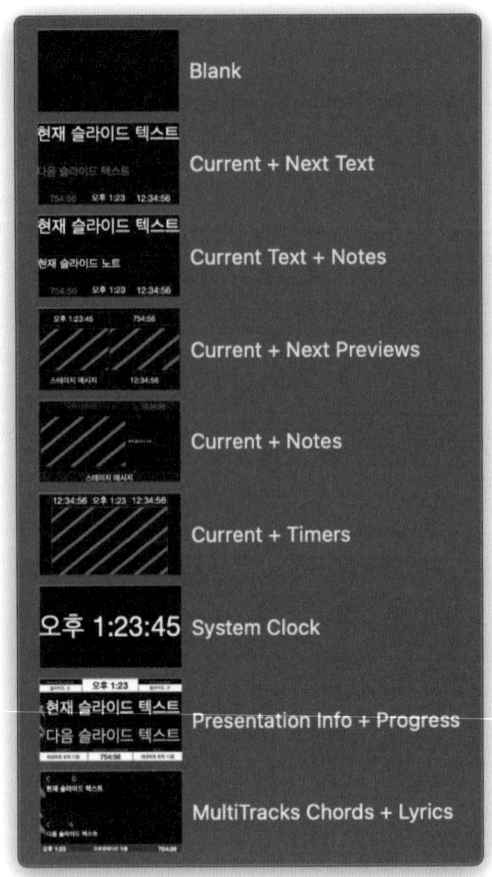

스테이지 레이아웃 편집기는 레이아웃에 추가할 수 있는 다양한 항목에 대한 유연성이 높다는 점에서 슬라이드 편집기와 유사합니다. 이것은 주로 편집기의 '링크된 텍스트(Linked Text)' 및 '채우기(Fill)' 옵션을 사용하여 주어진 시간에 프로그램 데이터의 다른 부분을 스테이지 화면(Stage Screen)으로 보냅니다.

레이아웃에 개체를 추가하려면 기본 슬라이드 편집기와 마찬가지로 편집기 캔버스의 왼쪽 상단에 있는 + 버튼을 클릭합니다. Linked Objects(연결된 개체)는 레이아웃 편집기 창에 노란색 윤곽선과 함께 표시되고 개체의 왼쪽 상단 모서리에 있는 노란색 텍스트가 개체간 연결된 대상을 표시합니다.

스테이지 레이아웃에 추가할 수 있는 객체가 아래에 설명되어 있습니다.

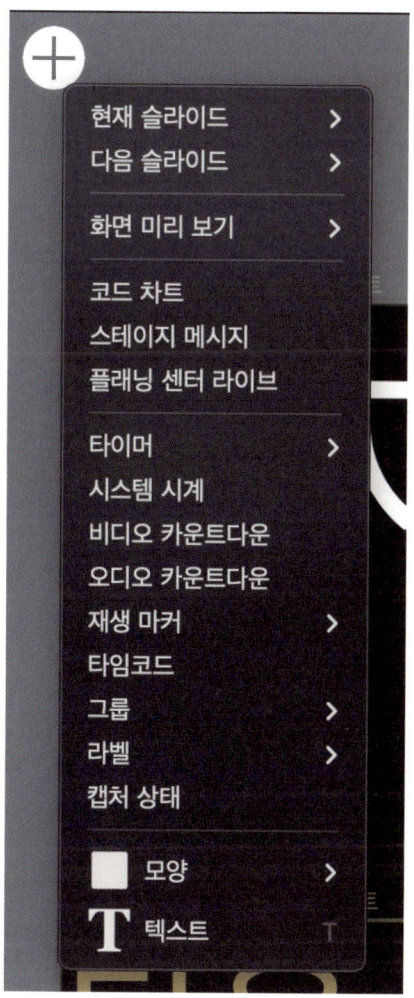

- **현재 슬라이드 (Current Slide)** – 청중 화면에 표시되는 현재 슬라이드입니다. 현재 슬라이드 데이터에는 세 가지 옵션이 있습니다:

    o 텍스트 – 슬라이드 자체의 텍스트이며, 레이아웃 편집기 오른쪽에 있는 검사기의 텍스트 탭에서 설정한 텍스트 스타일로 형식이 지정됩니다.

    o 이미지 미리보기 – 슬라이드의 정적 이미지를 기본 "표시" 보기에 나타난 썸네일과 유사한 스테이지 레이아웃으로 보냅니다.

    o 참고 – 슬라이드 편집기에 추가된 슬라이드 노트를 이 레이아웃에 추가합니다.

- **다음 슬라이드 (Next Slide)** – 현재 슬라이드 뒤에 있는 슬라이드입니다. 다음 슬라이드 데이터에는 세 가지 옵션이 있습니다:
    - 텍스트 – 슬라이드 자체의 텍스트이며, 레이아웃 편집기 오른쪽에 있는 검사기의 텍스트 탭에서 설정한 텍스트 스타일로 형식이 지정됩니다.
    - 이미지 미리보기 – 슬라이드의 정적 이미지를 기본 "표시" 보기에 나타난 썸네일과 유사한 스테이지 레이아웃으로 보냅니다.
    - 참고 – 슬라이드 편집기에 추가된 슬라이드 노트를 이 레이아웃에 추가합니다.

- **화면 미리보기 (Screen Preview)** – 스테이지 레이아웃으로 화면의 실시간 버전을 전송할 수 있습니다. 이를 통해 스테이지 레이아웃은 알림 레이어, 기본 프레젠테이션 레이어 또는 다른 스테이지 레이아웃을 포함한 모든 화면을 표시할 수 있습니다.

- **코드 차트 (Chord Chart)** – 프레젠테이션에 추가된 PDF 또는 JPG 코드 차트를 표시합니다.

- **스테이지 메시지 (Stage Message)** – 스테이지 메시지를 스테이지로 보낼 수 있습니다. 사용자 화면에 표시되지 않습니다. 이 기능에 액세스하려면 보기 메뉴를 열고 스테이지를 선택하거나 표시에서 스테이지 버튼을 클릭하거나 Command-Shift-S(PC에서 Alt-S)를 누릅니다. 메시지를 입력하고 표시를 클릭하여 화면을 보냅니다. 지우기를 클릭하면 메시지가 완전히 제거되고, 숨기기를 클릭하면 스테이지 레이아웃에서 메시지가 제거되지만 메시지가 삭제되지는 않습니다.

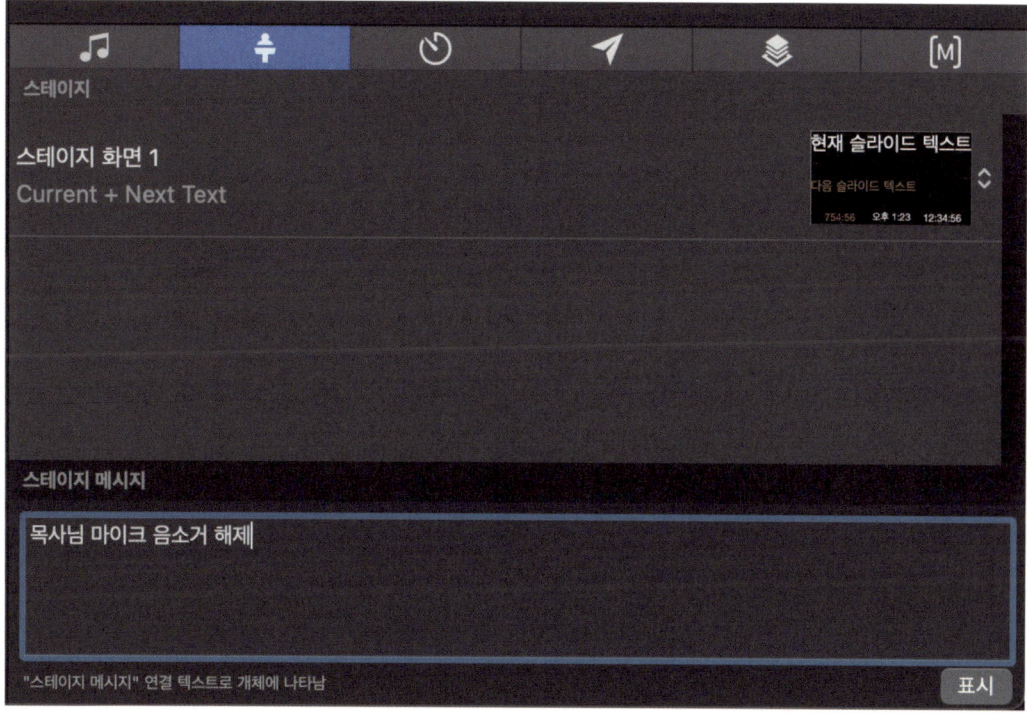

- **플래닝 센터 라이브 (Planning Center Live)** - 플래닝 센터 라이브는 스테이지 레이아웃(Stage Layout)에 로드되는 웹 오브젝트로, 카운트다운 시간, 현재 항목 및 다음 항목을 연결된 것으로 표시할 수 있습니다.

- **타이머 (Timers)** - 이 메뉴는 타이머 창에서 현재 작성된 타이머를 표시합니다. 레이아웃 편집기 오른쪽에 있는 검사기의 텍스트 탭에서 이러한 타이머에 대한 색상 트리거와 타이머의 기본 형식을 설정할 수도 있습니다.

- **시스템 시계 (System Clock)** - 날짜와 시간 또는 항목의 일부를 표시하는 실제 시스템 시계입니다. 레이아웃 편집기 오른쪽에 있는 검사기의 텍스트 탭에서 사용할 날짜 및 시간 형식을 설정할 수 있습니다.

- **비디오 카운트다운 (Video Countdown)** - 비디오 카운트다운은 현재 재생 중인 비디오의 남은 시간을 표시합니다. 이 기능은 스테이지에 있는 사람들이 카운트다운 비디오나 인트로 비디오와 같은 비디오에 남은 시간을 알 수 있도록 도와줍니다.

- **오디오 카운트다운 (Audio Countdown)** - 현재 재생 중인 오디오 파일의 남은 시간을 표시합니다.

- **그룹 (Group)** - 현재 슬라이드, 다음 슬라이드 또는 다음 순서에 배열된 그룹 라벨을 보려면 여기를 선택할 수 있습니다. 이는 스테이지 위 사람들이 주어진 프레젠테이션의 로드맵을 파악하는데 도움을 줄 수 있습니다.

- **라벨 (Label)** - 슬라이드 오른쪽에 표시되는 실제 라벨입니다. 현재 또는 다음 슬라이드에서 이 옵션을 선택할 수 있으며, 스테이지에 있는 사용자가 프레젠테이션의 위치를 알 수 있도록 유지하는 또 다른 유용한 옵션입니다.

- **캡처 상태 (Capture Status)** - ProPresenter에서 캡처의 현재 상태를 볼 수 있습니다. 이 기능은 Stage 화면을 Producer 모드로 사용하여 스트림/캡처의 모든 문제를 파악하는데 유용합니다.

- **모양 (Shape)** - 기본 슬라이드 편집기와 동일한 방식으로 스테이지 레이아웃에 모양을 추가할 수 있습니다. 이 경우에도 동일한 형식 옵션이 적용되며 비디오 입력 또는 미디어로 채우기를 선택하여 스테이지 레이아웃을 표시할 수 있습니다.

- **텍스트 (Text)** - 레이아웃에 항상 표시되는 텍스트를 사용하려면 텍스트 상자를 추가할 수 있습니다. 이렇게 하면 레이아웃에 요소에 라벨을 지정하거나 레이아웃에 표시해야 하는 정보를 일정하게 배치하는데 도움이 됩니다.

+ 버튼 외에도 편집기의 텍스트 탭에 있는 드롭다운을 통해 연결된 텍스트로 사용할 수 있는 몇 가지 다른 항목이 있습니다. 이들은 아래에 나열되어 있습니다.

- **슬라이드 수 (Slide Count)** - 현재 슬라이드 수, 프레젠테이션에 남아 있는 슬라이드 수 또는 총 슬라이드 수를 확인할 수 있습니다.

- **프레젠테이션 이름 (Presentation Name)** - 프레젠테이션 또는 알림 계층에 표시되는 현재 프레젠테이션 이름을 표시합니다.

- **재생 목록 (Playlist)** - 재생 목록 자체의 이름, 선택한 현재 항목, 재생 목록의 다음 항목, 현재 활성 헤더 및 다음 헤더를 포함한 재생 목록 데이터의 다양한 옵션/패킷을 제공합니다. 선택한 현재 항목에 정렬이 있는 경우 선택한 정렬의 이름을 표시하도록 옵션을 전환할 수도 있습니다.

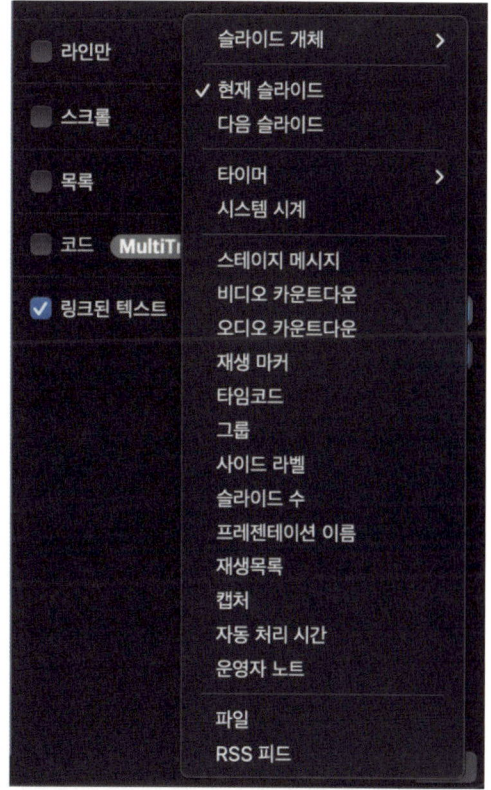

- **자동 처리 시간 (Auto Advanced Time)** - 프레젠테이션 또는 알림 계층에서 프레젠테이션을 위해 다음 타이머로 이동하는 타이머를 볼 수 있습니다.

- **운영자 노트 (Operator Notes)** - 프레젠테이션 도구 모음을 통해 편집할 수 있는 운영자에 대한 메모를 볼 수 있습니다.

레이아웃 편집기에는 애니메이션이 없는 단일 레이아웃이므로 빌드 탭이 없습니다. 그러나 검사기의 모양 및 텍스트 탭은 기본 슬라이드 편집기와 동일한 방식으로 작동합니다.

슬라이드를 트리거할 때 스테이지 레이아웃을 동적으로 변경할 수 있으며, 스테이지 작업을 통해 대상 화면이 아닌 스테이지 레이아웃에만 슬라이드를 표시할지 여부를 선택할 수도 있습니다.

테스트 패턴

ProPresenter는 설정에 도움이 되는 몇 가지 **테스트 패턴**(Test Patterns)을 제공합니다. 예를 들어, 혼합 그리드는 프로젝터를 정렬하는데 도움이 되고, 색상 막대(Color Bar)는 출력물이 올바른 색을 나타내는지, 포커스는 장치가 올바르게 초점을 맞추는지 확인하는데 도움이 됩니다.

> ※ 참고: 모든 테스트 패턴은 즉시 렌더링됩니다. 예를 들어, 포커스 그리드는 출력 해상도에 따라 다르게 렌더링되므로 해당 디스플레이에서 다른 글꼴 크기가 어떻게 표시되는지 실제 표현을 볼 수 있습니다.

메뉴 모음으로 이동하여 테스트 패턴을 열고 **보기 > 테스트 패턴**을 선택합니다. 오른쪽 아래에 있는 **표시**(Show) 버튼을 클릭하여 청중 화면에 현재 테스트 패턴을 표시합니다. 왼쪽 아래에 있는 **지움**(Clear) 버튼을 클릭하여 현재 테스트 패턴을 지웁니다.

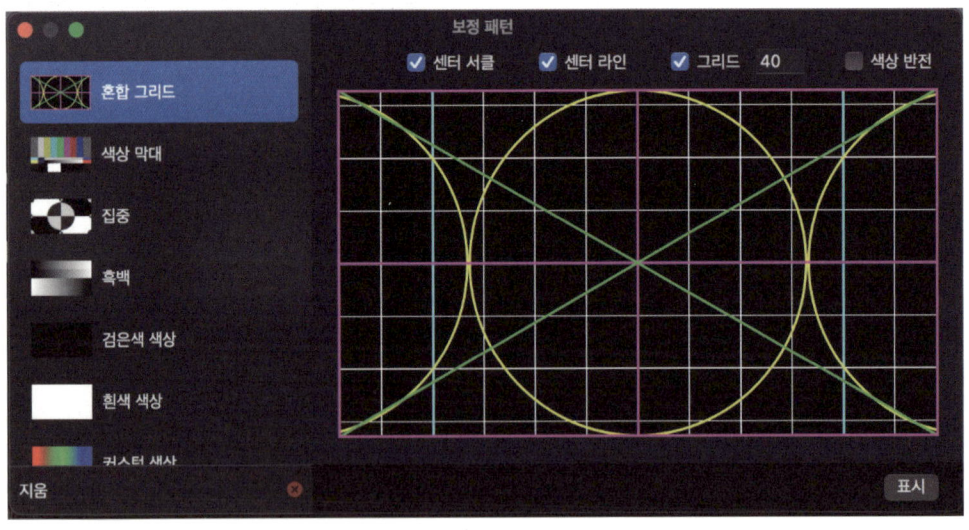

다음은 사용 가능한 테스트 패턴과 해당 옵션입니다:

- 혼합 그리드(Blend Grid)
    - 센터 서클

- o 센터 라인
- o 그리드 및 그리드의 각 세분화 크기
- o 색상 반전
- 집중 (Focus)
- 색상 막대 (Color Bar)
- 흑백 (Gray Scale)
- 검은색 색상 (Black Color)
  - o 검은색 레벨 (0 = 검은색 / 50 = 회색)
- 흰색 색상 (White Color)
  - o 흰색 레벨 (100 = 흰색 / 50 = 회색)
- 커스텀 색상 (Custom Color)
  - o 원하는 색상을 선택할 수 있는 색상 선택기인 사용자 지정 색상

예제 구성

> ※ 참고: 이 예에서는 모든 장치가 운영 체제에서 외부 모니터로 표시할 수 있는 출력으로 컴퓨터에 직접 연결되어 있다고 가정합니다.

예제1)

이번 예제에서는 청중이 보는 1대의 프로젝터와 레퍼런스용으로 사용하는 TV 1대, 그리고 로비에 있는 2대의 TV를 사용하여 ProPresenter의 출력을 적용시킨다고 가정해봅시다.

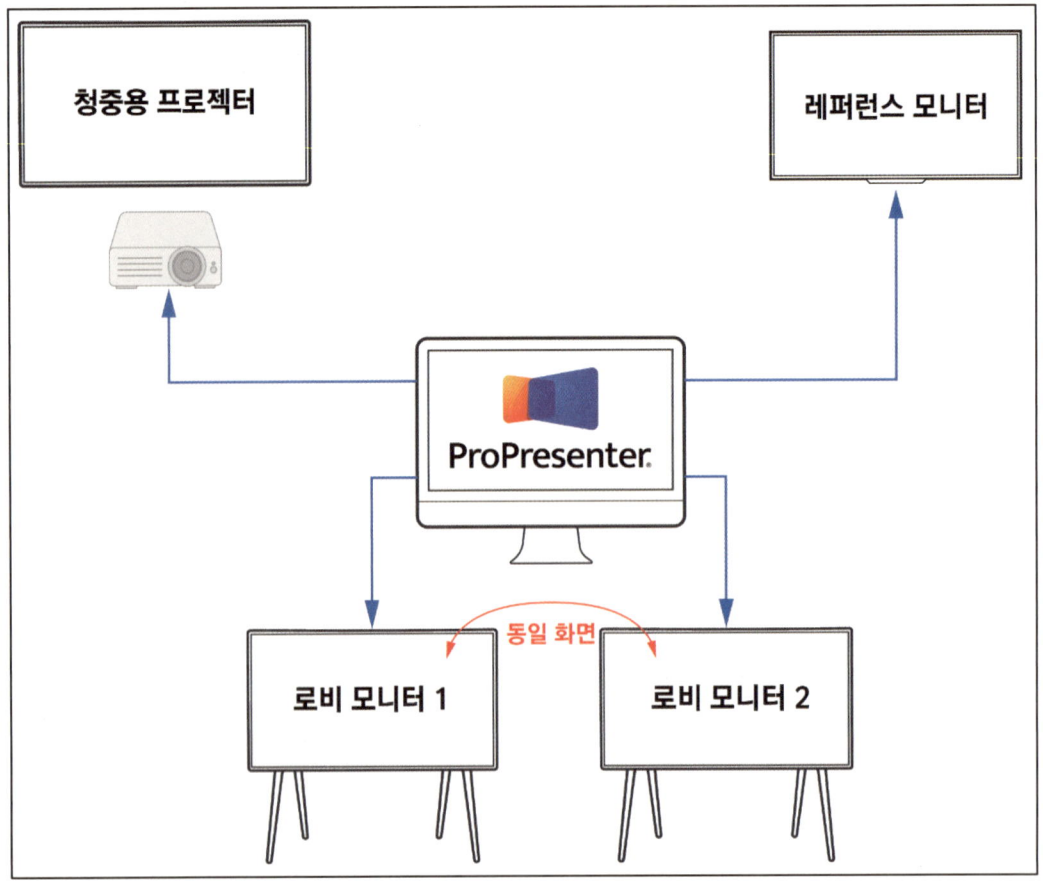

▶ **출력 적용**

- 청중이 보는 프로젝터 화면 - 1개의 출력으로 프로젝터에서 재생

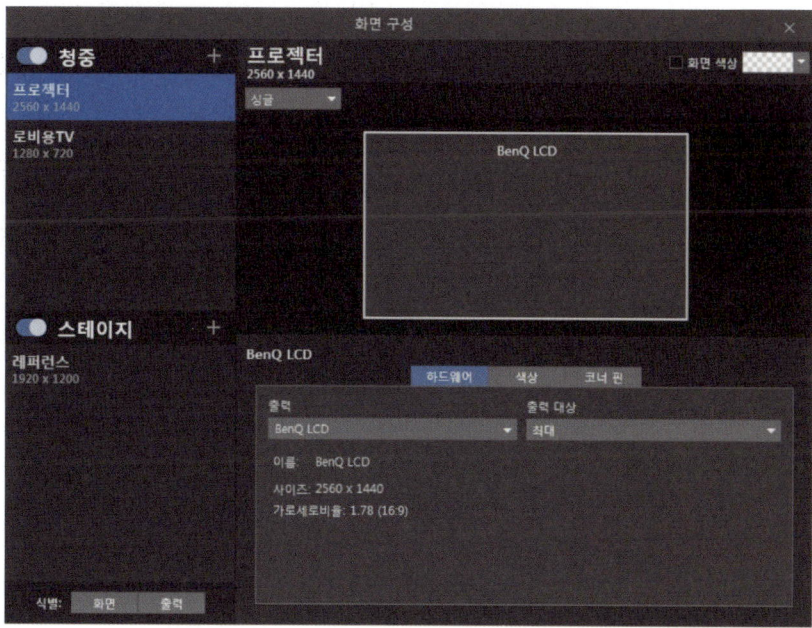

- 레퍼런스용으로 사용하는 TV - 1개의 출력으로 TV에서 재생

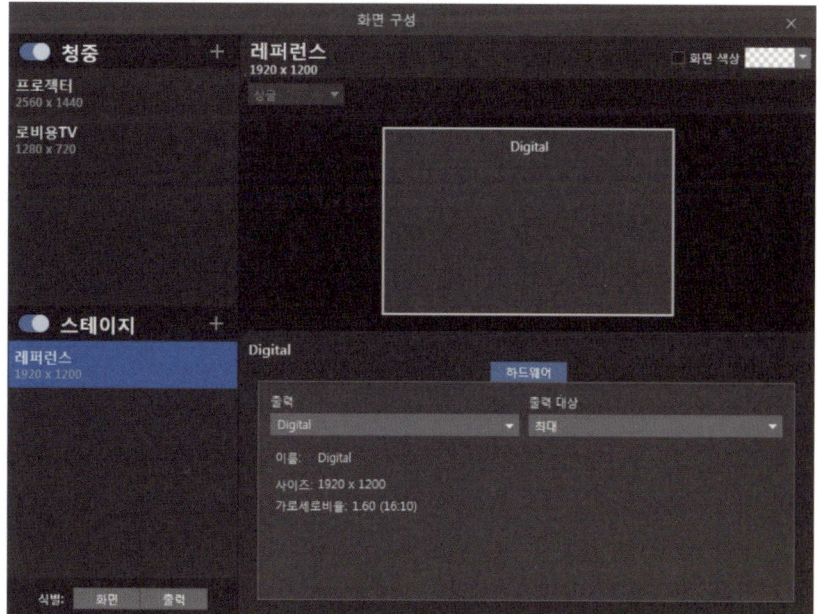

- 로비에 설치된 2대의 TV - 1개 출력을 미러링(좌우 반전[미러링])하여 2개의 장치로 재생

※ 이 구성에서 로비용 TV는 Blackmagic Decklink 8K를 사용하여 출력하였습니다. 하드웨어 구성에서 해당 화면의 출력을 위한 장치를 선택하면 됩니다.

※ Decklink 8K는 PCI-Express 타입의 장치이므로 PCI 확장 슬롯이 없는 Macbook, iMac, Mac Studio, Mac Mini를 사용하는 경우에는 Sonnet Echo Express SE IIIe 확장 장치를 사용해서 썬더볼트 3로 연결하시면 됩니다.

예제 2)

앞의 예제에서 미러링(좌우 반전)을 사용하면 동일한 화면을 2개의 출력으로 내보낼 수 있음을 확인하였습니다. 즉, 컴퓨터에 연결된 각각의 물리적인 디스플레이 장치에 대해 다양한 출력을 적용시킬 수 있습니다.

청중을 위해 기존의 프로젝터 외에 추가로 프로젝터를 하나 더 설치하고 여기에 기존과 동일한 화면을 보여주어야 한다고 해봅시다. 새 프로젝터는 이전 프로젝터의 복사본이므로 청중 화면에 미러링된 출력을 켜서(좌우 반전[미러링]) 두 개의 출력으로 보내기만 하면 됩니다.

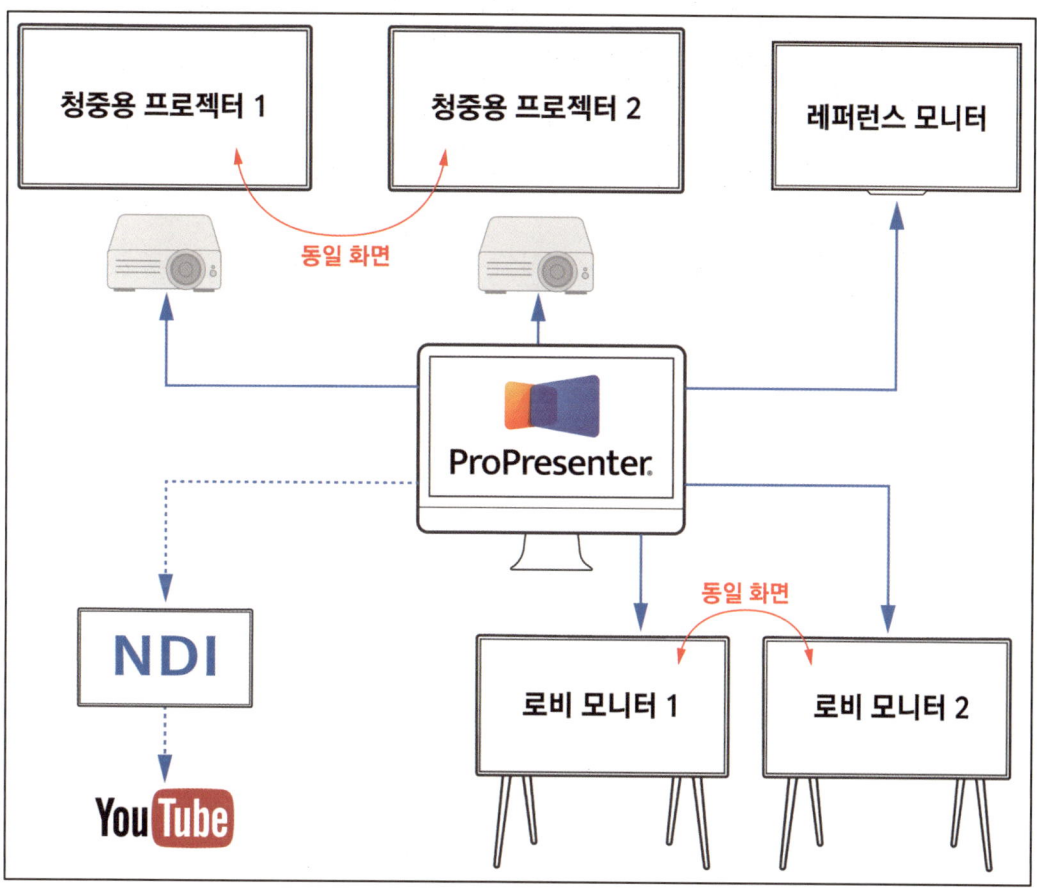

최종 설정은 아래와 같습니다.

- 프로젝터: 1개의 화면 구성, 2개 출력 (좌우 반전[미러링])

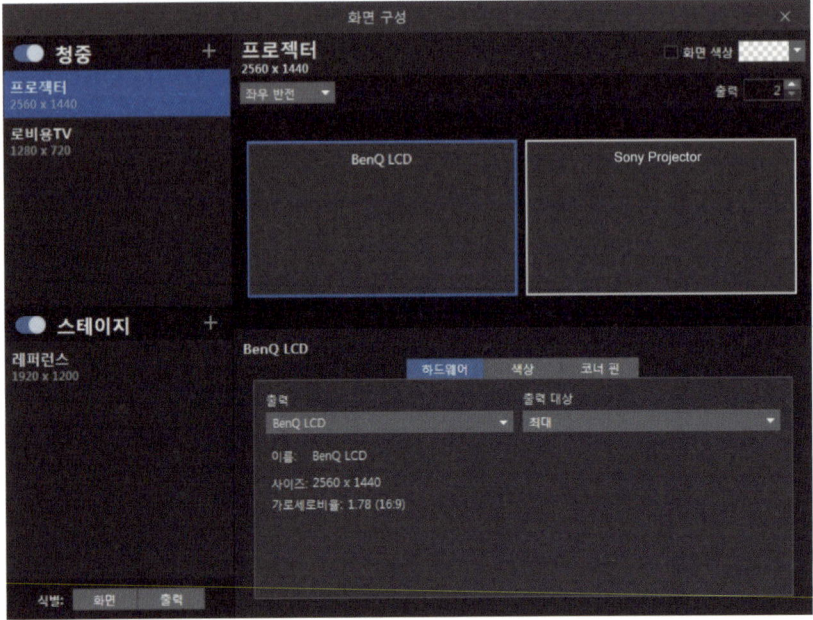

- 레퍼런스 모니터: 1개의 화면 구성을 1개 출력 [기존과 동일]
- 로비 안내용 모니터: 1개의 화면 구성, 2개 출력 (좌우 반전[미러링]) [기존과 동일]

고급 예제

※ 고급 예제에서는 SDI 및 NDI와 같은 디지털 출력을 살펴보겠습니다. 이러한 출력은 실제 출력과 동일한 방식으로 처리되며 ProPresenter에 의해 필요에 따라 간단히 분배할 수 있습니다.

예제 3)

ProPresenter에서 NDI를 통해 스트리밍 소프트웨어로 신호를 전송해달라는 요청을 받았습니다. 이때 프로젝터와 동일한 화면이 아니라 배경이 없는 하단 자막 형태로 슬라이드가 표시되도록 해주기를 원하고 있습니다.

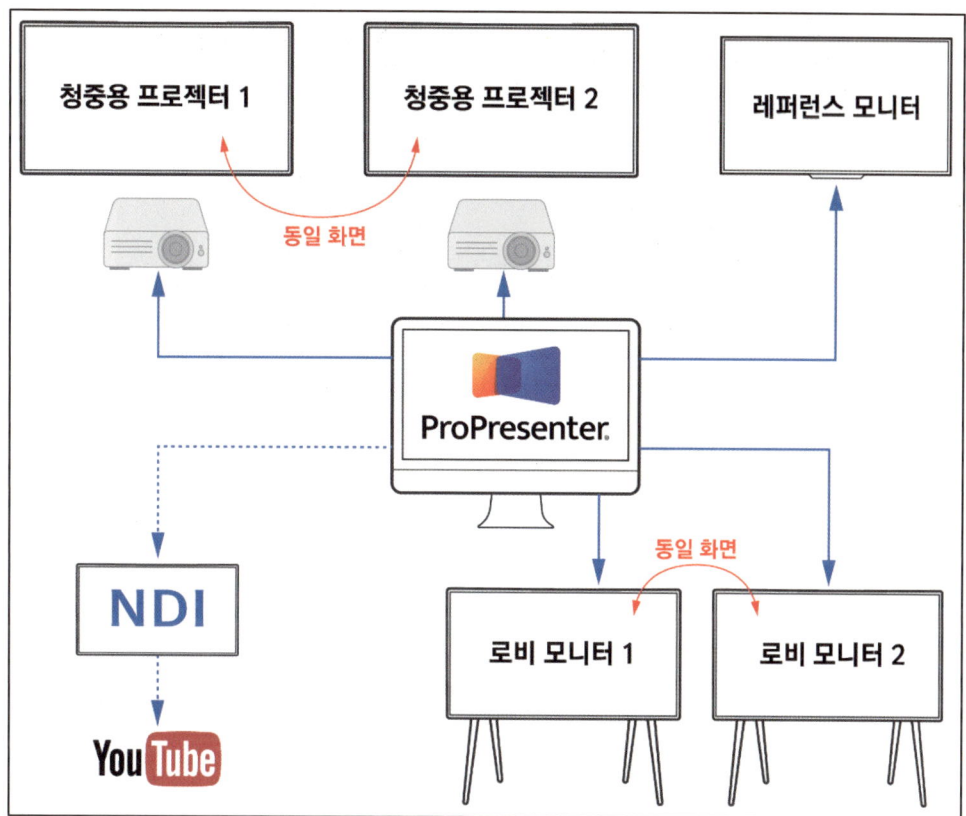

▶ **출력 적용**

- 스트리밍용 NDI: 1개의 화면 구성을 1개 출력

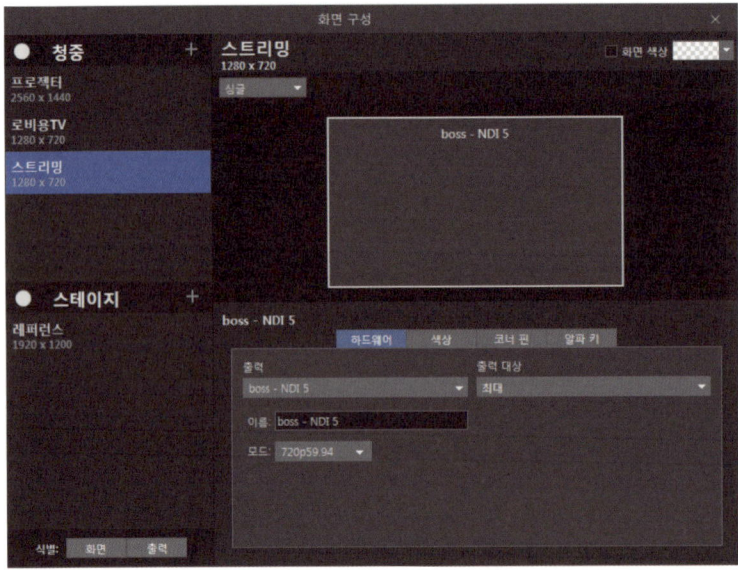

- 프로젝터: 1개의 화면, 2개의 출력 (좌우 반전[미러링]) [기존과 동일]

- 레퍼런스용 모니터: 1개의 화면 구성을 1개 출력 [기존과 동일]

- 로비 안내용 모니터: 1개의 화면 구성, 2개 출력 (좌우 반전[미러링]) [기존과 동일]

예제 4)

이번에 대형 스크린을 통한 중계를 진행하기 위해 엣지 블랜딩(Edge Blending)을 사용하여 2개의 프로젝터를 하나의 큰 두 배 너비 이미지로 합쳐서 표시해야 합니다. 이렇게 2개의 화면에 하나의 커다란 이미지를 출력하기 위해서는 좌우 반전(미러링)을 옵션을 사용하는 대신, 정렬에서 가장자리 혼합을 선택해야 합니다.

이제 ProPresenter에서 적절한 가장자리 혼합을 사용하여 두 배 너비 이미지를 렌더링하고 필요에 따라 두 개의 출력으로 전송합니다.

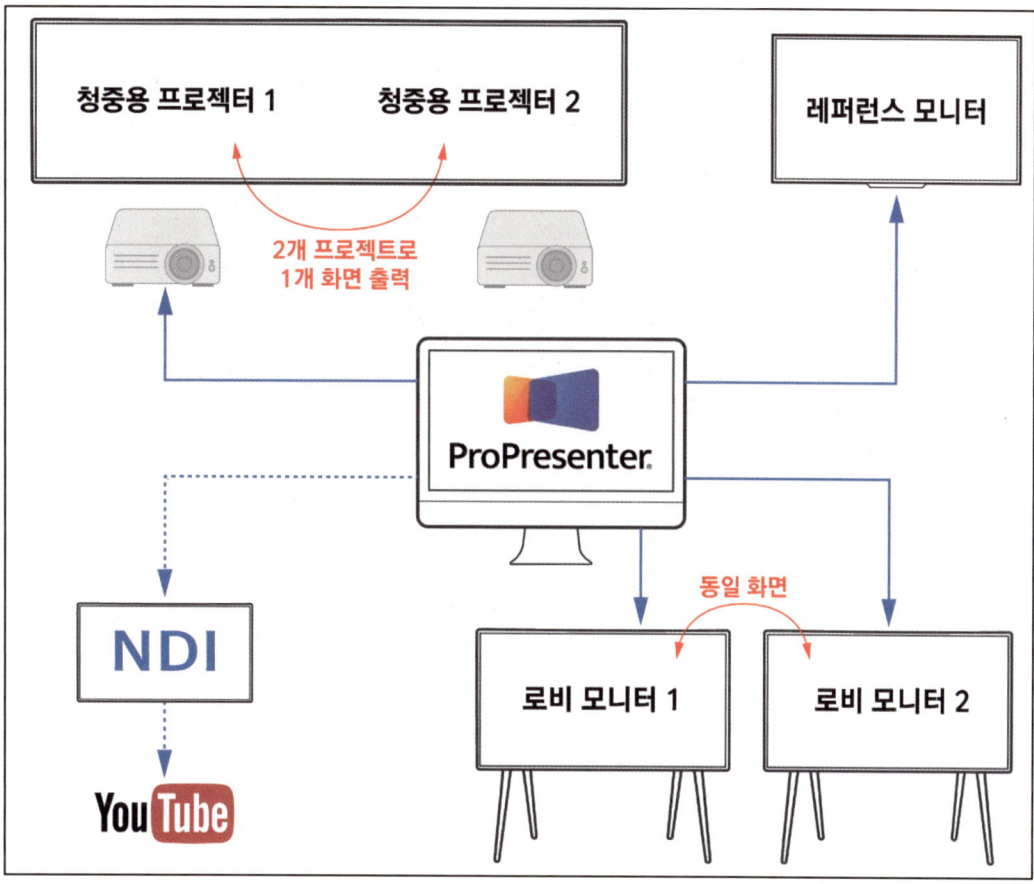

▶ 출력 적용

- 프로젝터: 1개의 화면, 2개의 출력 (가장자리 혼합)

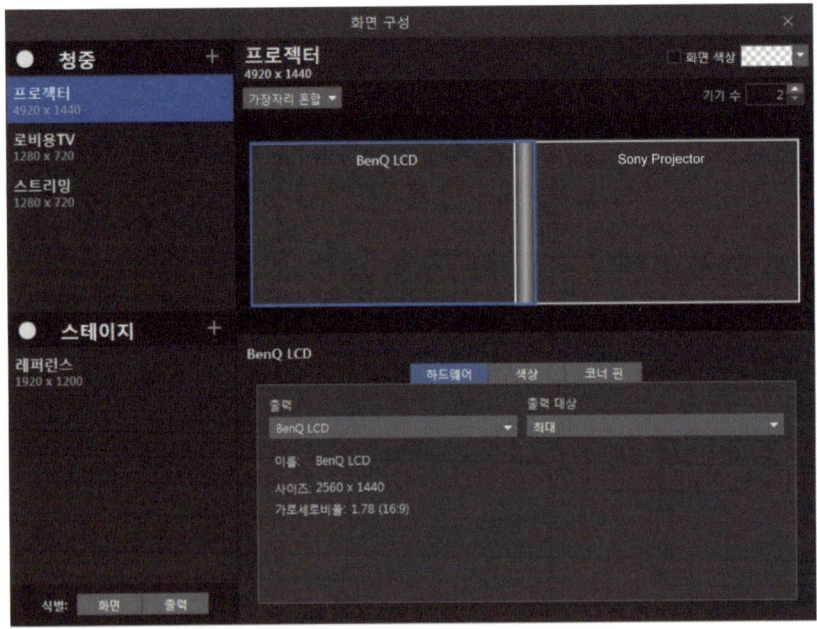

- 스트리밍용 NDI: 1개의 화면 구성을 1개 출력 [기존과 동일]

- 레퍼런스용 모니터: 1개의 화면 구성을 1개 출력 [기존과 동일]

- 로비 안내용 모니터: 1개의 화면 구성, 2개 출력 (좌우 반전[미러링]) [기존과 동일]

※ ProPresenter의 화면과 출력은 다양한 방법으로 혼용해서 사용할 수 있는 높은 자유도를 제공합니다. 다만, 화면 출력은 ProPresenter가 구동되는 시스템의 성능에 의해 제한을 받습니다. 즉, 무제한의 출력을 만들어내는 것은 불가능합니다.

※ 안정적으로 화면의 끊김없이 출력을 내보낼 수 있는 디스플레이 수는 시스템 성능뿐만 아니라 GPU성능, 그래픽카드 포트 수, SDI I/O 보드, 네트워크 대역폭 등 다양한 요인에 따라 달라지기 때문에 반드시 사전에 정확한 테스트를 진행하시기 바랍니다.

슬라이드 작업

ProPresenter의 모든 프레젠테이션은 단일 미디어 작업이라도 하나 이상의 슬라이드로 구성됩니다. 각 슬라이드는 미디어 작업 유형, 슬라이드를 클릭할 때 발생하는 다른 작업이 있는지 여부, 그룹의 일부인 경우 또는 라벨이 있는 경우 등을 포함하여 슬라이드를 클릭할 때 발생하는 작업에 대해 자세히 알려줍니다.

슬라이드 편집기

프레젠테이션을 편집하는 가장 포괄적인 방법은 슬라이드 편집기를 사용하는 것입니다.

슬라이드 편집기(Slide Editor)는 슬라이드의 개체, 슬라이드 자체 및 프레젠테이션 전체를 변경할 수 있는 기능을 제공합니다.

슬라이드 편집기를 열려면 도구 모음에서 **편집(Edit)** 버튼을 클릭하거나, 슬라이드에서 마우스 오른쪽 버튼을 클릭한 다음 "슬라이드 편집"을 선택하면 됩니다.

Mac 또는 PC에서 Control-E를 누릅니다. 메뉴 모음에서 **보기 > 프레젠테이션 편집기**를 선택해도 슬라이드 편집기를 실행할 수 있습니다.

> ※ 참고: 이 섹션에서는 가장 일반적으로 사용되는 편집기인 슬라이드 편집기에 대해 다룹니다. 그러나 ProPresenter에는 마스크 편집기, 프롭스 편집기 및 테마 편집기와 같은 다른 편집기가 있습니다. 모든 편집기는 매우 유사하지만 각 편집기마다 약간씩 다른 고유한 특성이 있습니다. 이러한 차이점은 해당 기능에 대한 각 섹션에서 다룹니다.

개요

1. 편집기 중앙에는 **캔버스(Canvas)**가 있으며, 여기서 현재 선택한 슬라이드를 보고 편집할 수 있습니다.

2. 캔버스 왼쪽에는 **슬라이드 네비게이터(Slide Navigator)**가 있으며, 여기서 캔버스에서 보려는 슬라이드를 선택할 수 있습니다.

3. 슬라이드 탐색기 아래에는 현재 선택한 슬라이드의 모든 개체가 나열된 **개체 목록(Object List)**이 있습니다.

4. 캔버스 아래에는 슬라이드에 노트를 추가할 수 있는 **슬라이드 노트(Slide Notes)** 영역이 있습니다(스테이지 디스플레이에 발표자 노트를 표시하는데 유용함).

5. 캔버스 오른쪽에는 **검사기(Inspector)**가 있습니다. 여기서 현재 선택한 개체, 슬라이드 또는 프레젠테이션의 내용 설정을 변경할 수 있습니다.

6. 작업 중인 내용을 청중 화면으로 빠르게 보내려면 편집기 오른쪽 아래에 있는 **표시(Show)** 버튼을 클릭합니다.

슬라이드 캔버스 (Slide Canvas)

편집기의 중앙 영역은 현재 선택한 슬라이드에 있는 개체와 텍스트의 표현을 볼 수 있는 캔버스입니다. 캔버스는 (X, Y) 좌표계를 사용하여 픽셀 정밀도로 개체를 정렬할 수 있습니다.

> ※ 참고: 슬라이드의 왼쪽 상단은 좌표(0,0)로 표시됩니다. 슬라이드 오른쪽 아래는 좌표(W, H)로 표시됩니다. 여기서 W는 슬라이드의 너비이고 H는 슬라이드 높이이며, 둘 다 슬라이드 특성의 프레젠테이션 탭에 설정되어 있습니다. 편집기 왼쪽 아래에는 커서의 현재 위치와 현재 선택한 개체의 너비 및 높이가 표시됩니다.

캔버스 조정 (Adjusting the Canvas)

캔버스에는 모양과 느낌을 사용자 지정할 수 있는 여러 도구가 있습니다. 이러한 버튼은 편집기 오른쪽 아래에 있습니다.

체커보드 배경 (Checkerboard Background)

기본적으로 편집기는 작업 중인 슬라이드에 회색 배경을 표시합니다. **프레젠테이션 배경색 (Presentation Background Color)** 또는 **슬라이드 배경색 (Slide Background Color)**을 설정한 경우 이 색이 슬라이드의 편집기에 표시됩니다. 단색 대신 체커보드 질감을 보려면 **체커보드 배경 (Checkerboard Background)** 버튼을 클릭하세요. 버튼을 다시 클릭하여 끕니다.

가이드라인 (Guidelines)

가이드라인은 예를 들어 객체를 다른 객체나 슬라이드 중앙에 쉽게 라이닝할 수 있도록 객체를 "스냅"할 수 있는 선입니다. 가이드라인에는 슬라이드 가이드라인, 테마 가이드라인 및 정렬 가이드의 세 가지 유형이 있습니다:

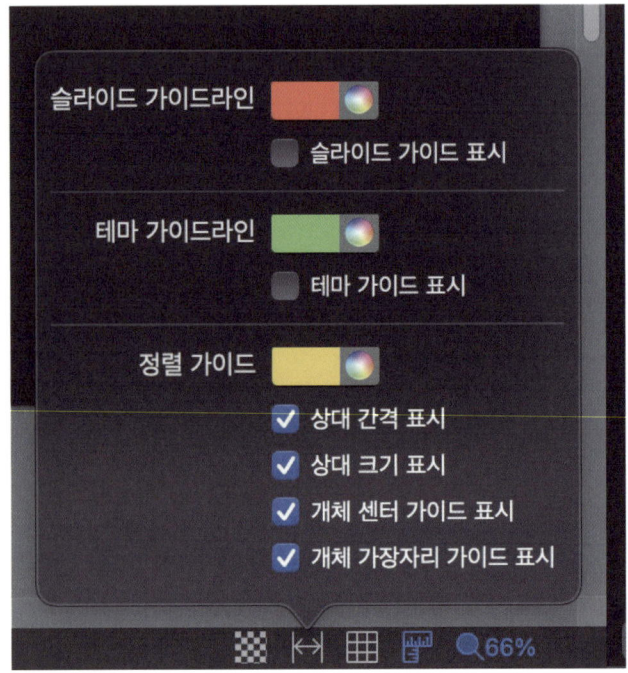

※ 참고: 슬라이드 및 테마 가이드라인을 작성하려면 먼저 눈금자 기능이 사용 가능한지 확인하세요.

- **슬라이드 가이드라인(Slide Guidelines)**은 슬라이드마다 고유한 가이드라인입니다. 즉, 지정된 슬라이드에 원하는 만큼의 슬라이드 가이드라인을 설정할 수 있으며 각 슬라이드에는 고유한 슬라이드 가이드라인 세트가 있을 수 있습니다.
  슬라이드 가이드라인을 켜려면 캔버스 오른쪽 아래에 있는 가이드라인 버튼을 클릭하고 **슬라이드 가이드 표시(Show Slide Guide)**를 활성화하거나 Mac에서 가이드라인 버튼을 클릭하여 파란색으로 바꿉니다.

  수직 가이드라인을 만들려면 마우스를 캔버스 왼쪽에 있는 눈금자 위에 올린 다음 캔버스를 클릭하여 드래그합니다. 가이드라인을 놓을 위치에 마우스를 놓습니다.
  수평 가이드라인은 캔버스 상단의 눈금자에서 클릭하여 끌어서 만들 수 있습니다.

  가이드라인을 제거하려면 해당 가이드라인을 클릭하여 위로(수평 가이드라인의 경우) 또는 왼쪽(수직 가이드라인의 경우)으로 끌어다 놓은 다음 X 아이콘이 나타나면 마우스를 놓습니다.
  가이드라인을 마우스 오른쪽 버튼으로 클릭하고 **모든 가이드 제거 (Delete Guideline)** 옵션을 선택할 수도 있습니다.

  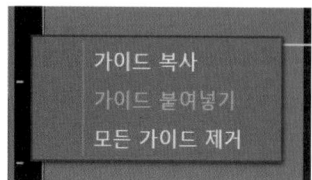

  가이드라인 버튼을 클릭하고 **슬라이드 가이드라인(Slide Guidelines)** 옆의 색상 선택기를 클릭하여 슬라이드 가이드라인의 색상을 변경합니다.

- **테마 가이드라인 (Template Guidelines)**은 슬라이드 가이드라인과 매우 유사하지만 특정 슬라이드에 고유한 것이 아니라 슬라이드에 템플릿을 적용할 때 적용됩니다.

  테마 가이드라인을 사용하려면 먼저 테마 편집기로 이동하여 해당 테마에 하나 이상의 슬라이드 가이드라인을 만드세요. 그런 다음 해당 테마를 슬라이드에 적용합니다. 슬라이드를 편집하면 해당 테마에 포함된 가이드라인도 함께 적용됩니다.

  테마 가이드라인을 설정하려면 캔버스 오른쪽 아래에 있는 가이드라인 버튼을 클릭하고 **테마 가이드 표시(Show Template Guides)**를 활성화하거나 Mac에서 가이드라인 버튼을 클릭하여 파란색으로 바꿉니다.
  가이드라인 버튼을 클릭하고 테마 가이드라인(Template Guidelins) 옆에 있는 색상 선택기를 클릭하여 테마 가이드라인의 색상을 변경합니다.

- **정렬 가이드(Alignment Guides)**는 캔버스에 있는 다른 개체에 개체를 스냅하도록 합니다. 예를 들어 정렬 가이드를 사용하면 객체를 다른 객체의 측면으로 스냅하거나 다른 객체와 동일한 간격으로 스냅할 수 있습니다. 선형 안내서에서 활성화할 수 있는 몇 가지 옵션이 있습니다:
    - **상대 간격 표시(Show Relative Spacing)**: 유사한 간격으로 개체를 스냅할 수 있습니다.
    - **상대 크기 표시(Show Reative Sizing)**: 비슷한 크기의 개체에 스냅할 수 있습니다.
    - **개체 센터 가이드 표시(Show Object Center Guides)**: 다른 개체의 중앙으로 스냅할 수 있습니다.
    - **객체 가장자리 가이드 표시(Show Object Edge Guides)**: 다른 개체의 가장자리에 스냅 사용 가이드 버튼을 클릭하고 **정렬 가이드(Alignment Guides)** 옆에 있는 색상 선택기를 클릭하여 정렬 가이드의 색상을 변경합니다.

그리드 (Grid)

편집기에 줄 그리드를 추가하여 객체를 정렬할 수 있습니다. 편집기 오른쪽 아래에 있는 **그리드(Grid)** 버튼을 클릭하면 이 기능에 액세스할 수 있습니다.

그리드를 켜거나 끄려면 **활성화(Enable)** 옆에 있는 확인란을 클릭하거나 Mac에서 그리드 버튼을 클릭합니다.

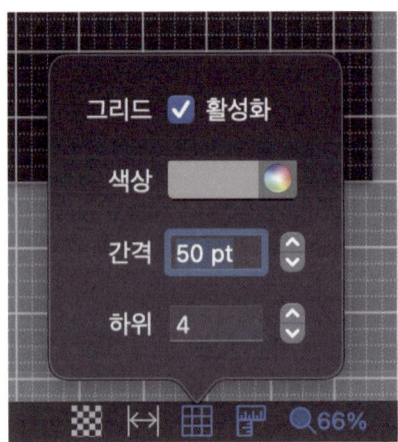

색상 옵션을 클릭하여 그리드에 사용할 색상을 선택합니다. 간격 (주요 선 사이의 간격) 및 하위(주요 선 사이에 나타나는 부선)을 설정하여 그리드의 간격을 조정할 수 있습니다. 그리드 창 외부를 클릭하여 창을 닫습니다.

눈금자 (Rulers)

편집기에는 편집기에서 개체의 위치를 더 잘 볼 수 있도록 화면의 왼쪽 상단 모서리에 표시되는 눈금자 집합이 포함되어 있습니다. 편집기 오른쪽 아래에 있는 눈금자 버튼을 클릭하거나 편집기 메뉴를 선택하고 눈금자 표시를 선택하여 눈금자를 사용하거나 사용하지 않도록 설정할 수 있습니다.

줌 (Zoom)

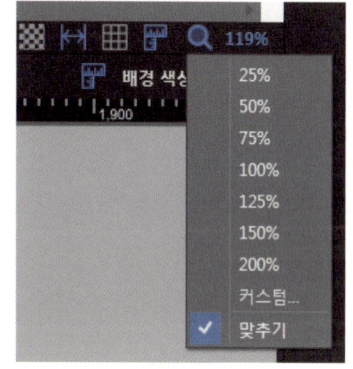

편집기의 확대/축소 수준을 조정하려면 오른쪽 아래에 있는 **줌** 버튼을 선택합니다. 미리 정의된 값을 선택하거나 **커스텀...**을 선택하여 사용자 고유의 값을 입력할 수 있습니다. 전체 슬라이드를 볼 수 있도록 ProPresenter 줌을 설정하려면 **맞추기(Fit)**을 선택하거나 Mac에서 줌 버튼을 클릭합니다.

슬라이드 네비게이터 (Slide Navigator)

캔버스 왼쪽에는 **슬라이드 네비게이터가** (Slide Navigator) 있습니다. 여기서 캔버스에서 현재 편집 중인 슬라이드를 선택할 수 있습니다.

이 목록을 위아래로 스크롤하여 현재 선택한 프레젠테이션의 모든 슬라이드를 볼 수 있습니다. 슬라이드를 클릭하여 선택하고 캔버스에 표시합니다.

슬라이드를 마우스 오른쪽 버튼으로 클릭하면 슬라이드를 복사, 붙여넣기, 삭제 또는 복제할 수 있습니다. 또한 해당 슬라이드에 사용된 테마를 변경하거나 해당 슬라이드의 텍스트 유형을 복사하여 다른 슬라이드에 붙여 넣을 수 있습니다.

슬라이드 네비게이터의 오른쪽 상단에 있는 "+" 버튼을 눌러 현재 선택한 슬라이드 뒤에 새 슬라이드를 삽입합니다. 그룹 기능을 사용하여 슬라이드를 그룹화한 경우 그룹 이름 옆에 있는 삼각형을 클릭하여 해당 그룹의 슬라이드를 숨기거나 표시할 수 있습니다.

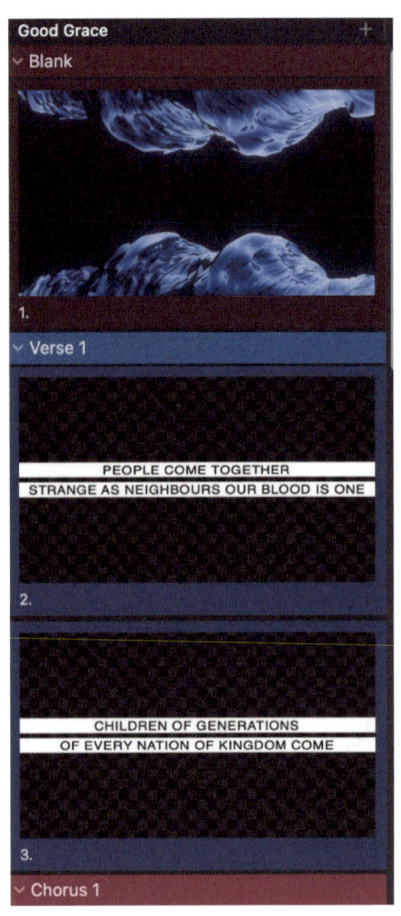

슬라이드 개체

ProPresenter에는 간단한 텍스트 상자에서 복잡한 모양, 심지어 직접 그릴 수 있는 사용자 지정 모양에 이르기까지 슬라이드에 삽입할 수 있는 다양한 개체가 있습니다. 개체에는 몇 가지 속성이 있습니다. 이러한 속성을 사용하면 화면에 표시되는 내용을 강력하게 제어할 수 있지만 제대로 이해하지 못하면 혼동이 발생할 수 있습니다.

개체(Object)는 편집기의 캔버스 안에 있는 항목입니다. 객체는 본질적으로 매우 다양하며 많은 모양과 내용을 가질 수 있습니다.

모든 개체에는 **모양(Shape)**이 있습니다. 이 도형은 미리 정의된 여러 도형(예: 사각형, 원 또는 삼각형) 또는 사용자가 직접 작성하는 사용자 정의 도형 중 하나일 수 있습니다. 물체의 모양에는 제한이 없다.

각 개별 객체에 대해 객체의 모양을 **채울지(Fill)** 여부와 대상을 결정할 수 있습니다. 도형을 단색, 그라데이션, 정지 이미지 또는 비디오와 같은 매체 또는 기타 여러 옵션 중 하나로 채울 수 있습니다. 채우기 외에도 개체 모양에 연결된 다른 속성(예: 스트로크 및 섀도)이 있습니다. 나중에 설명합니다.

또한 모든 개체는 본질적으로 **텍스트 상자(Textboxes)**입니다. 즉, 원래 개체 유형에 관계없이 개체에 텍스트를 추가할 수 있습니다. 개체를 두 번 클릭하여 모든 개체의 텍스트 상자를 활성화할 수 있습니다.

> ※ 참고: 객체의 텍스트는 객체의 모양에 영향을 받지 않습니다. 텍스트는 객체 모양의 범위 내에 머물지 않고 객체 자체의 범위 내에 머물게 됩니다. 즉, 텍스트 상자는 개체의 모양이 다른 경우에도 항상 직사각형입니다.

또한 ProPresenter에는 텍스트뿐만 아니라 채우기 내용을 ProPresenter 내의 다른 개체 및 기타 정보에 연결할 수 있는 Linking 시스템이 있습니다.

연결할 수 있는 항목을 토큰이라고 합니다. 예를 들어 카운트다운 타이머의 토큰에 연결할 개체의 텍스트를 설정할 수 있습니다. 이렇게 하면 해당 개체가 표시될 때마다 텍스트가 해당 타이머의 현재 값으로 대체됩니다.

캔버스의 왼쪽 상단 모서리에 있는 +를 클릭하여 개체를 삽입합니다.

이 메뉴에서 원하는 개체 유형을 삽입할 수 있습니다:

- 문자(Text)

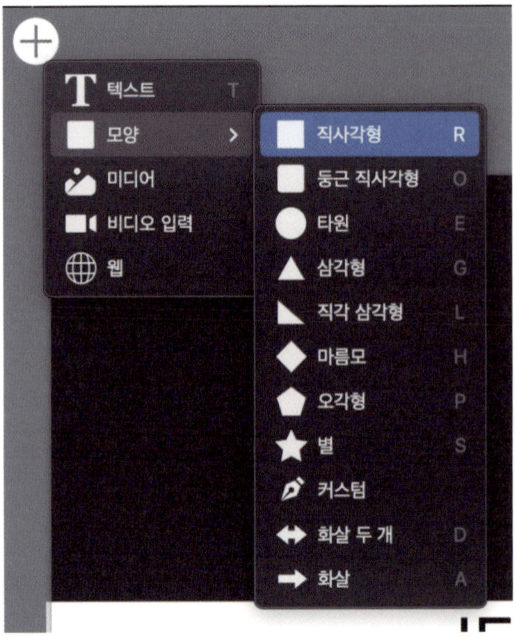

- 모양(Shape)
    - 사각형(Rectangle)
    - 둥근 사각형(Rounded Rectangle)
    - 타원(Elipse)
    - 삼각형(Triangle)
    - 오른쪽 삼각형(Right Triangle)
    - 마름모(Rhombus)
    - 오각형(Polygon)
    - 별(Star)
    - 커스텀(Custom)
    - 화살 두 개(Double Arrow)
    - 화살(Arrow)
- 미디어(Media)
- 비디오 입력(Video Input)
- 웹(Web)

일부 도형에는 도형을 사용자 정의하는 컨트롤이 있습니다. 예를 들어, 별을 생성하면 별에 있는 점의 수와 각 점의 깊이 각도를 제어할 수 있습니다.

개체와 상호 작용 (Interacting with Objects)

편집기에서 개체와 상호 작용할 수 있는 몇 가지 방법이 있습니다. 다음은 ProPresenter를 더 활용하기 위한 몇 가지 간단한 팁입니다:

- 원하는 위치에 개체를 배치하려면 개체를 클릭하고 드래그합니다.

- 개체를 클릭하고 드래그하여 해당 개체를 복사(Copy)할 때 Mac의 옵션 키 또는 Windows의 Control 키를 유지합니다.

- 개체의 가장자리("경계 상자"라고도 함)를 클릭하여 끌어 개체 크기를 조정합니다.

- Mac의 Command 키 또는 Windows의 Alt 키를 누른 상태에서 마우스를 상자 경계 근처로 이동하여 커서를 회전 커서로 바꿉니다.

- 상자 경계를 드래그 하면서 Shift 키를 누른 상태에서 가로 세로 비율을 잠급니다.

- Mac에서는 Option 키를 누르고 Windows에서는 Control 키를 누른 상태에서 경계 상자를 끌어 개체의 맨 끝 모서리 대신 개체의 중심에서 스케일링합니다.

여러 개체를 **정렬(Align)**하려면 여러 항목을 선택한 다음 메뉴 모음에서 **편집기(Editor)**를 선택하고 **정렬(Arrangement)**을 선택한 다음 **개체 정렬(Align Objects)**을 선택합니다. 여기서 항목을 수평 또는 수직으로 정렬할 수 있습니다.

마찬가지로 여러 항목을 선택하고 편집기 메뉴에서 **분포(Distribute)**를 선택하여 항목을 동일, 수평, 수직으로 분포할 수 있습니다.

개체 목록

캔버스 왼쪽 아래에는 현재 선택한 슬라이드의 모든 개체를 보고 상호 작용할 수 있는 **개체 목록(Object List)**이 있습니다.

목록에서 상위에 있는 개체는 목록에서 하위에 있는 개체의 맨 위에 표시됩니다. 개체 목록에서 개체를 클릭한 후 끌어서 목록의 순서를 변경하여 목록의 상위 또는 하위 항목을 이동할 수 있습니다.

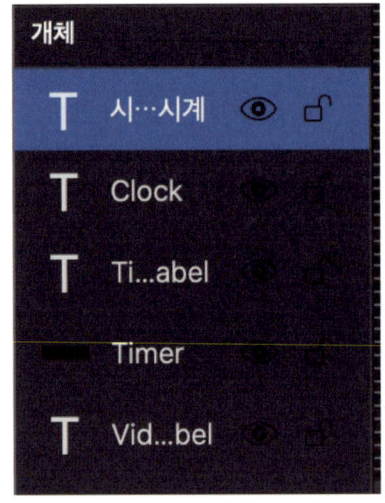

마우스를 개체 위에 놓고 **잠금(Lock)** 아이콘을 클릭하여 해당 개체를 잠그거나 잠금 해제합니다. 개체를 잠그면 해당 개체가 슬라이드의 제자리에 고정되고 개체의 잠금을 다시 해제할 때까지 해당 속성을 편집할 수 없습니다. **시각화 (Visible)** 아이콘을 클릭하면 Editor Canvas에서 개체가 숨기거나 표시됩니다. 슬라이드를 **표시(Show)** 하면 화면에 개체가 표시됩니다.

개체를 마우스 오른쪽 버튼으로 클릭하여 개체 이름 바꾸기, 숨기기/숨기기 해제, 잠금/잠금 해제 또는 삭제합니다. 터치패드 장치가 있는 경우 두 손가락으로 개체 왼쪽으로 끌어서 삭제할 수 있습니다.

슬라이드 노트

편집기의 **슬라이드 노트**(Slide Notes) 섹션에서는 각 슬라이드에 노트를 만들 수 있습니다.

이러한 노트는 사용자 자신의 참조용으로 사용할 수도 있고, 예를 들어 발표자가 주제를 기억하는데 도움이 되도록 스테이지 디스플레이에 표시할 수도 있습니다.

슬라이드 노트 영역을 전환하려면 편집기 오른쪽 아래에 있는 **슬라이드 노트** (slide Notes) 버튼을 클릭합니다. 슬라이드 노트 영역의 **배경색**(Background color)을 변경할 수 있습니다. 색 상자를 클릭하여 미리 정의된 색 중 하나를 선택하거나 색 휠을 클릭하여 사용자 고유의 색을 선택합니다.

> ※ 참고: 배경색 기능은 모든 슬라이드와 모든 프레젠테이션에서 공유되는 설정입니다. 즉, 한 프레젠테이션에서 배경색을 변경하면 모든 프레젠테이션의 모든 슬라이드에 대해 배경색이 변경됩니다. 슬라이드별 또는 프레젠테이션별로 이 설정을 사용자 지정할 수 없습니다.

슬라이드 노트 영역의 중앙에 있는 텍스트 상자에 텍스트를 입력할 수 있습니다. 이 텍스트 상자는 풍부한 텍스트 형식을 지원합니다. 즉, 선택한 텍스트는 굵게, 기울임꼴, 글꼴, 크기 및 색상이 다를 수 있습니다. 오른쪽에 있는 검사기를 사용합니다.

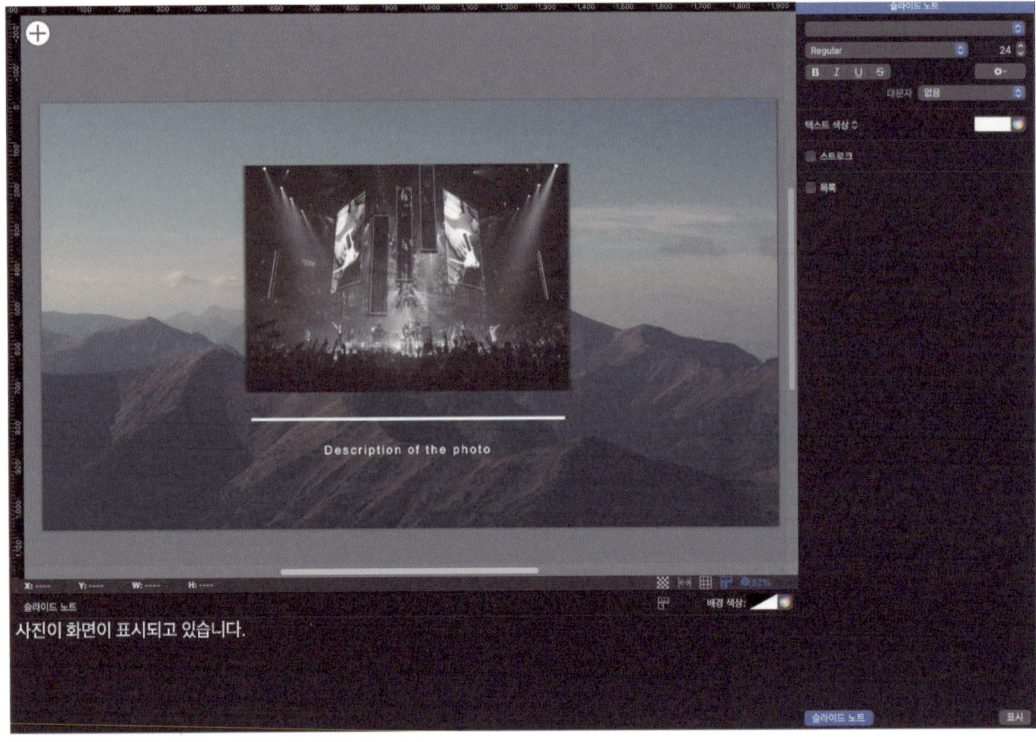

편집기에서 텍스트 형식을 변경합니다. 단락 설정 및 여백과 같은 추가 기능을 보려면 기어 아이콘을 클릭하세요.

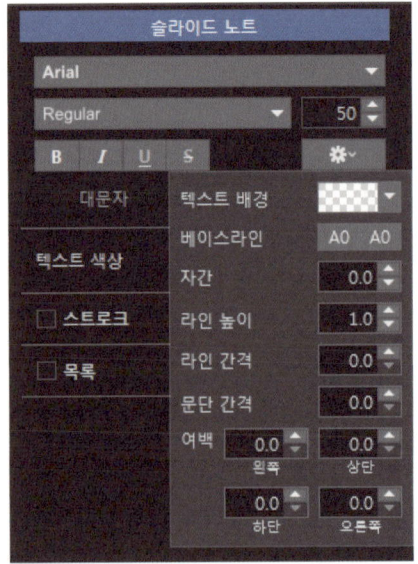

※ 팁: 텍스트를 텍스트 상자에 붙여넣지만 텍스트에 있는 형식을 유지하지 않고 텍스트 상자에 있는 형식과 일치시킬 수 있습니다. 이렇게 하려면 '붙여놓고 스타일 일치시키기'를 사용할 수 있습니다.

※ 기능: Mac에서는 Command-Option-Shift-V를 누르고 PC에서는 Alt-V를 누르거나 **편집 > 붙여넣기 > 붙여놓고 스타일 일치시키기** 를 선택합니다.

슬라이드 검사기 (Slide Inspector)

편집기 오른쪽에는 슬라이드의 개체뿐만 아니라 슬라이드 자체 및 프레젠테이션 전체에 대한 가장 자세한 옵션을 제공하는 **검사기**(Inspector)가 있습니다.

※ 참고: ProPresenter의 편집기 창에는 슬라이드 편집기, 템플릿 편집기, 프롭스(Props) 편집기 등 고유한 기능을 다루는 여러 가지 변형이 있습니다. 각 편집기는 대체로 동일하지만 사용자가 속한 편집기에 따라 고유한 기능이 있습니다. 다음은 슬라이드 편집기에 대해 설명합니다. 슬라이드 편집기는 가장 자주 사용되는 편집기이므로 각 편집기에 고유한 영역은 가장 중요한 기능에 대해 설명합니다.

검사기(Inspector)는 문맥을 인식하므로 주어진 시간에 표시되는 옵션은 캔버스에서 선택한 항목(또는 선택하지 않은 항목)에 따라 달라집니다. 주 슬라이드 편집기에 검사기가 표시할 수 있는 세 가지 탭 그룹은 **슬라이드 속성 탭**(Slide Properties Tabs), **개체 속성 탭**(Object Properties Tabs), **슬라이드 노트 탭**(Slide Note Tabs)등이 있습니다:

슬라이드 속성 탭 (Slide Properties Tabs)

캔버스에서 선택한 개체가 없는 경우 슬라이드 속성 탭이 검사기에 표시됩니다. 이러한 탭은 프레젠테이션 탭(전체 프레젠테이션에 대한 정보를 제어하기 위한), 슬라이드 탭(현재 선택한 슬라이드에 대한 정보를 제어하기 위한) 및 빌드 탭(현재 선택한 슬라이드의 빌드-인 및 빌드-아웃을 제어하기 위한)입니다.

프레젠테이션 탭 (Presentation Tab)

프레젠테이션 탭에서는 현재 선택한 프레젠테이션에 대한 정보에 액세스할 수 있습니다.

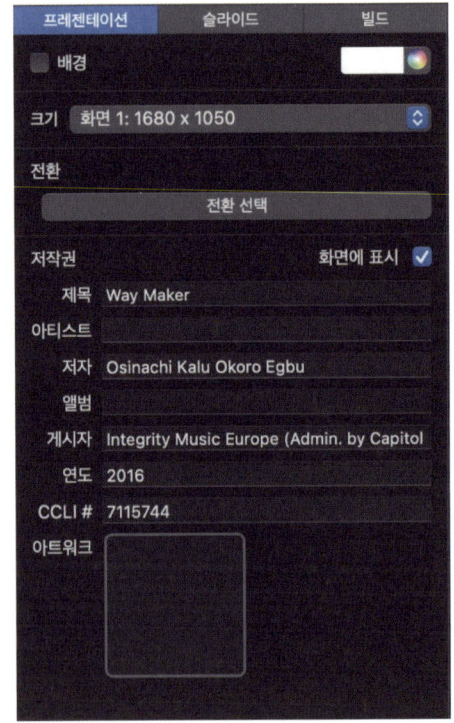

배경 옆에 있는 확인란을 클릭하여 전체 프레젠테이션의 **배경색 (Background Color)**을 전환합니다. 색상 상자를 클릭하여 미리 정의된 색상을 선택하거나 색상 휠을 클릭하여 색상을 선택합니다.

크기(Size) 옵션을 사용하여 프레젠테이션의 해상도를 변경할 수 있습니다. 프레젠테이션의 모든 슬라이드는 동일한 해상도를 공유합니다 크기 옆의 드롭다운 메뉴를 클릭합니다

프레젠테이션의 해상도를 선택합니다.

※ 팁: 일반적으로 슬라이드의 크기가 기본 출력과 동일하기를 원하지만, 다른 설정이 필요할 수도 있습니다.

이 프레젠테이션에 대해 선택한 크기가 출력의 출력 크기와 일치하지 않으면 경고가 표시됩니다. **크기 조정 (Resize)** 버튼을 클릭하여 프레젠테이션 해상도와 일치하는 화면을 선택하세요.

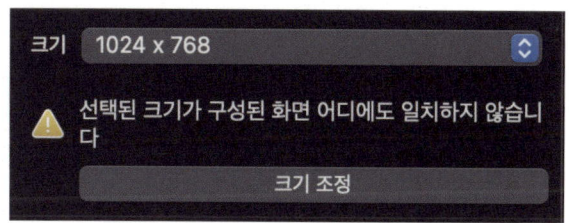

전환(Transition) 기능을 사용하여 이 프레젠테이션의 전환을 설정, 변경 및 제거할 수 있습니다.

저작권(copyright) 섹션에서는 이 프레젠테이션의 저작권 정보를 설정, 변경 및 표시할 수 있습니다.

※ 팁: 저작권 정보를 표시하려면 프레젠테이션에서 저작권 표시를 선택해야 할 뿐만 아니라 기본 설정의 일반 탭에서도 저작권 표시 사용을 선택해야 합니다.

슬라이드 탭 (Slide Tab)

선택한 개별 슬라이드에 대한 정보를 변경하려면 검사기의 **슬라이드 탭 (Slide Tab)**으로 이동합니다.

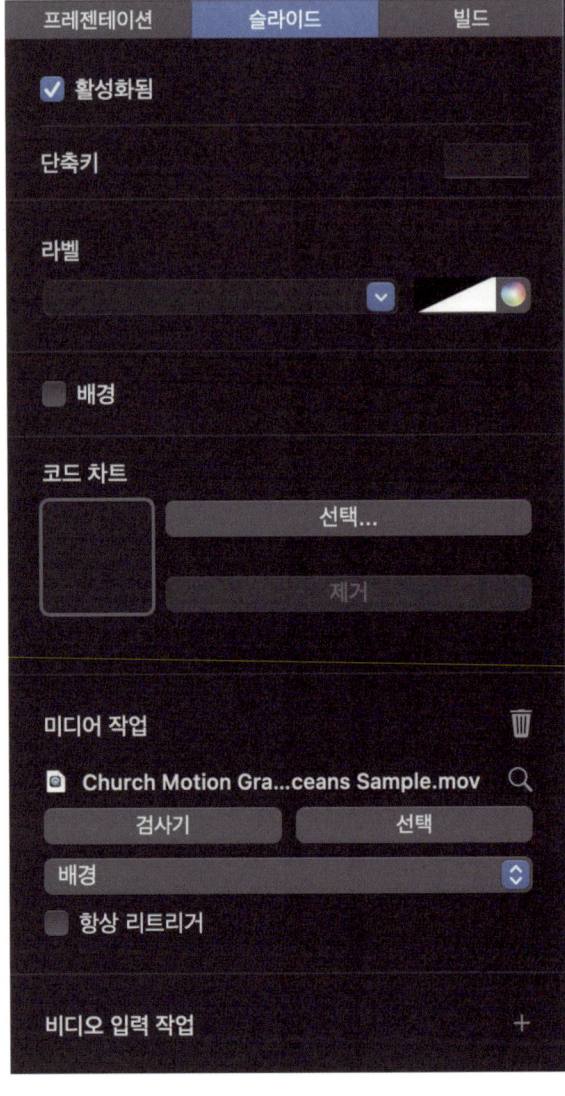

슬라이드를 사용하거나 사용하지 않으려면 사용 옆의 **활성화됨 (Enable)**란을 클릭합니다. 텍스트 상자를 클릭하고 문자를 입력하여 슬라이드의 **단축키(Hot key)**를 변경합니다.

라벨(Label) 섹션에서는 슬라이드의 라벨을 변경할 수 있습니다. 라벨을 선택하거나 입력한 후에는 해당 라벨의 색상을 선택하고 **글로벌 라벨에 저장 (Save to global label)** 옵션을 선택하여 환경설정에 표시된 목록에서 나중에 해당 라벨을 추가할 수 있습니다.

배경(Background) 옆에 있는 확인란을 클릭하여 슬라이드의 배경색을 전환합니다. 색상 상자를 클릭하여 미리 정의된 색상을 선택하거나 색상 휠을 클릭하여 색상을 선택합니다.

슬라이드의 **코드 차트(Chord Chart)**를 추가, 변경 또는 제거할 수도 있습니다. 코드 차트 기능을 사용하면 레이아웃의 코드 차트에 연결된 항목을 추가한 경우 스테이지 화면에 자동 연결되어 표시(트리거)되는 PDF, JPG 파일 등을 슬라이드에 추가할 수 있습니다.

이 탭에서는 슬라이드에 미디어 작업 또는 비디오 입력 작업을 추가하는 옵션도 제공합니다. 여기서 사용할 미디어 파일 또는 비디오 입력, 백그라운드, 포그라운드 또는 비디오 입력 계층에 사용할 미디어 파일 또는 비디오 입력을 선택할 수 있으며 **항상 리트리거 (Always Retrigger)** 옵션을 선택할 수 있습니다.

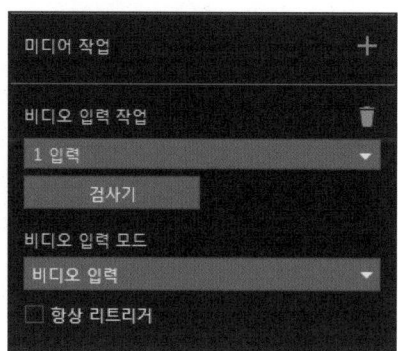

이 옵션을 활성화하면 이 입력 또는 미디어 파일이 있는 슬라이드가 트리거 될 때마다 다시 시작됩니다. 비디오 입력의 경우, 이것은 파일을 다시 로드하는 것을 의미합니다. 보다 응집력 있는 모양을 위해 일반적으로 이 옵션을 선택하지 않지만 일부 사용자는 특정 슬라이드가 트리거 될 때마다 미디어 파일을 다시 시작하고 이 옵션을 사용하도록 설정합니다.

빌드 탭 (Build Tab)

검사기의 빌드 탭에서 선택한 슬라이드의 개별 전환을 설정할 수 있습니다. 개체를 선택한 후에는 이 탭에 훨씬 더 많은 옵션이 있습니다. 화면에 슬라이드를 표시하기 위해 선택한 전환 옵션만 제공됩니다.

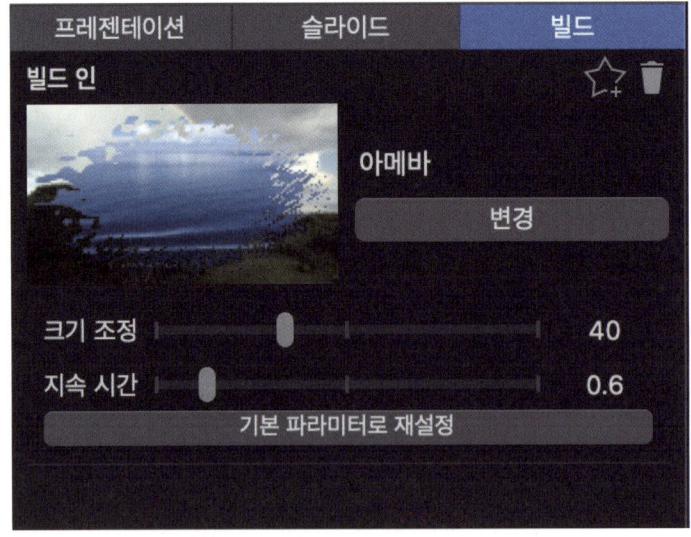

객체 속성 탭 (Object Properties Tabs)

캔버스에서 개체를 선택하면 오른쪽의 탭이 **개체 속성 탭**(Object Properties Tab)으로 변경됩니다. 여기에는 모양 탭(개체의 전체 모양 및 채우기 내용 제어), 텍스트 탭(개체 내의 텍스트 제어) 및 빌드 탭(슬라이드의 빌드-인 및 빌드-아웃 제어용)이 포함됩니다.

> ※ 팁: 개체 속성 탭에서 입력 상자에 많은 숫자를 사용하려면 텍스트 상자에서 직접 간단한 계산을 수행할 수 있습니다! 예를 들어, 너비 상자에 "100+100"을 입력하고 Enter 키를 누르면 계산이 수행되고 200이 최종 너비로 사용 및 표시됩니다!

> ※ 팁: 일부 숫자 입력 상자의 경우 상자의 라벨을 클릭하여 끌어 왼쪽 또는 오른쪽으로 끌어서 텍스트 상자의 값을 변경할 수 있습니다. 예를 들어, "폭(Width)" 텍스트를 클릭하고 왼쪽으로 끌어서 개체를 더 좁힐 수 있습니다. 또는 개체를 끌면서 Shift 키를 누른 상태에서 더 큰 변경을 하고 Mac에서는 옵션, Windows에서는 Alt 키를 누른 상태에서 더 작은 변경을 수행합니다.

모양 탭 (Shape Tab)

모양 탭은 개체 자체와 개체의 모양을 제어할 수 있는 여러 가지 훌륭한 방법을 제공합니다.

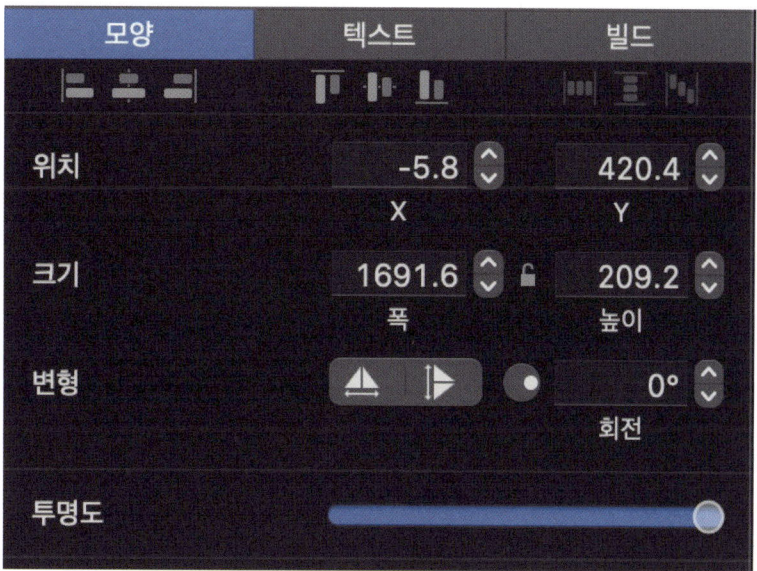

정렬 및 배포 (Alignment and Distribution)

모양 탭의 상단에는 일련의 **정렬 및 배포 (Alignment and Distribution)** 버튼이 있습니다.

캔버스에서 개체를 하나만 선택한 경우 처음 세 개의 버튼이 해당 개체를 슬라이드에 수평으로 정렬하고(슬라이드 왼쪽, 슬라이드 중앙 및 슬라이드 오른쪽) 다음 버튼 그룹은 개체를 슬라이드에 수직으로 정렬합니다(슬라이드 상단, 중간 및 하단). 개체를 하나만 선택하면 세 번째 버튼 그룹을 사용할 수 없습니다.

두 개 이상의 객체를 선택하면 정렬 (Alignment) 버튼이 슬라이드 대신 객체를 정렬합니다. 예를 들어, 두 개의 개체를 선택한 다음 맨 왼쪽 버튼(왼쪽 정렬)을 클릭하면 두 개체의 왼쪽이 가장 왼쪽에 정렬됩니다. 즉, 그것은 왼쪽 측면을 일직선으로 만들 것입니다. 모든 정렬 버튼은 왼쪽, 가운데, 오른쪽 및 위, 가운데 및 아래로 작동합니다.

3개의 분포 버튼은 캔버스에서 3개 이상의 개체를 선택한 경우에만 활성화됩니다. 이 버튼들은 객체들을 그들 사이에 균등하게 분배할 것입니다. 예를 들어, 텍스트 상자가 3개 있고 각각이 왼쪽에서 오른쪽으로 동일한 거리에 있도록 하려면 텍스트 상자를 대략적인 위치로 이동하고 세 개의 텍스트 상자를 모두 선택한 다음 [수평으로 분포] 버튼을 클릭하면 각 텍스트 상자가 수평면을 따라 고르게 분포됩니다.

위치, 크기, 변형 및 투명도 (Position, Size, Transform, and Opacity)

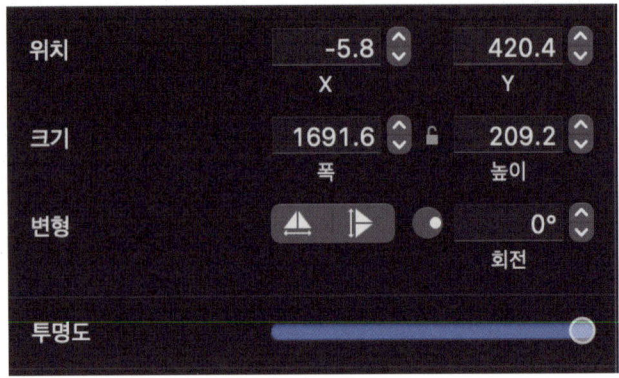

정렬 및 배포 버튼 아래에서 개체의 **위치 및 크기 (Position and Size)**를 제어할 수 있습니다. 텍스트 상자 중 하나에 숫자를 입력하고 Enter 또는 Tab을 눌러 변경 내용을 적용하거나 위쪽 및 아래쪽 화살표를 클릭하여 숫자를 적절한 방향으로 이동합니다.

너비와 높이 텍스트 상자 사이에 잠금 아이콘이 있습니다. **가로 세로 비율 잠금 (Lock Aspect Ratio)** 기능을 전환하려면 이 아이콘을 클릭합니다. 이 기능을 활성화하면 개체의 가로 세로 비율이 항상 동일하게 유지됩니다.

개체를 **변형(Transform)** 할 수도 있습니다. 개체를 뒤집으려면 **수평 뒤집기 (Flip Horizontal)** 또는 **수직 뒤집기 (Flip Vertical)** 버튼을 클릭합니다. **회전 (Rotate)** 다이얼을 클릭하고 드래그하여 텍스트 상자에 각도를 입력하고 Return 또는 Tab을 누르거나 텍스트 상자 옆에 있는 화살표를 사용하여 개체를 회전합니다.

투명도 (Opacity) 슬라이더를 클릭하고 드래그하여 텍스트 상자에 숫자를 입력하고 반환 또는 탭을 누르거나 텍스트 상자 옆에 있는 화살표를 사용하여 개체의 불투명도를 변경할 수 있습니다.

채우기 (Fill)

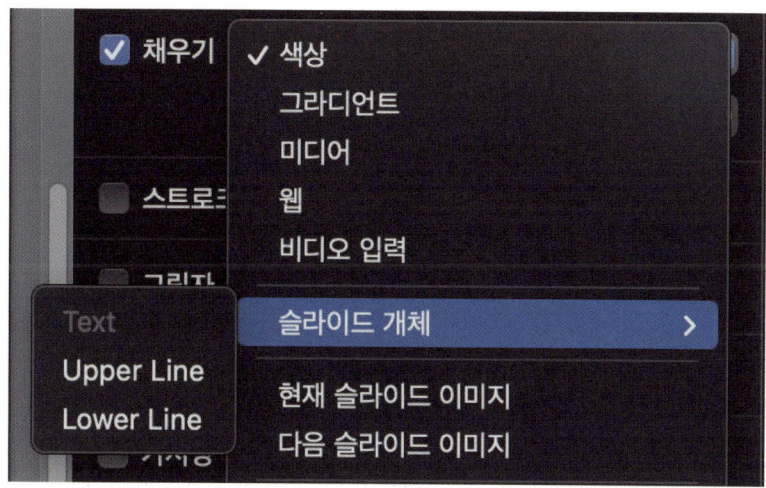

채우기 섹션에서 현재 선택한 개체에 포함된 채우기를 선택할 수 있습니다. 솔리드 색상, 그라데이션, 정지 이미지 또는 비디오를 포함하여 객체의 모양을 채우는 많은 옵션이 있습니다. 카메라 또는 다른 입력 소스에서 활성 웹 페이지 또는 비디오 입력으로 모양을 채울 수도 있습니다. 여기에는 전통적으로 스테이지 레이아웃용으로 예약된 요소를 사용할 수 있는 몇 가지 옵션도 있습니다. 여기에는 화면 미리 보기 및 이미지, 캡처 상태, 그룹 및 라벨 색상 및 코드 차트가 포함됩니다.

또 다른 옵션은 슬라이드의 다른 개체에 연결하는 것입니다. 이 옵션을 선택하면 메뉴에 슬라이드의 다른 모든 개체가 표시되고 채우기에 연결하도록 선택할 수 있습니다.

해당 개체의 속성입니다. 이 기능은 그라데이션 또는 특정 색상 패턴을 사용하고 있으며 둘 이상의 개별 개체에 동일한 특정 형식 설정을 가져오려는 경우 특히 유용합니다.

슬라이드에 있는 다른 모든 개체를 표시하고 해당 개체의 채우기 특성에 연결하도록 선택할 수 있습니다. 이 기능은 그라데이션 또는 특정 색상 패턴을 사용하고 있으며 둘 이상의 개별 개체에 동일한 특정 형식 설정을 가져오려는 경우 특히 유용합니다.

※ 팁: 텍스트 탭의 라인만 옵션으로 채우기를 제한할 수도 있습니다. 개체가 올바르게 채워지지 않으면 텍스트 탭의 라인만 옵션이 선택 취소되어 있는지 확인할 수 있습니다.

스트로크, 그림자 및 페더링 (Stroke, Shadow, and Feathering)

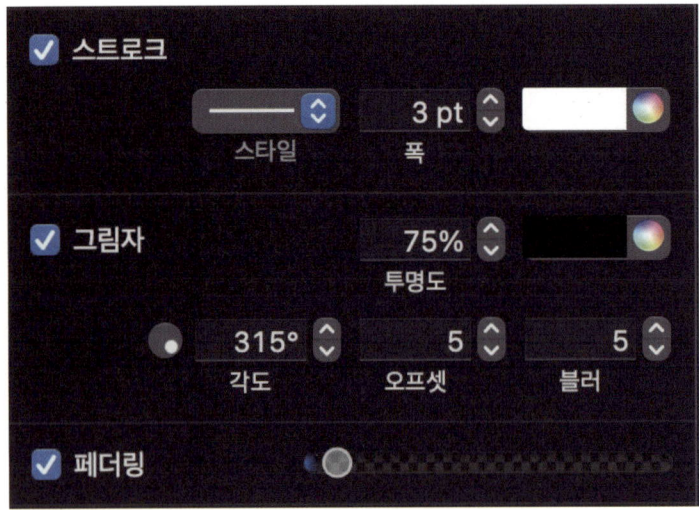

스트로크(Stroke) 옵션을 사용하면 객체 모양에 윤곽선을 추가할 수 있습니다. 스트로크를 실선으로 할지 여러 점선 중 하나로 할지 선택할 수 있습니다. 스트로크의 너비와 색상을 선택할 수도 있습니다.

그림자 (Shadow) 는 개체 모양에 섀도를 추가하는 옵션을 제공합니다. 특성에는 흐림, 불투명도, 색상, 각도 및 간격 띄우기가 포함됩니다.

※ 참고: 그림자는 객체의 형상 특성에만 적용되며 선택한 채우기 및 스트로크 옵션을 모두 사용합니다. 즉, 채우기 및 스트로크 옵션이 모두 비활성화된 경우 그림자가 없습니다. 텍스트에 그림자를 추가하려면 검사기의 텍스트 탭으로 이동합니다.

페더링 (Feathering) 옵션을 사용하면 개체 모양을 페더링(연하게)할 수 있습니다. 숫자가 높을수록 모양이 부드러워집니다.

가시성 (Visibility)

ProPresenter를 사용하면 여러 변수를 기준으로 개체를 표시하거나 숨길 수 있습니다. 예를 들어 타이머가 카운트다운하는 동안 개체를 숨길 수 있지만 타이머가 0에 도달하면 개체가 표시됩니다. 또는 다른 개체의 텍스트 상자에 텍스트가 없는 경우에만 개체가 표시되도록 할 수 있습니다.

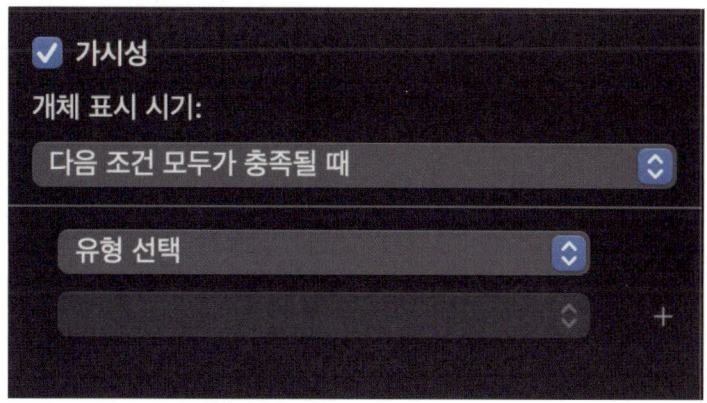

특정 상황에서만 개체를 표시하려면 가시성 기능을 활성화할 수 있습니다. 개체가 "모두...", "임의..." 또는 "다음 조건 중 하나도 충족되지 않음"을 표시하려면 선택합니다.

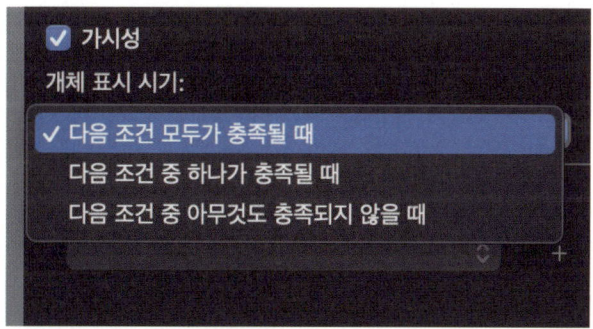

그 아래에는 원하는 만큼의 조건을 추가할 수 있습니다.

슬라이드에서 다른 개체를 선택하고 해당 다른 개체의 텍스트가 있거나 없는 경우에만 현재 개체를 볼 수 있습니다. 다른 옵션은 타이머를 선택하고 타이머가 남아 있거나, 만료되었거나, 실행 중이거나, 실행 중이지 않은 경우 현재 개체를 표시하도록 선택하는 것입니다.

텍스트 탭 (Text Tab)

개체 속성 관리자의 텍스트 탭을 사용하면 개체 내부의 텍스트를 완전히 제어할 수 있습니다.

글꼴 및 단락 (Font and Paragraph)

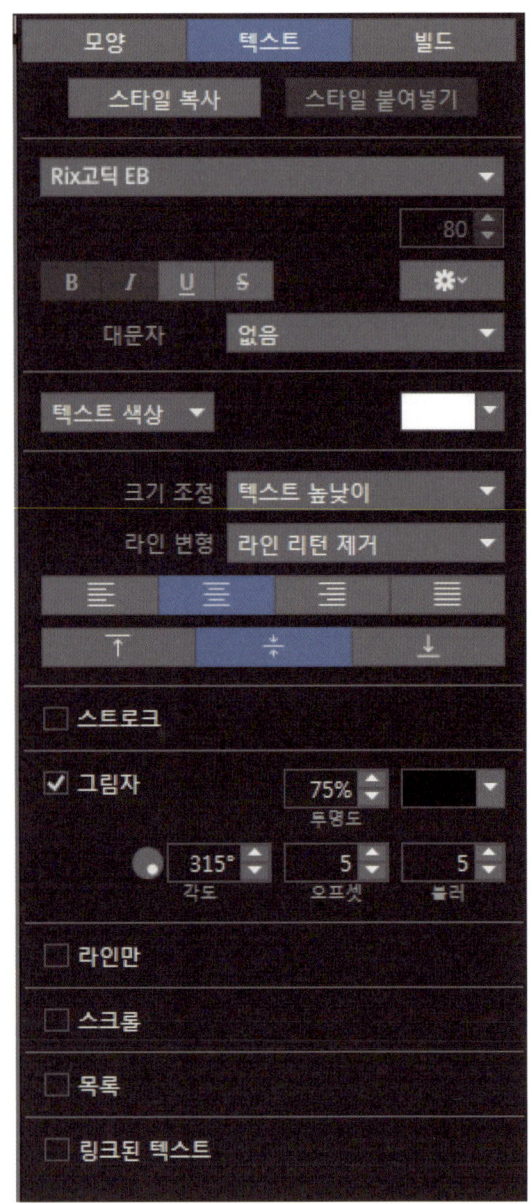

첫 번째 섹션은 텍스트의 글꼴 스타일을 제어합니다.

글꼴, 글꼴 스타일, 글꼴 크기 및 기타 스타일 효과와 같은 형식을 변경할 수 있습니다. 유형 복사 및 유형 붙여넣기 버튼을 사용하면 한 슬라이드에서 형식을 가져와 다른 텍스트가 있는 다른 슬라이드에 붙여넣을 수 있습니다. 이렇게 하려면 형식을 사용할 슬라이드에서 **스타일 복사(Copy Style)**를 클릭하고 다른 슬라이드로 이동한 다음 **스타일 붙여넣기(Paste Style)**를 클릭하여 해당 텍스트 형식을 두 번째 슬라이드에 적용합니다.

텍스트 유형을 복사한 후에는 메뉴 모음의 **편집기(Editor)** 개체로 이동하여 프레젠테이션의 모든 슬라이드에 사용된 형식을 적용하려면 **편집기 > 텍스트 > 모든 슬라이드에 텍스트 스타일 적용(Apply Text Style to All Slides)**을 선택할 수도 있습니다. 굵게, 기울임꼴, 밑줄 및 가로채기에 대한 개별 버튼이 있습니다.

기어 메뉴도 있어 아래 나열된 것과 같은 추가 포맷이 가능합니다.

- **커스텀 정의 밑줄 색상 (Custom Underline color)** – 선택한 텍스트에 밑줄이 있는 경우 글꼴 색상이나 다른 색상과 연결되지 않은 사용자 정의 밑줄 색상을 설정할 수 있습니다.

- **텍스트 배경 (Text Background)** – 여기서 슬라이드의 텍스트 부분을 강조 표시하도록 색 배경을 설정할 수 있습니다.

- **베이스라인 (Baseline)** – Superscript 및 Subscript 문자를 모두 사용할 수 있습니다.

- **라인 높이 (Line Height)**

- **라인 간격 (Line Spacing)**

- **문단 간격 (Paragraph Spacing)**

- **여백 (Margins)**

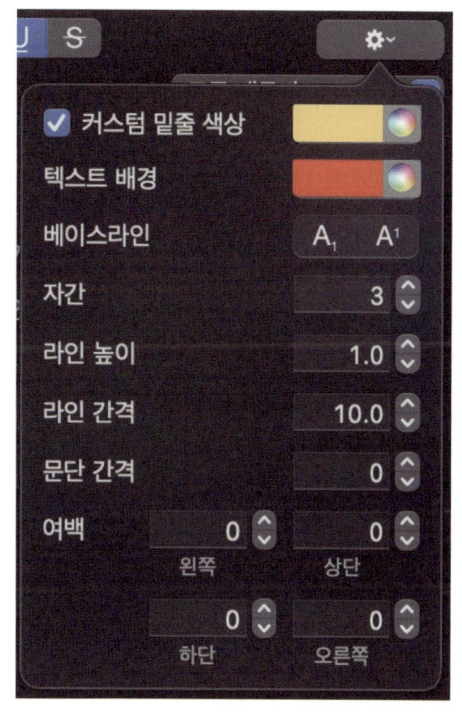

글꼴에 대한 이러한 많은 형식 지정 옵션은 프로그램 상단의 메뉴 모음에 있는 **편집기 > 텍스트** 메뉴에서도 조정할 수 있습니다.

설정 아이콘 아래에는 **대문자(Capitalization)**를 조정할 수 있는 옵션이 있습니다. 여기에는 네 가지 다른 옵션이 있습니다.

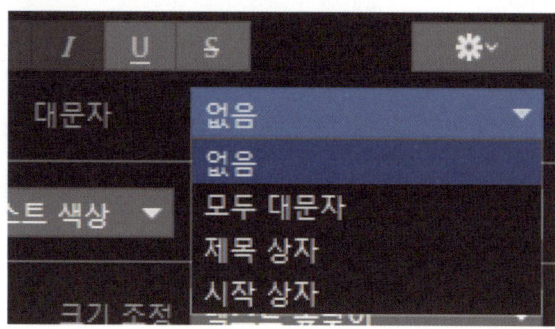

- **없음 (None)** – 입력한 대로 텍스트가 표시되고 변경사항이 없습니다

- **모두 대문자 (All Caps)** – 모든 텍스트는 대문자로 표시됩니다

- **제목 상자 (Title Case)** – 전치사, 글, 접속사를 제외한 각 단어의 첫 글자는 대문자로 표시됩니다

- **시작 상자 (Start Case)** – 모든 단어의 첫 글자는 대문자로 표시됩니다

텍스트 색상(Text color)을 사용하여 텍스트 색상을 설정할 수 있습니다. 여기서 드롭다운을 사용하여 **그라디언트 채우기**(Gradient Fill)를 선택할 수도 있습니다. 그라데이션 텍스트를 사용하면 두 가지 색상을 설정하여 텍스트에 혼합을 만들 수 있습니다. 이를 작성할 때 사용할 두 가지 색상, 즉 혼합 각도를 설정하고 그라데이션에 객체 또는 텍스트 경계를 사용하도록 선택할 수 있습니다.

텍스트 개체의 위치와 크기 대 텍스트 양에 따라 최상의 보기를 위해 이 옵션을 사용하거나 사용하지 않도록 설정해야 할 수 있습니다.

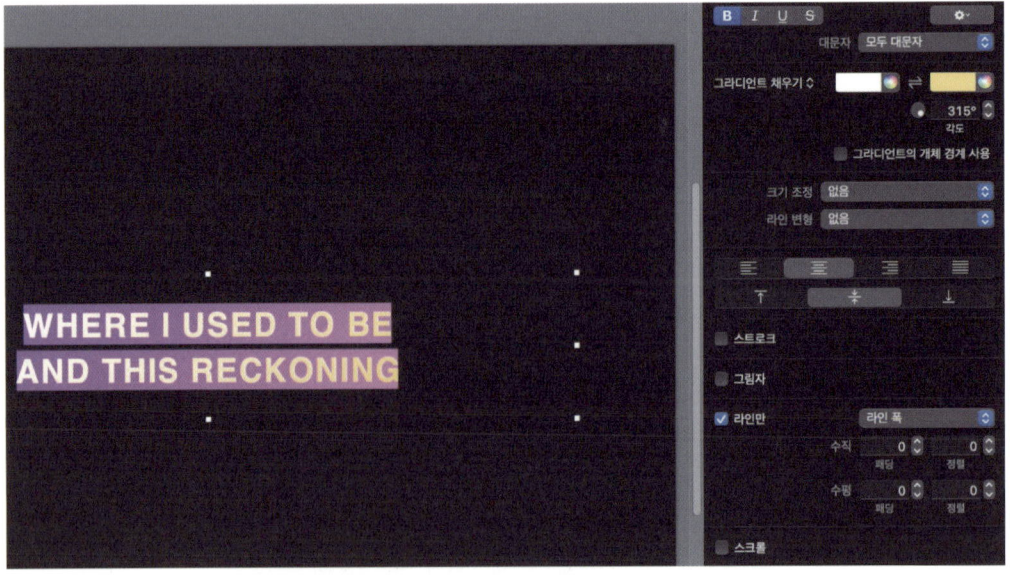

다음 항목은 텍스트 크기 조정으로, 개체에 있는 텍스트를 기준으로 개체 크기를 동적으로 조정하거나 개체에 따라 텍스트 크기를 동적으로 조정할 수 있습니다. 여기서 네 가지 확장 옵션 중 하나를 선택할 수 있습니다.

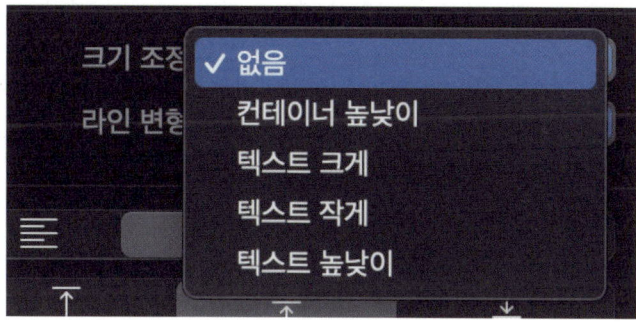

- **컨테이너 높낮이 (Fit Container to Text)**- 이 옵션은 입력되는 텍스트의 양에 맞게 개체 크기를 더 크게 또는 더 작게 지정합니다

- **텍스트 크게 (Scale Text Up to Fit Container)** - 텍스트를 더 크게 만들어 오브젝트 상자 안에 깔끔하게 넣을 수 있습니다

- **텍스트 작게 (Scale Text Down to Fit Container)** - 텍스트를 작게 만들어 오브젝트 상자 안에 깔끔하게 넣을 수 있습니다

- **텍스트 높낮이 (Scale Text Up or Down to fit container)**- 텍스트를 오브젝트 상자 안에 가장 잘 맞도록 필요한 모든 작업을 수행할 수 있습니다

글꼴(Font) 섹션 아래에서 텍스트가 왼쪽, 가운데, 오른쪽 또는 왼쪽으로 정렬되었는지, 텍스트가 텍스트 상자의 맨 위, 가운데 또는 맨 아래에 정렬되었는지 등의 문단 형식을 제어할 수 있습니다.

테두리 및 그림자 (Stroke and Shadow)

텍스트에 테두리나 그림자를 추가하려면 해당 확인란을 선택하여 추가할 수 있습니다.

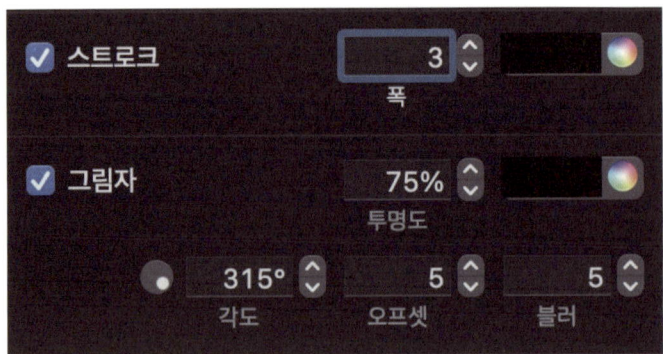

스트로크 (Stroke) 텍스트 주위의 윤곽선을 사용하여 선의 너비와 색상을 제어할 수 있습니다.

그림자 (Shadow) 옵션을 사용하면 그림자의 흐림, 불투명도, 색상, 각도 및 간격 띄우기를 설정할 수 있습니다.

> ※ 참고: 텍스트 탭의 스트로크 및 섀도 옵션은 텍스트에만 영향을 미칩니다. 개체 모양에 스트로크 또는 그림자를 추가하려면 모양 탭에서 이 작업을 수행할 수 있습니다.

라인만 출력 (Line Only)

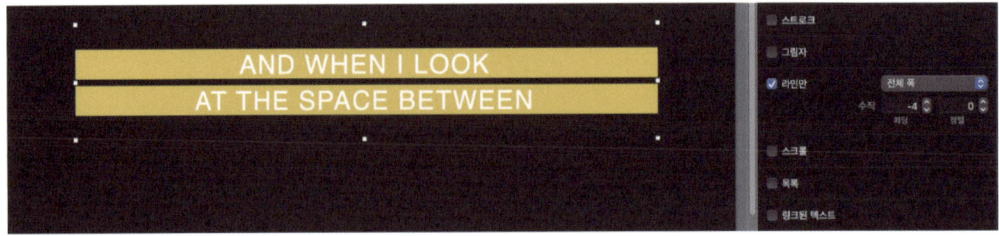

라인만 (Line Only) 옵션을 사용하면 개체의 채우기가 텍스트 뒤의 줄에만 표시되도록 제한할 수 있습니다. 이렇게 하면 텍스트 뒤에 있는 모양에 마스킹 효과를 만들어 텍스트 자체에 초점을 맞출 수 있습니다.

이 방법에는 세 가지 옵션이 있습니다.

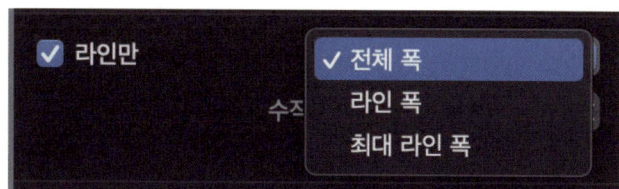

- **전체 폭 (Full Width)**: 이 옵션은 텍스트에 있는 선의 양에 상관없이 텍스트 개체의 전체 너비에 개체 채우기를 배치합니다.

- **라인 폭 (Line Width)**: 이 옵션은 텍스트 뒤에 채우기만 배치하고 텍스트가 한 줄에서 수행되면 채우기가 계속되지 않습니다.

- **최대 라인 폭 (Max Line Width)**: 이 옵션은 채우기를 개체에서 텍스트가 가장 긴 위치에 배치합니다.

여기서 각 옵션을 사용하여 채우기 색으로 패딩 및 정렬을 설정할 수 있습니다.

목록 (List)

목록 기능을 사용하면 텍스트 상자 내부의 글머리 기호 목록과 번호 목록을 사용할 수 있습니다. 목록 옆에 있는 확인란을 클릭하여 이 기능을 전환합니다.

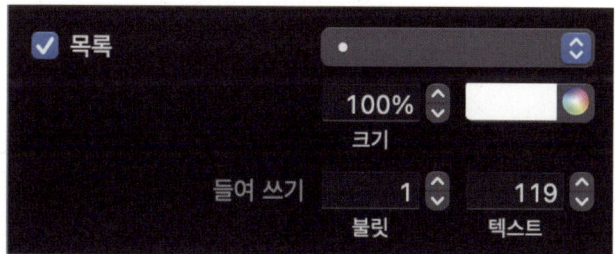

※ 참고: 이 기능은 단순히 개체를 선택하여 텍스트 상자의 모든 텍스트 행에 적용하거나 텍스트 상자 안의 텍스트를 선택하여 개별 텍스트 행에 적용할 수 있습니다. 하나의 텍스트 상자 안에서 서로 다른 목록 형식을 혼합하고 일치시킬 수 있지만 각 줄에는 하나의 형식 집합만 적용될 수 있습니다.

- **스타일 (Style)**: 첫 번째 드롭다운을 클릭하여 목록에 사용할 모양 또는 번호 지정 스타일을 선택합니다.

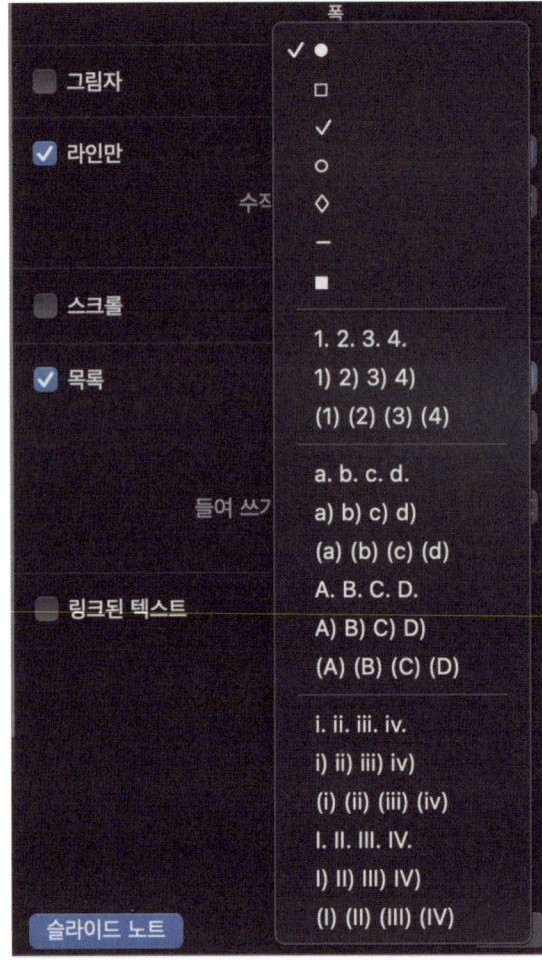

- **크기 (Size)**: 크기 옵션을 사용하여 모양 또는 숫자의 크기를 제어할 수 있습니다.

- **색상 (Color)**: 색상 상자를 클릭하여 미리 정의된 여러 색상 중 하나를 선택하거나, 색상 휠을 클릭하여 사용자 지정 색상을 선택합니다.

- **불릿 (Indent Bullet)**: 글머리 기호 모양/숫자가 들여쓰기되는 정도를 제어합니다.

- **텍스트 (Indent Text)**: 글머리 기호 오른쪽에 있는 텍스트를 들여쓰기하는 방법을 제어합니다.

링크된 텍스트 (Linked Text)

연결된 텍스트 (Linked Text) 기능을 사용하면 텍스트 상자를 ProPresenter 내의 다른 소스(예: 타이머, 시스템 시계 및 이 슬라이드의 다른 텍스트 상자)에 연결할 수 있습니다. 이렇게 하면 보다 동적인 슬라이드를 만들 수 있을 뿐만 아니라 일부 스테이지 레이아웃에 대한 고유한 효과를 만들 수 있습니다.

예를 들어 출력 화면이 매우 넓으며 동일한 텍스트가 동일한 출력에 여러 번 표시되도록 한다고 가정합니다. 동일한 텍스트를 각 슬라이드에 여러 번 복사하여 붙여넣는 대신 텍스트 상자 하나를 만들고 해당 텍스트 상자에 텍스트를 입력한 다음 원본 텍스트 상자에 연결된 여러 개의 텍스트 상자를 만들 수 있습니다. 이 기능을 ProPresenter의 테마 기능과 결합하면 최소한의 작업으로 고유한 출력을 만들 수 있습니다.

링크된 텍스트(Linked Text) 옆에 있는 확인란을 선택하여 이 기능을 전환할 수 있습니다.

다음은 슬라이드 편집기에서 사용할 수 있는 연결된 텍스트 옵션입니다. 다른 편집자는 선택사항이 많거나 적을 수 있습니다. 자세한 내용은 해당 섹션을 참조하세요.

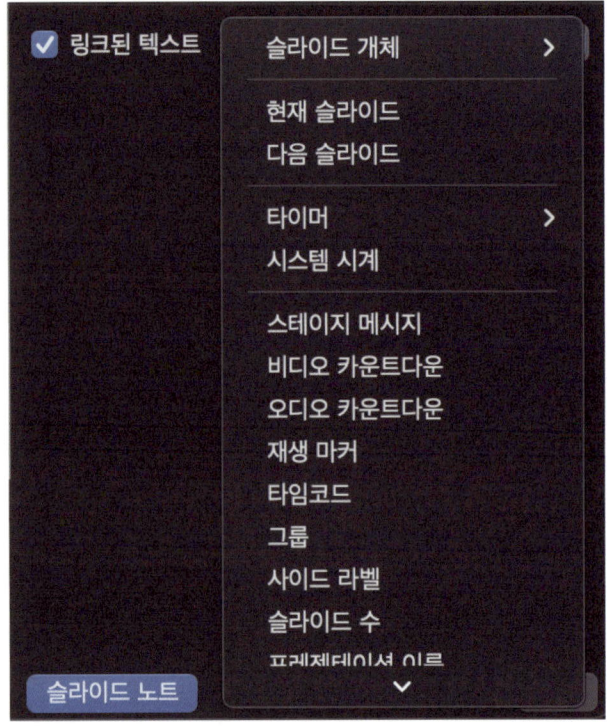

슬라이드 개체 (Slide Object): 이 옵션을 사용하면 다른 개체 내부의 한 개체에 있는 텍스트를 동적으로 표시할 수 있습니다. 마우스를 이 옵션 위에 놓으면 현재 슬라이드에 있는 모든 개체가 나열됩니다(현재 선택한 개체는 선택할 수 없으므로 회색으로 표시됨). 텍스트를 연결할 개체를 선택하면 해당 개체에 있는 텍스트도 이 개체에 표시됩니다. 또한 아래에 표시되는 **변환(Transform)** 상자를 통해 슬라이드에서 연결된 텍스트를 동적으로 변환하여 고급 통합을 수행할 수 있습니다.

- **변환 없음 (No Transform)**: 연결된 텍스트가 원래 텍스트와 동일한 모양으로 남아 개체의 텍스트 탭에서 변경된 형식만 변경됩니다.

- **라인 반환 제거 (Remove Line Returns)**: 연결된 텍스트에서 모든 캐리지 리턴을 제거하려면 이 상자를 선택합니다.

- **한 줄당 한 단어 (One Word Per Line)**: 이렇게 하면 링크된 텍스트가 텍스트의 모든 단어 뒤에 캐리지가 반환되도록 변환됩니다.

- **한 줄에 한 문자 (One Character Per Line)**: 이렇게 하면 링크된 텍스트가 텍스트의 모든 문자 뒤에 캐리지 리턴을 갖도록 변환됩니다.

타이머 (Timers): 타이머 창에서 설정한 타이머를 선택하여 현재 선택한 텍스트 상자에 표시할 수 있습니다.

- **포맷 (Format)**: 포맷에서 화면에 타이머를 표시하는 방법을 선택할 수 있습니다. 시간, 분, 초 및 밀리초에 대한 옵션이 있습니다. 이러한 각 옵션에 대해 최대 5개의 옵션을 선택할 수 있지만 한 섹션에서 선택한 항목에 따라 다른 섹션에서 옵션을 비활성화할 수 있습니다. 다음은 시간을 예로 들어 5가지 옵션입니다:

    o   h: 항상 시간을 표시하지만 선행 0은 숨깁니다.

    o   hh: 항상 시간 표시하고 선행 0을 표시합니다.

    o   h̄: 시간이 있으면 선행 0이 없는 것으로 표시되고, 시간이 없으면 표시되지 않습니다.

    o   h̄h̄: 시간이 있으면 선행 0으로 표시되고, 시간이 없으면 표시되지 않습니다.

    o   - -: 시간 텍스트를 숨깁니다. 표시할 시간이 있는 경우 해당 시간을 분에 추가합니다. 형식 지정 옵션 아래에는 두 가지 용도로 사용할 수 있는 텍스트 상자가 있습니다. 타이머의 모양을 미리 볼 수 있으며 화면에 나타나는 추가 텍스트를 입력할 수 있습니다. 예를 들어 타이머 토큰 앞에 "서비스가 시작됩니다"라는 텍스트를 추가하면 해당 텍스트가 화면에

적절하게 표시됩니다.

- **색상 발동 (Color Triggers)**: 이 영역에서는 현재 타이머에 표시되는 시간에 따라 타이머의 색상을 동적으로 변경할 수 있습니다.

    o +를 클릭하여 색상 트리거를 추가합니다.

    o ▼를 클릭하여 현재 색상 트리거 세트를 **기본값으로 저장**(Save as Default)하거나(다른 개체에서 복원 가능) 현재 색상 트리거를 이전에 저장한 색상 트리거로 대체하여 **기본값에서 복원**(Restore from Default)합니다.

    o 하나 이상의 색상 트리거를 추가한 후에는 트리거할 시점을 편집하고 타이머가 변경될 색상을 변경할 수 있습니다.

시스템 시계 (System Clock): 시스템 시계는 링크된 텍스트로 표시될 수 있습니다.

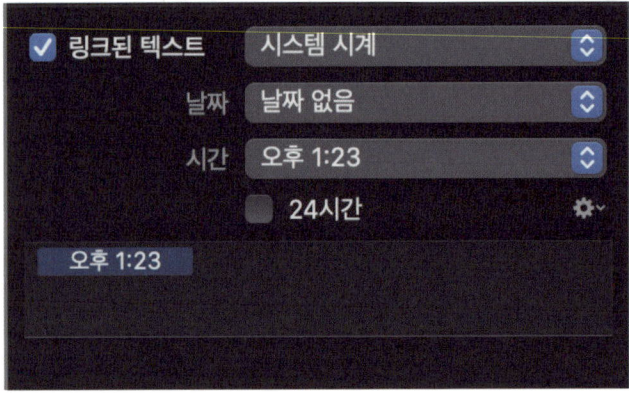

- 현재 설정된 포맷 옵션을 **기본값으로 저장**(Save as Default) 하려면 포맷 옆에 있는 v를 클릭합니다. (다른 개체에서 적용되도록 설정) 또는 현재 포맷 옵션을 이전에 저장한 포맷 옵션으로 대체하여 기본값으로부터 복원합니다.

- **날짜 및 시간 (Date and Time)**: 화면에 날짜 또는 시간을 표시할 방법을 선택합니다.

- **24시간 (24Hour)**: 확인란을 클릭하여 시간을 12시간 또는 24시간 시계로 표시합니다.

- 포맷 옵션 아래에는 두 가지 목적을 제공하는 텍스트 상자가 있습니다:

- 시계의 모양을 미리 볼 수 있습니다.
- 화면에 나타날 추가 텍스트를 입력할 수 있습니다. 예를 들어 시계 토큰 앞에 "현재 시간은" 텍스트를 추가하면 해당 텍스트가 화면에 적절하게 표시됩니다.

비디오 카운트다운: ProPresenter의 미디어 계층(예: 전경 또는 배경)에서 현재 재생 중인 비디오의 남은 시간을 표시합니다. 포맷 옵션은 위의 타이머와 동일합니다.

빌드 탭 (Build Tab)

검사기(Inspector)의 **빌드 탭(Build Tab)**을 사용하여 화면에 객체가 등장하고(빌드 인) 퇴장하는(빌드 아웃) 효과를 부여할 수 있습니다.

> ※ 슬라이드에 있는 모든 개체를 빌드 인 뿐만 아니라 빌드 아웃 할 수도 있습니다. 그러나 개체당 빌드 인과 빌드 아웃을 각각 하나씩만 가질 수 있으며, 객체가 화면에서 빌드 아웃 되기 전에 반드시 빌드 인이 먼저 이루어져야 합니다.

빌드 (Build)

빌드 인(Build Ins) 및 빌드 아웃(Build Outs)는 객체가 화면에 등장하거나 퇴장할 때 텍스트를 애니메이션화 할 수 있는 좋은 방법입니다. 빌드 인, 빌드 아웃 또는 전송 모드가 설정된 슬라이드가 있는 경우 슬라이드 보기에 있을 때 슬라이드 하단에 빈 원이 표시됩니다. 각 원은 해당 슬라이드에서 수행할 수 있는 추가 애니메이션을 나타냅니다.

빌드 인, 빌드 아웃 및 전송 모드를 시작하려면 먼저 슬라이드를 클릭하거나 스페이스 바 또는 오른쪽 화살표 키를 사용하여 슬라이드를 정상적으로 시작합니다. 슬라이드를 처음 실행한 후 애니메이션 시퀀스의 다음 단계를 표시할 준비가 되면 위의 방법(슬라이드, 스페이스바 또는 오른쪽 화살표 키 클릭)을 사용하여 슬라이드를 다시 실행합니다. 첫 번째 이후에 슬라이드를 실행할 때마다 다음 원이 채워져 애니메이션 시퀀스의 프로세스가 표시됩니다.

애니메이션 시퀀스가 끝나면 다음 슬라이드를 수동으로 클릭하거나 스페이스바 또는 오른쪽 화살표 키를 눌러 다음 슬라이드를 실행할 수 있습니다. 애니메이션 시퀀스를 완료하지 않고 다음 슬라이드로 이동하려면 다음 슬라이드를 클릭합니다.

> ※ 참고: 애니메이션 시퀀스를 시작한 후에는 애니메이션 시퀀스를 거꾸로 진행할 수 없습니다. 애니메이션 시퀀스를 다시 시작하려면 슬라이드를 지우고 해당 슬라이드를 다시 클릭하여 처음부터 시작해야 합니다.

빌드 인 및 빌드 아웃 (Build in and Build Out)

개체에 빌드 인(Build In) 또는 빌드 아웃 (Build Out)을 추가하려면 먼저 캔버스에서 개체를 선택한 다음 빌드 (Build) 탭의 맨 위에서 빌드 인(Build In) 또는 빌드 아웃 (Build Out) 옆에 있는 **빌드 추가...** (Add Build)를 선택하여 개체에 적용될 전환을 선택합니다.

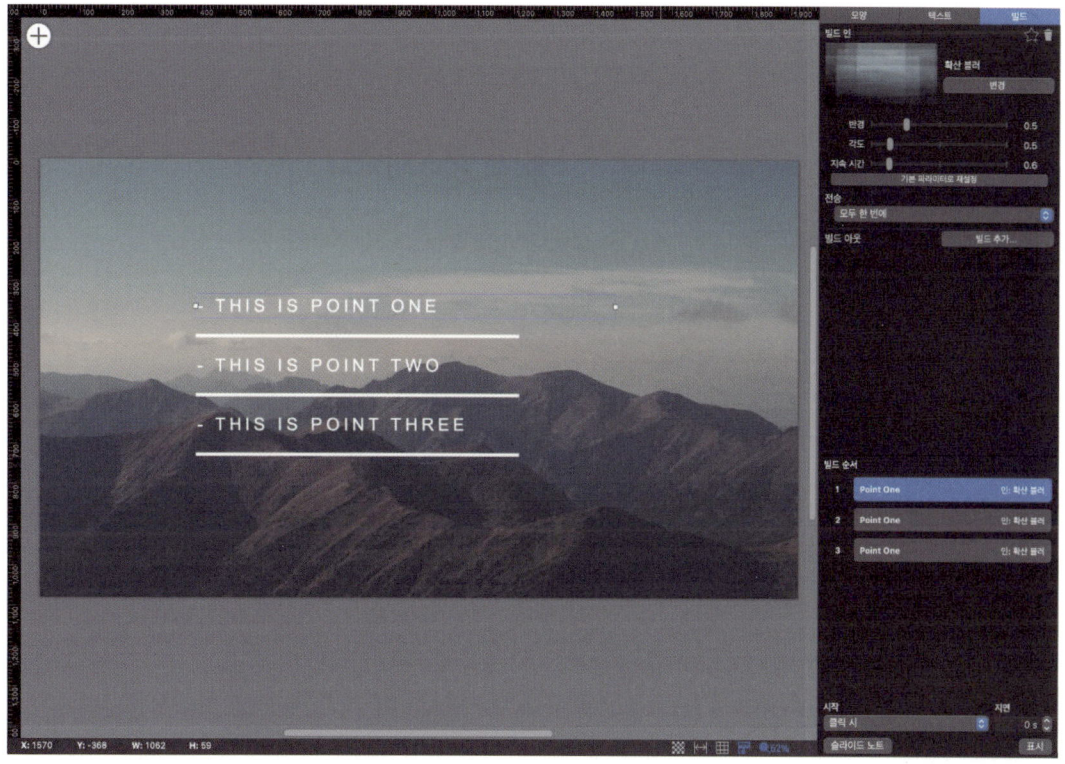

오른쪽 위에 있는 휴지통을 클릭하여 선택한 빌드 전환을 제거한 후 없음으로 다시 설정합니다.

전송 (Delivery)

전송을 선택하면 해당 개체의 **전송(Delivery)**을 설정할 수 있는 옵션이 제공됩니다. ProPresenter의 이 기능을 사용하면 화면에 텍스트가 표시되는 방식에 대한 제어 수준을 추가할 수 있습니다. 다음과 같은 세 가지 전송 모드가 있습니다:

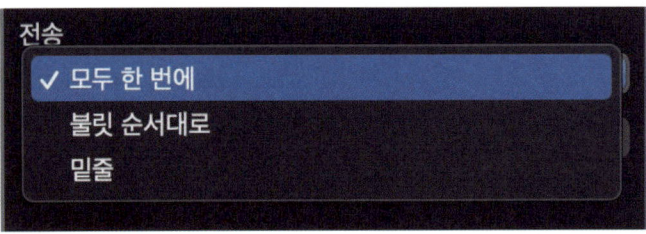

- **모두 한 번에 (All at Once)**: 이 모드는 한 번에 전체 개체를 가져오며 기본 옵션입니다. 텍스트 개체에서 목록 또는 빈칸 채우기 옵션을 사용하지 않는 한 대부분의 개체가 이 선택 항목을 사용합니다.

- **불릿 순서대로 (By Bullet)**: 이 모드는 캐리지 리턴으로 구분된 텍스트의 각 줄을 개별적으로 애니메이션화합니다. 텍스트에 글머리 기호가 필요하지는 않지만, 한 번에 한 줄씩 여러 줄의 텍스트를 표시하는 좋은 방법입니다.

- **밑줄 (Underline)**: 이 모드에서는 먼저 밑줄이 있는 텍스트를 제외한 텍스트 상자의 모든 텍스트가 표시됩니다. 슬라이드를 클릭하면 밑줄이 그어진 텍스트가 슬라이드에 애니메이션으로 표시되어 "빈칸 채우기" 모양이 나타납니다.

빌드 순서 (Build Order)

빌드 탭의 **빌드 순서 (Build Order)** 영역은 현재 선택한 슬라이드에서 설정한 모든 빌드 인 및 빌드 아웃을 시각적으로 표시합니다. 각 빌드 인 및 빌드 아웃에는 별도의 행이 연결됩니다. 이 행에는 해당 빌드에 대해 설정한 전환뿐만 아니라 개체의 이름도 표시됩니다.

목록의 첫 번째 빌드는 애니메이션 시퀀스에서 먼저 발생하고, 그 아래의 각 후속 빌드는 그 순서로 발생합니다. 애니메이션 시퀀스의 빌드 순서를 변경하려면 애니메이션 시퀀스에서 더 높거나 더 낮아지도록 빌드를 클릭하고 드래그합니다.

※ 참고: 개체의 빌드 아웃은 빌드 인 이전에는 절대 발생할 수 없으므로 시퀀스에서 해당 개체의 빌드 인보다 높을 수 없습니다.

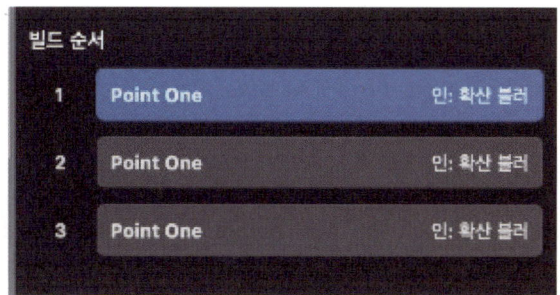

빌드를 클릭하고 끌어 다른 두 빌드 사이에 마우스를 놓으면 해당 빌드 사이에 파란색 선이 나타나 빌드가 위치할 위치를 표시합니다. 그러나 다른 빌드 위에서 끌면 마우스 위치에 따라 파란색 선이 해당 빌드의 위쪽 또는 아래쪽 절반에 표시됩니다. 파란색 선이 다른 빌드 위에 있을 때 마우스를 놓으면 마우스가 다른 빌드 위 또는 아래에 놓이지만 마우스가 다른 빌드에 연결됩니다(두 빌드 사이에 공백이 없음으로 나타남). 이렇게 하면 하위 빌드가 **빌드 포함** (With Build)이라는 시작 모드로 전환되며, 이 모드는 시작 및 지연 섹션에서 다루게 될 것입니다.

시작 및 지연 (Start and Delay)

빌드 탭의 맨 아래에는 **시작 및 지연**(Start and Delay) 섹션이 있습니다. 이 섹션에서는 선택한 빌드가 애니메이션을 시작하는 시기를 제어합니다.

빌드 애니메이션의 시작을 다음과 같이 설정할 수 있습니다:

- **전환 이후 (After Transition, 첫 번째 빌드 순서에만 사용 가능)**: 슬라이드 전환이 완료된 후 애니메이션(또는 지연 타이머)을 시작합니다.

- **클릭 시 (On Click)**: 사용자가 클릭하거나 스페이스바 또는 오른쪽 화살표 키를 눌러 애니메이션(또는 지연 타이머)을 시작할 때까지 기다립니다.

- **빌드 포함 (With Build)**: 이전 빌드가 실행될 때마다 애니메이션(또는 지연 타이머)을 시작합니다. 이렇게 하면 이전 빌드의 지연(있는 경우)이 무시됩니다.

- **빌드 이후 (After Build)**: 이전 빌드의 지연(있는 경우)을 고려하여 이전 빌드가 실제로 애니메이션화된 후 애니메이션(또는 지연 타이머)을 시작합니다.

- **슬라이드 포함 (With Slide)**: 이 옵션은 슬라이드에 빌드 인(Build In)이 하나만 있거나 빌드 인(Build In)할 첫 번째 개체를 선택한 경우에만 나타납니다. 이렇게 하면 슬라이드 자체가 다음으로 전환될 때 개체가 슬라이드에 표시됩니다.

애니메이션이 시작되는 시간과 실제로 화면에 애니메이션이 표시되는 시간 사이의 시간을 지연시킬 수 있습니다. 지연 텍스트 필드에 수동으로 입력하거나 화살표 버튼 중 하나를 클릭하여 숫자를 더 높거나 더 낮게 눌러 지연 시간을 설정합니다.

리플로우 뷰 (Reflow View)

리플로우 편집기(Reflow Editor)를 사용하면 슬라이드에 있는 텍스트를 빠르고 쉽게 변경할 수 있습니다. 이 기능은 노래를 처음 가져올 때 텍스트가 화면에 올바르게 표시되도록 슬라이드 브레이크 및 그룹을 조정해야 할 때 특히 유용합니다.

리플로우 편집기를 열기 위해서는:

- 도구 모음에서 Reflow를 클릭합니다.

- Mac에서는 Control-R을 누르고 PC에서는 Option-R을 누릅니다.
- 메뉴 모음에서 **보기 > 리플로우 편집기**를 선택합니다.
- 라이브러리 또는 재생 목록에서 프레젠테이션을 마우스 오른쪽 버튼으로 클릭하고 리플로우를 선택합니다.

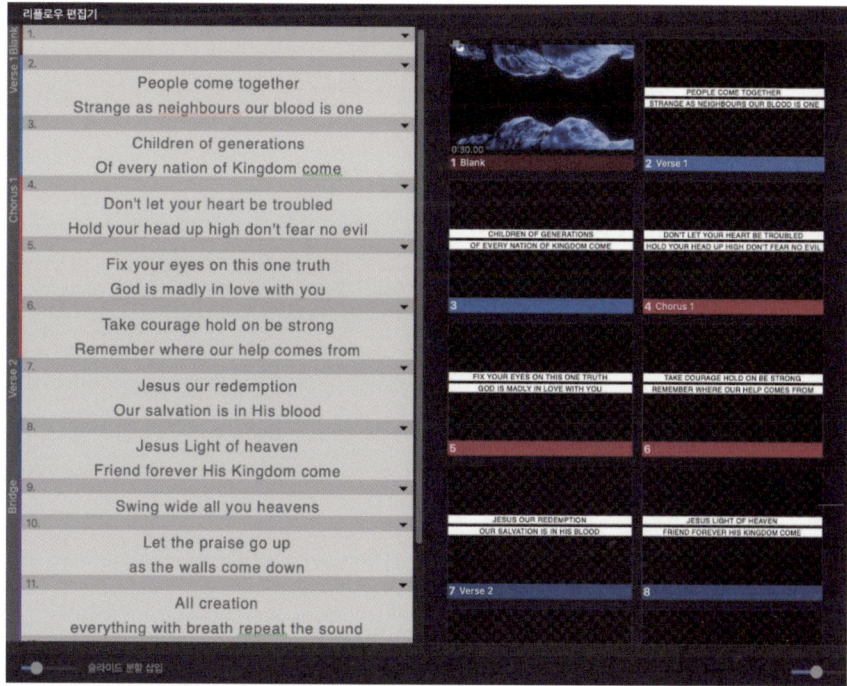

리플로우 편집기에서 왼쪽에는 프레젠테이션의 모든 텍스트가 표시되고 오른쪽에는 슬라이드가 표시됩니다. 왼쪽의 텍스트를 변경하면 오른쪽 슬라이드 내부의 텍스트가 즉시 업데이트됩니다. 중앙 구분선을 클릭하고 끌어 한 쪽 면을 더 크게 또는 더 작게 만듭니다.

왼쪽 아래의 슬라이더를 사용하여 리플로 편집기에 텍스트가 표시되는 크기를 제어하고 오른쪽 아래의 슬라이더를 사용하여 오른쪽에 있는 슬라이드 열 수를 제어합니다.

텍스트를 편집하는 동안 슬라이드를 여러 슬라이드로 분할하려면 슬라이드 분할 삽입 기능을 사용할 수 있습니다. 먼저 텍스트를 슬라이드 사이에 구분할 위치에 커서를 놓은 다음 왼쪽 하단에 있는 **슬라이드 분할 삽입(Insert Slide Break)** 버튼을 클릭하거나 Mac에서는 Option-Enter, PC에서는 Control - Enter를 누릅니다. 그러면 새 슬라이드가 생성되고 커서 아래에 있는 텍스트가 다음 슬라이드로 이동합니다.

※ 팁: 옵션-Mac 또는 Control-Enter를 눌러 슬라이드 브레이크를 삽입하면 슬라이드 편집기 내부에서도 작동합니다!

왼쪽에 있는 각 슬라이드의 오른쪽 상단에 있는 노출을 클릭하거나 오른쪽에 있는 슬라이드 썸네일 이미지를 클릭하면 주 슬라이드 보기 영역에서 슬라이드를 마우스 오른쪽 버튼으로 클릭한 것과 동일한 메뉴가 표시됩니다.

테마 (Themes)

테마를 사용하면 슬라이드에 대한 스타일 집합을 빠르게 정의할 수 있습니다. 테마는 슬라이드에 적용할 수 있는 여러 템플릿 슬라이드로 구성됩니다.

ProPresenter는 시작하는데 도움이 되는 테마 모음과 함께 제공되며, 모든 슬라이드에서 특정 스타일이 도움이 되는 설교 시리즈, 이벤트 또는 기타 시간에 사용할 자신만의 테마를 만드는 방법도 배울 수 있습니다.

테마 적용

사용할 테마를 선택하는 방법은 여러 가지가 있으므로 기존 슬라이드 세트를 업데이트하는 것부터 시작하겠습니다. 빠르게 변경하려면 프레젠테이션의 모양을 라이브러리에서 연 다음 도구 모음에서 **테마 (Thema)** 드롭다운 메뉴를 클릭합니다.

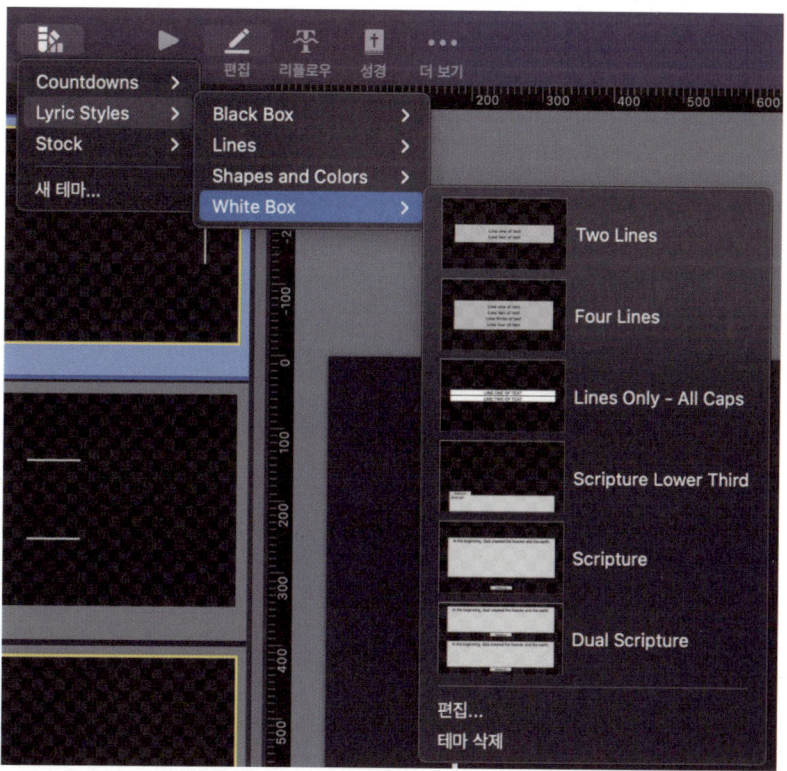

테마를 마우스로 가리키면 선택할 수 있는 테마 슬라이드의 모양이 표시됩니다.

이 목록에서 사용할 테마 슬라이드를 클릭합니다. 이렇게 하면 프레젠테이션의 모든 슬라이드가 업데이트됩니다. 여러 프레젠테이션을 선택하고 이 방법을 사용하여 한 번에 여러 프레젠테이션을 변경할 수도 있습니다.

새 테마(New Thema)를 선택하면 새 테마의 이름을 지정하라는 메시지가 표시되고 테마 편집기가 열립니다. 테마 내에 원하는 만큼 테마 슬라이드를 추가할 수 있습니다.

메뉴에서 개별 **테마**(Thema)로 이동하면 테마 슬라이드 목록의 맨 아래에도 두 가지 옵션이 있습니다. 이러한 옵션은 테마 편집기를 여는 기존 테마 **편집**(Edit) 또는 프로그램에서 해당 테마를 제거하는 **테마 삭제**(Delete Thema)에 대해 설명합니다.

슬라이드를 마우스 오른쪽 버튼으로 클릭하고 **테마**(Thema) 메뉴를 열면 다른 옵션이 제공됩니다.

테마에 테마 슬라이드로 저장할 슬라이드를 작성하는 경우 슬라이드를 마우스 오른쪽 버튼으로 클릭하고 테마로 이동하여 이 슬라이드를 넣을 테마를 선택한 다음 **테마에 선택 추가**(Add Selection to Thema)를 선택하여 이 작업을 수행할 수 있습니다.

테마 편집기 (Thema Editor)

이미 만들어진 테마를 편집해야 하거나 새 테마를 만들려면 **테마 편집기**(Thema Editor)에서 테마 슬라이드를 찾을 수 있습니다.

> ※ 참고: 테마 편집기는 슬라이드 편집기와 매우 유사합니다. 이 섹션에서는 테마 편집기에 고유한 편집기 부분만 다룹니다. 여기서 다루지 않는 항목뿐만 아니라 편집기에 대한 일반적인 정보는 슬라이드 편집기 섹션을 참조하시길 바랍니다.

테마 편집기 인터페이스 (Thema Editor Interface)

테마 편집기는 기존의 슬라이드 편집기와 유사하지만 슬라이드 노트는 존재하지 않습니다.

테마 슬라이드 탭 (Thema Slide Tab)

편집기의 테마 슬라이드에서 오브젝트를 다시 선택하지 않은 경우, 편집기 창의 오른쪽에 있는 표시자에 하나의 테마 슬라이드 탭이 표시됩니다.

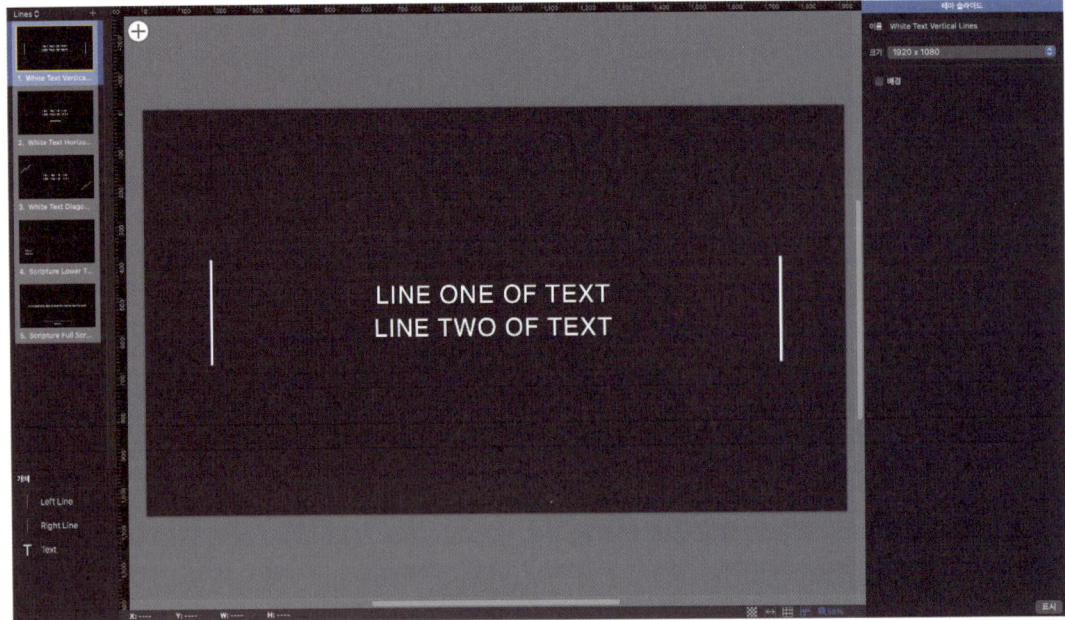

테마 슬라이드의 기본 형식을 설정할 수 있습니다. 여기에는 세 가지 편집 가능한 옵션이 포함됩니다.

- **이름 (Name)** – 테마 슬라이드의 이름을 지정할 수 있습니다. 슬라이드를 적용하면 나타나는 썸네일 이미지와 함께 테마 메뉴에 표시되는 라벨입니다.

- **크기 (size)** – 테마 슬라이드 자체의 크기를 설정할 수 있습니다. 일반적으로 슬라이드가 표시되는 화면의 해상도와 일치합니다.

- **배경(Background)** – 여기서 테마 슬라이드에 색상 배경이 있는지 여부를 전환할 수 있습니다. 이 옵션을 사용하면 기본 또는 고급 색상 팔레트를 사용하여 색상을 설정할 수 있습니다.

개체 검사기 (Object Inspector)

개체를 선택하는 경우 기존의 슬라이드 편집기와 테마 편집기는 개체 검사기가 동일하게 나타납니다.

그룹 및 정렬 (Group and Arrangements)

그룹 및 정렬을 사용하면 라이브러리에 여러 파일을 저장하지 않고도 하나의 프레젠테이션에 대한 여러 버전을 쉽게 만들 수 있습니다. 이 기능을 사용하면 슬라이드를 그룹의 일부로 정의한 다음 필요한 순서에 따라 정렬할 수 있습니다.

기본적으로 사용 및 수정할 수 있는 프로그램 내부에 이미 작성된 그룹 집합이 있습니다. ProPresenter 환경 설정의 라벨 탭에서 이러한 그룹을 볼 수 있습니다.

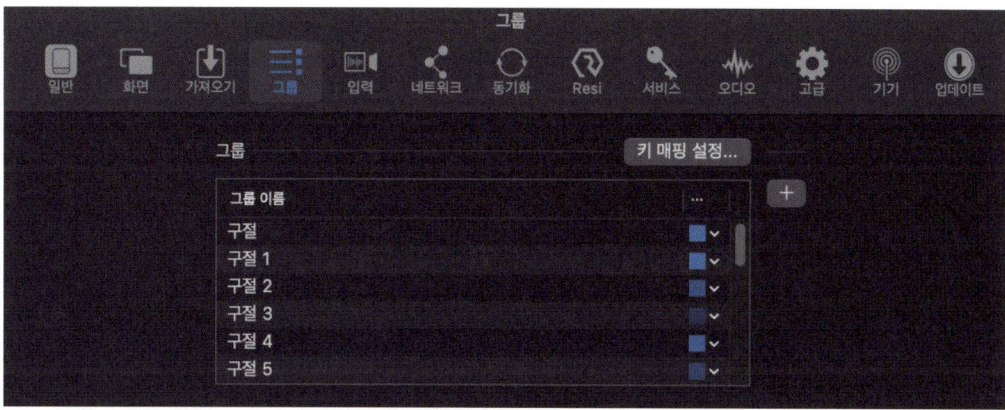

시작하려면 슬라이드를 마우스 오른쪽 버튼으로 클릭하고 그룹 이름을 선택합니다. 8개의 슬라이드가 있고 첫 번째 슬라이드에서 시작하는 경우 8개의 모든 슬라이드가 선택한 그룹으로 그룹화됩니다. 슬라이드 5에서 시작하는 경우 처음 4개의 슬라이드는 일반적인 "그룹 이름 없음"으로 유지되고 마지막 4개의 슬라이드는 선택한 그룹에 있습니다(예: "1절"). 이 두 번째 시나리오는 아래 이미지에 나와 있습니다.

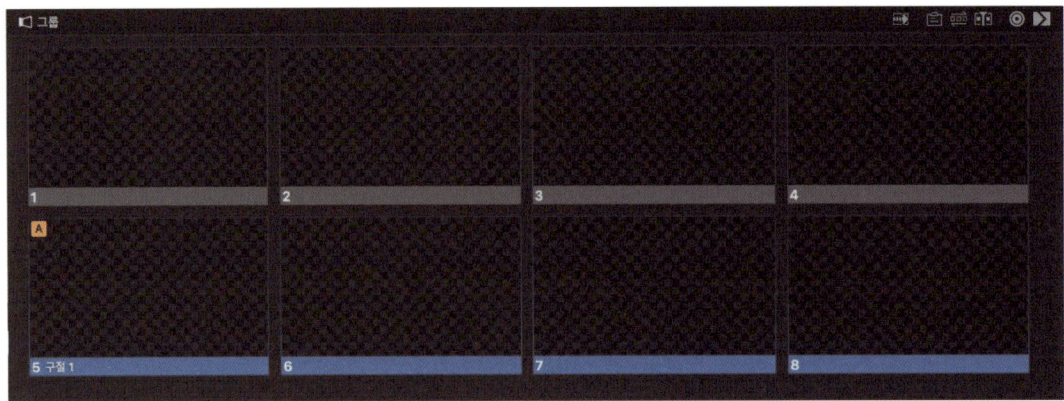

슬라이드를 마우스 오른쪽 버튼으로 클릭하여 해당 슬라이드와 다음 그룹 사이의 슬라이드에 대한 새 그룹을 시작할 수 있습니다. 위에서 슬라이드 3을 선택하고 "코러스(Chorus)"로 이름을 지정하면 슬라이드 3과 4만 영향을 받습니다. 슬라이드 1과 2에는 여전히 "그룹 이름 없음"이 있습니다.

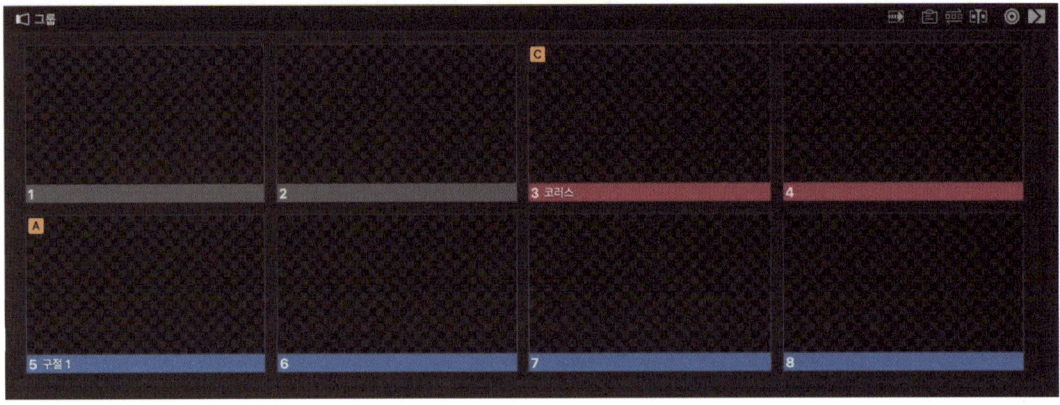

이름 지정 프로세스를 반복하고 새 이름을 선택하여 그룹 이름을 변경할 수 있습니다. 슬라이드 중 하나를 마우스 오른쪽 버튼으로 클릭하고 새 그룹을 선택하여 그룹을 추가 그룹으로 분할할 수도 있습니다. 아래 이미지에서 마지막 4개의 슬라이드는 세 그룹으로 나뉘어져 있으며, 5개의 슬라이드만이 여전히 Version 1에 포함되어 있습니다.

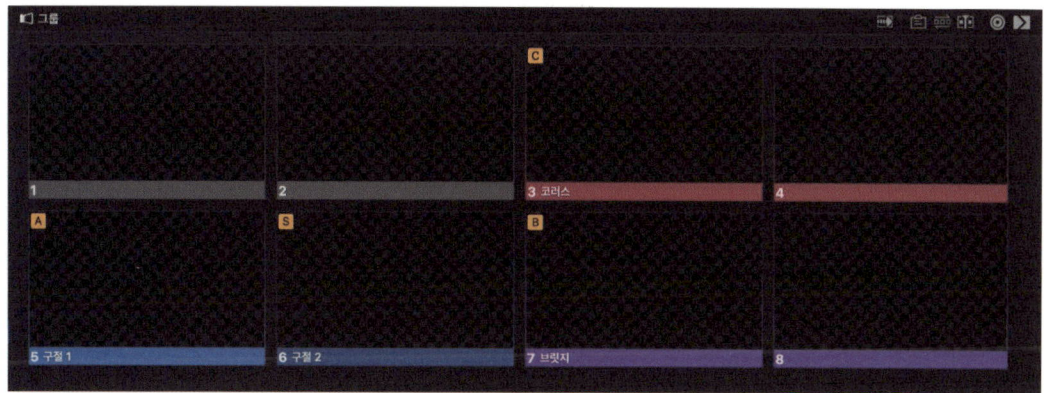

프레젠테이션 헤더에서 세 번째 버튼을 눌러 정렬 기능을 설정할 수도 있습니다. 그러면 각 그룹이 자체 버튼("토큰")으로 표시됩니다. 각 토큰은 사용자가 만든 그룹 라벨의 색상과 일치하도록 색상이 지정됩니다.

프레젠테이션을 위한 새 정렬을 만들려면 정렬 도구 모음을 엽니다.

왼쪽의 드롭다운 메뉴를 클릭하고 **새 정렬 (New Arrangement...)**을 선택합니다. 이 새 정렬의 이름을 지정하라는 메시지가 표시됩니다.

새 정렬을 만든 후에는 그룹을 해당 새 정렬에 표시할 순서로 끌어다 놓아야 합니다. 맨 위 행에서 토큰을 클릭하고 두 번째 행으로 끌어 정렬을 구성합니다.

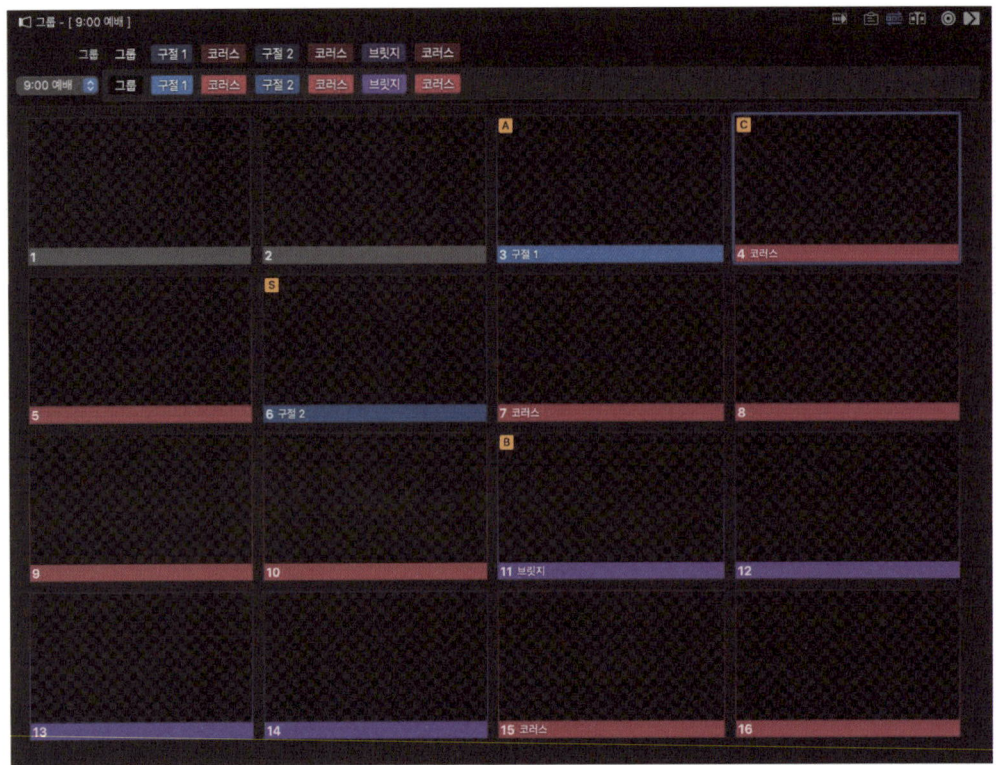

정렬에서 그룹을 반복할 경우 해당 인스턴스 중 하나를 편집한 내용이 다른 인스턴스에 적용됩니다. 예를 들어, 편곡에 코러스가 다섯 번 있고 코러스의 첫 번째 슬라이드에 배경을 추가하면 합창의 다른 인스턴스에 추가됩니다. 슬라이드의 텍스트를 변경한 경우에도 적용됩니다. 이러한 변경 사항은 동일한 그룹을 사용하는 다른 정렬에도 반영되며 정렬의 속성은 그 특정 정렬에 고유하지 않습니다.

노래 파일 내에 정렬이 저장되는 방식으로 인해 각 항목에 대해 서로 다른 활성 정렬을 선택하여 재생 목록에서 동일한 프레젠테이션을 여러 번 수행할 수 있습니다.

정렬을 변경하려면 재생 목록에서 프레젠테이션을 마우스 오른쪽 버튼으로 클릭하고 **정렬 (Arrangement) >** 메뉴에서 정렬을 선택합니다. 라이브러리 및 재생 목록뿐만 아니라 위의 이미지에서 볼 수 있는 대로 열면 프레젠테이션의 맨 위에 [괄호]에 정렬 이름이 표시됩니다. 선택한 정렬은 재생 목록 데이터의 일부로 저장되므로 다른 컴퓨터에서 열 때 재생 목록을 내보내면 올바른 정렬이 유지됩니다.

정렬이 포함된 프레젠테이션을 작동할 때 도구 모음에서 정렬 드롭다운을 열면 현재 사용 중인 그룹을 볼 수 있습니다. 그룹 이름과 위치 주변에 흰색 강조 표시가 나타납니다.

슬라이드 작업 (Slide Action)

슬라이드 작업은 ProPresenter의 가장 강력하고 다양한 기능 중에 하나입니다.

작업(Action)은 ProPresenter 내부에서 발생하는 이벤트입니다. 이것은 청중 화면에 배경을 보여주거나 스테이지 디스플레이 레이아웃을 변경하거나 컴퓨터에서 미디 신호를 보낼 수 있습니다.

ProPresenter의 슬라이드를 클릭하면 해당 슬라이드에 첨부된 작업도 트리거되도록 슬라이드에 작업을 추가할 수 있습니다. 이러한 작업을 **슬라이드 작업(Slide Action)**이라고 합니다.

특정 슬라이드를 클릭할 때 배경을 표시하거나 슬라이드를 클릭할 때 타이머를 시작하거나 프레젠테이션의 특정 부분에 도달할 때 화면에 메시지를 표시한다고 가정합니다. 이 모든 것은 슬라이드 작업의 완벽한 예입니다.

실제로 한 슬라이드에 여러 슬라이드 작업을 수행할 수 있습니다. 따라서 배경을 실행하고, 스테이지 디스플레이 레이아웃을 변경하고, 청중 외형을 변경하고, 스테이지 조명을 켜기 위해 미디 신호를 보내는 단일 슬라이드가 있을 수 있습니다. 마우스 클릭 한 번으로 많은 일이 일어납니다!

이 챕터에서는 ProPresenter 내에서 사용 가능한 모든 슬라이드 작업과 슬라이드에 추가하는 방법 및 편집 방법에 대해 설명합니다.

슬라이드 작업 기본 사항 (Slide Action Basics)

슬라이드 작업은 슬라이드의 썸네일 이미지 또는 그 근처에 나타나는 아이콘으로 표시되므로 어떤 슬라이드 작업이 어떤 슬라이드에 연결되어 있는지 빠르게 식별할 수 있습니다. ProPresenter의 기본 슬라이드 영역에서 그리드 보기 또는 간편 보기를 사용하는 경우 슬라이드 작업 아이콘이 슬라이드의 썸네일 이미지 왼쪽 상단에 표시되고 테이블 보기에서 아이콘이 텍스트 오른쪽에 표시됩니다.

※ 참고: 일부 슬라이드 작업 유형의 경우 슬라이드당 해당 유형 중 하나만 있을 수 있지만 다른 유형의 경우 지정된 슬라이드에 동일한 슬라이드 작업이 여러 개 있을 수 있습니다.

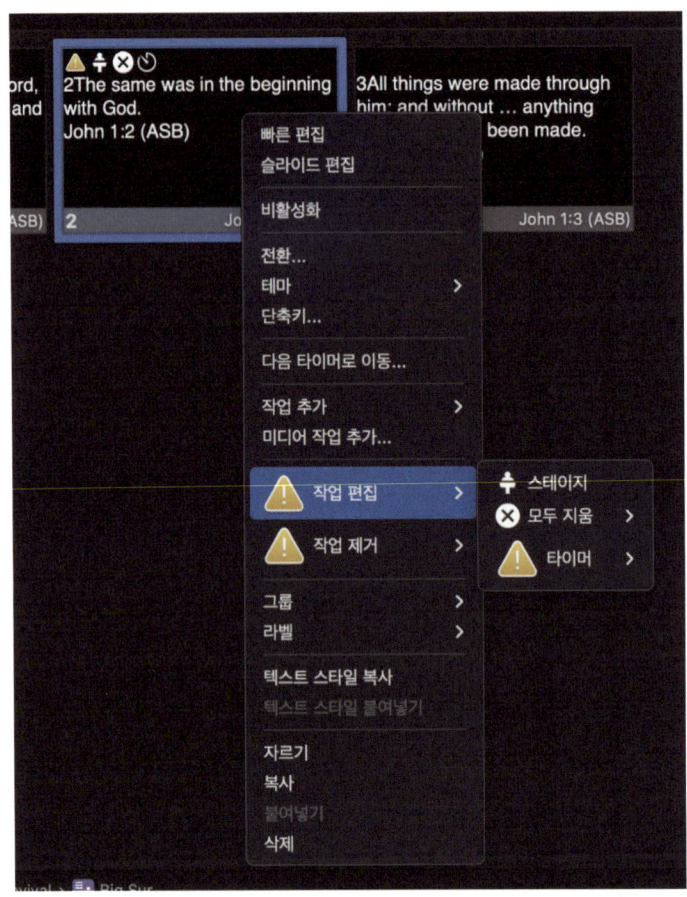

슬라이드에 작업을 추가하는 방법은 아래의 각 특정 섹션에서 다룹니다. 슬라이드 작업을 편집(속성 변경)하려면 해당 슬라이드를 마우스 오른쪽 버튼으로 클릭하고 다음을 수행합니다:

- 해당 슬라이드에 편집 가능한 슬라이드 수행이 하나만 있는 경우, **작업 편집(Edit Action): [작업 이름]**을 선택합니다.

해당 슬라이드에 편집 가능한 슬라이드 작업이 여러 개 있는 경우 마우스를 작업 편집 위에 놓고 편집할 하위 메뉴에서 작업을 선택합니다.

슬라이드에서 슬라이드 작업을 제거하려면 해당 슬라이드를 마우스 오른쪽 버튼으로 클릭하고 다음을 수행합니다:

- 해당 슬라이드에 슬라이드 수행이 하나만 있는 경우 **작업 제거: [작업 이름]**을 선택합니다.
- 해당 슬라이드에 여러 개의 슬라이드 작업이 있는 경우 **작업 제거** 위에 마우스를 놓고 제거할 하위 메뉴에서 작업을 선택합니다.

슬라이드에서 모든 슬라이드 작업을 제거하려면 해당 슬라이드를 마우스 오른쪽 버튼으로 클릭하고 **작업 제거** 위에 마우스를 올린 다음 **모두 지움**을 선택합니다.

액션 팔레트 (Action Palette)

슬라이드에 작업을 추가하는 가장 쉬운 방법은 **액션 팔레트**(Action Palette)를 사용하는 것입니다. 이 창에서는 슬라이드에 작업을 쉽게 추가할 수 있도록 슬라이드로 끌 수 있는 여러 가지 작업에 액세스할 수 있습니다.

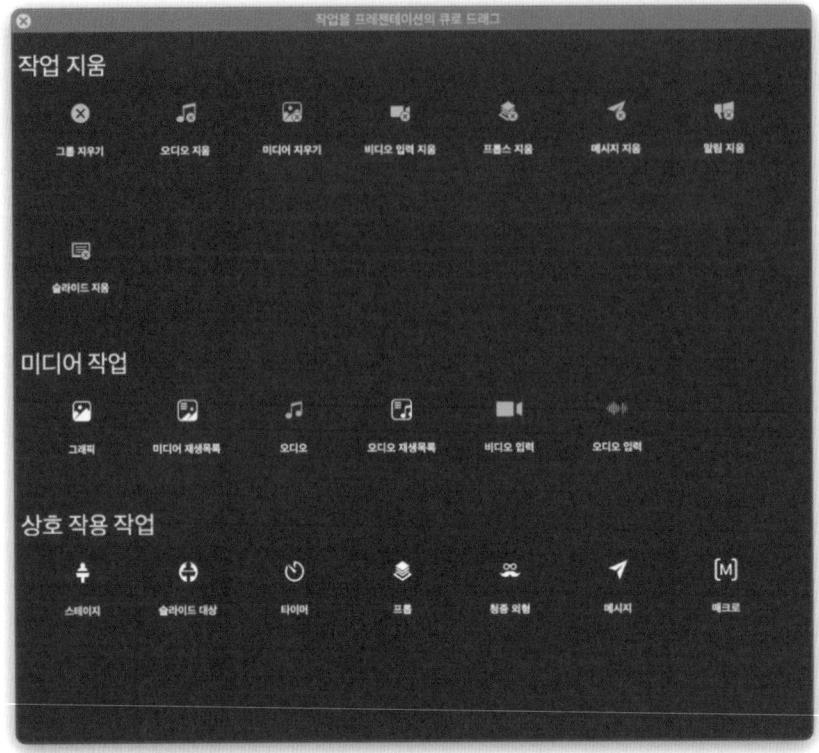

액션 팔레트를 열기 위해서는:

- 슬라이드를 마우스 오른쪽 버튼으로 클릭하고 **작업 추가(Add Action)** 위에 마우스를 올린 다음 **액션 팔레트(Action Palette)**를 클릭합니다.

- Mac에서는 Control-Shift-C를 누르고 PC에서는 Alt-A를 누릅니다

- 메뉴 모음에서 **보기 (View) > 액션 팔레트 (Action Palette)**를 선택합니다

액션 팔레트에서 슬라이드에 작업을 추가하려면, 작업을 클릭한 후 팔레트에서 슬라이드로 끌어다 놓기만 하면 됩니다.

동작 지우기

슬라이드를 클릭할 때 ProPresenter의 다른 영역을 지우려면 슬라이드에 작업 제거(Clear Action)를 추가합니다. 슬라이드를 마우스 오른쪽 버튼으로 클릭하고 작업 추가(Add Action) >

(Add Clear Action 위를 마우스로 가리키면 이러한 Actions를 슬라이드에 추가할 수 있습니다. Action 팔레트를 통해 *로 표시된 Actions도 추가할 수 있습니다.

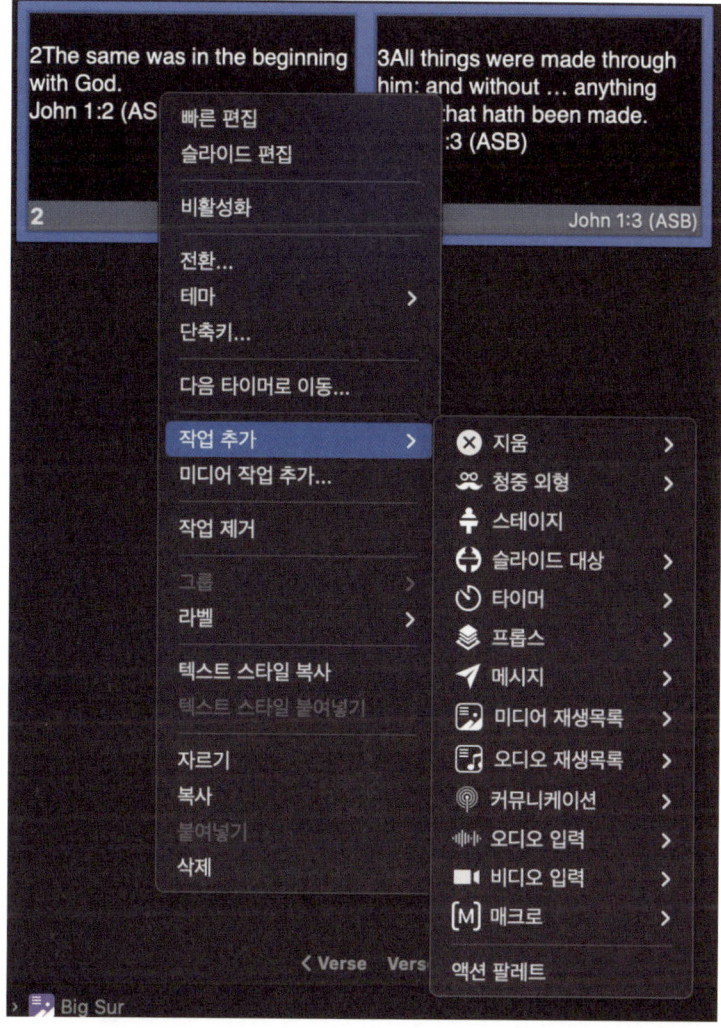

사용 가능한 작업 지우기:

- 모두 지우기 (Clear All)

- 오디오 지우기 (Clear Audio)

- 배경 지우기(Clear Background)

- 비디오 입력 지우기 (Clear Video Input)

- 프롭스 지우기 (Clear Props)

- 메시지 지우기 (Clear Messages)
- 알림 지우기 (Clear Announcement)

한 슬라이드에 여러 개의 지우기 작업을 포함할 수 있지만 각 유형 중 하나만 포함할 수 있습니다.

미디어 작업

ProPresenter는 슬라이드 작업에서 정지 이미지, 비디오 및 오디오와 같은 미디어 파일을 실행할 수 있습니다.

그래픽 작업

슬라이드에 그래픽(즉, 정지 이미지 또는 비디오)을 추가하면 작업 설정 방식에 따라 ProPresenter의 전경(Forground) 또는 배경(Background) 레이어로 슬라이드가 실행됩니다:

- 전경 그래픽 (Foreground Graphic)
- 배경 그래픽 (Background Graphic)

다음과 같은 여러 가지 방법 중 하나로 슬라이드에 그래픽을 추가할 수 있습니다:

- 슬라이드를 마우스 오른쪽 버튼으로 클릭하고 **미디어 작업 추가…(Add Media Action…)**를 선택한 다음 컴퓨터의 그래픽 파일을 찾습니다.
- 액션 팔레트에서 그래픽 아이콘을 슬라이드로 끌어 컴퓨터의 그래픽 파일을 찾습니다.
- 비디오/이미지 상자에서 그래픽을 슬라이드로 드래그합니다.
- 컴퓨터 파일 관리자(Mac의 경우 Finder, Windows의 경우 Windows 탐색기)에서 그래픽을 슬라이드로 끌어다 놓습니다.

작업이 슬라이드에 추가되면 전경과 배경 사이의 작업을 변경해야 할 경우 슬라이드를 마우스 오른쪽 버튼으로 클릭하고 미디어 작업 동작에서 원하는 작업을 선택할 수 있습니다.

슬라이드에는 한 번에 하나의 그래픽 작업만 있을 수 있습니다.

미디어 빈 재생 목록 작업

ProPresenter 7.3 이상에서 추가된 이 작업을 통해 단일 슬라이드에서 미디어 빈의 전체 재생 목록을 트리거 할 수 있습니다. 이 기능은 스마트 재생 목록에서 이벤트가 발생하기 전에 스크롤 슬라이드를 재생할 때 특히 유용합니다.

다음과 같은 몇 가지 옵션을 통해 미디어 빈 재생 목록을 슬라이드에 추가할 수 있습니다:

- 액션 팔레트에서 미디어 빈 재생 목록 아이콘을 슬라이드로 끌어 슬라이드 축소판 아래에 나타나는 드롭다운 메뉴에서 사용할 미디어 빈 재생 목록을 선택합니다.
- 재생 목록 아이콘을 미디어 상자에서 슬라이드로 끕니다.

오디오 작업

슬라이드에서 오디오를 실행하려면 해당 슬라이드에 오디오 작업을 추가할 수 있습니다. 오디오 트랙에는 두 가지 유형이 있습니다:

- 오디오 트랙 (Audio Track)
- 효과음 (Sound Effect)

두 가지 오디오 유형에 대한 자세한 내용은 오디오 빈 섹션을 참조하세요. 다음과 같은 여러 가지 방법 중 하나로 슬라이드에 오디오를 추가할 수 있습니다:

- 슬라이드를 마우스 오른쪽 버튼으로 클릭하고 **미디어 작업 추가…(Add Media Action…)** 를 선택한 다음 컴퓨터의 오디오 파일을 찾습니다.
- 액션 팔레트에서 오디오 아이콘을 슬라이드로 끌어 컴퓨터의 오디오 파일을 찾습니다.

- 오디오 상자에서 슬라이드로 오디오 끌어오기
- 운영 체제에서 슬라이드로 오디오 끌어오기

지정된 슬라이드에는 오디오 트랙을 하나만 사용할 수 있지만 슬라이드의 오디오 트랙에서 여러 개의 효과음을 사용할 수 있습니다.

> ※ 참고: 오디오 파일을 작업으로 슬라이드에 추가한 후에는 오디오 트랙과 사운드 효과 간의 작업을 변경할 수 없습니다. 오디오를 오디오 빈에 추가하고 작업을 변경한 다음 오디오를 슬라이드로 끌어야 합니다.

오디오 빈 재생 목록 작업

ProPresenter 7.3 이상에서 추가된 이 작업을 통해 단일 슬라이드에서 오디오 빈의 전체 재생 목록을 트리거 할 수 있습니다. 이 기능은 이벤트 전에 오디오 파일 모음을 재생할 때 특히 유용합니다.

다음과 같은 몇 가지 옵션을 통해 오디오 빈 재생 목록을 슬라이드에 추가할 수 있습니다:

- 액션 팔레트에서 오디오 빈 재생 목록 아이콘을 슬라이드로 끌어 슬라이드 축소판 아래에 나타나는 드롭다운 메뉴에서 사용할 오디오 빈 재생 목록을 선택합니다.
- 재생 목록 아이콘을 오디오 상자에서 슬라이드로 끕니다.

비디오 입력 동작

슬라이드를 클릭할 때 ProPresenter의 비디오 입력 계층을 자동으로 켜거나 변경하려면 슬라이드에 비디오 입력 작업을 추가합니다.

액션 팔레트를 열고 비디오 입력 작업을 슬라이드로 끌어 슬라이드에 비디오 입력 작업을 추가합니다. 그러면 해당 슬라이드에 할당할 비디오 입력을 선택할 수 있는 옵션이 제공됩니다.

오디오 입력 동작

비디오 입력 작업과 거의 동일한 방식으로 슬라이드에 오디오 입력 작업을 추가하여 슬라이드가 트리거될 때 오디오 입력 모드 또는 수준을 자동으로 변경할 수 있습니다. 입력이 설정된 모드(Off, On, Auto Off, Auto On)를 변경하고 입력을 재생할 수준을 설정할 수 있습니다.

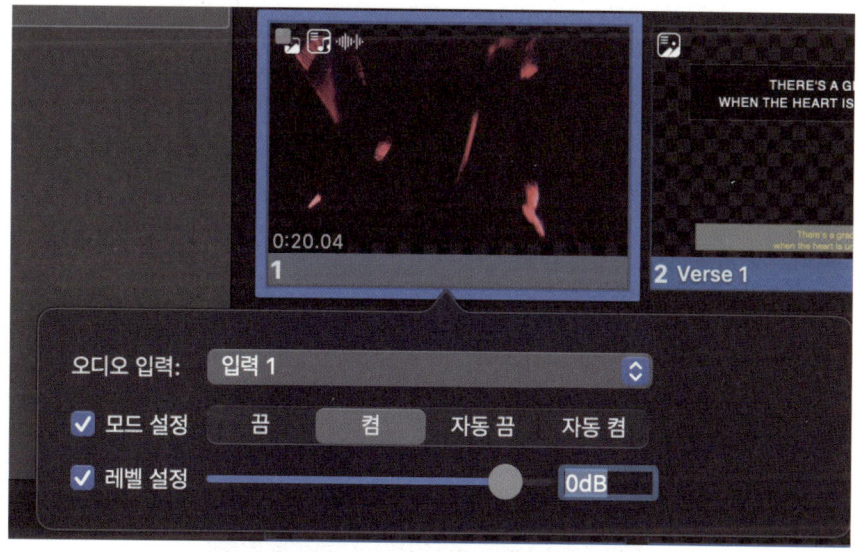

액션 팔레트를 열고 오디오 입력 작업을 슬라이드로 끌어 슬라이드에 오디오 입력 작업을 추가합니다. 그러면 해당 슬라이드에서 변경할 오디오 입력을 선택할 수 있습니다.

인터랙티브 작업

이 섹션에서는 슬라이드 작업으로 제어되는 ProPresenter의 나머지 부분을 다룹니다.

스테이지 레이아웃 작업

스테이지 디스플레이 레이아웃 작업(Stage Display Layout Action)을 사용하여 스테이지 디스플레이 레이아웃을 즉시 변경할 수 있습니다.

마우스 오른쪽 버튼을 클릭하고 작업 추가 > 스테이지로 이동하거나 액션 팔레트 (Action Palette)를 열고 스테이지를 슬라이드로 드래그하여 스테이지 작업을 슬라이드에 추가합니다. 그렇게 하면 해당 슬라이드에 할당할 스테이지 레이아웃을 선택할 수 있습니다.

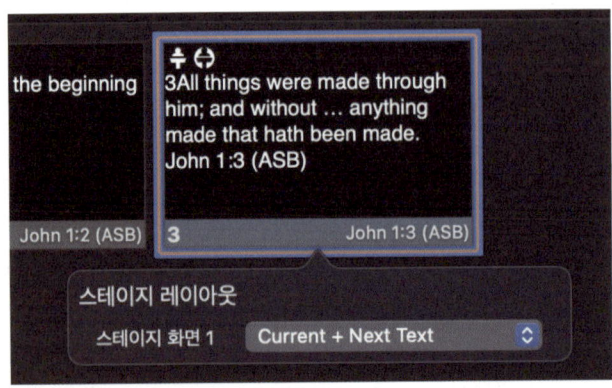

여기서 **슬라이드 대상**(Slide Destination)을 변경하여 슬라이드를 스테이지 화면에만 보낼지 아니면 스테이지 및 청중 화면에 모두 보낼지 선택할 수도 있습니다.

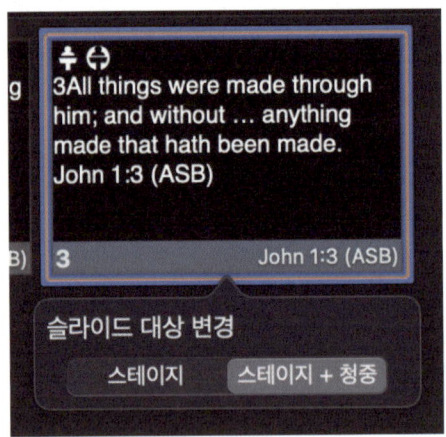

스테이지를 선택하면 슬라이드의 스테이지 모드가 전환됩니다. 슬라이드를 청중 화면에 다시 표시하려면 두 번째 작업을 설정하고 스테이지 + 청중으로 설정하여 이 설정을 다시 해제해야 합니다.

레이아웃(Layout)과 **슬라이드 대상**(Slide Destination)을 모두 동일한 수행으로 변경하도록 설정할 수 있습니다.

타이머 동작

슬라이드에 타이머 작업 추가는 타이머를 시작, 중지 및 다시 시작하기 위한 추가 제어 기능을 제공합니다. 슬라이드에 타이머 작업을 추가하는 두 가지 방법이 있습니다:

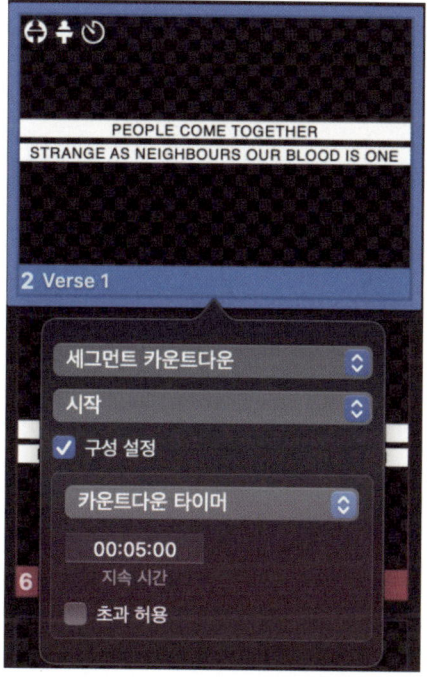

- 슬라이드에서 마우스 오른쪽 버튼을 클릭하고 작업 추가 (Add Action) > 타이머 (Timer)를 선택합니다.

- 액션 팔레트를 열고 '타이머'를 슬라이드로 드래그합니다.

타이머 작업을 추가하거나 편집할 때 다음과 같은 여러 가지 방법 중 하나로 작업을 구성할 수 있습니다:

- 이 작업이 제어하는 타이머를 선택합니다.

- 이 작업이 지정된 타이머를 시작, 중지 또는 재설정할지 선택합니다.

- 사용자 지정 매개 변수를 사용하여 타이머의 구성(예: 유형, 기간 및 오버런)을 이 작업으로 설정하거나 타이머가 이미 가지고 있던 구성을 유지하도록 하려면 토글을 선택합니다.

한 슬라이드에 여러 개의 타이머 작업이 있을 수 있습니다.

프롭 작업 (Prop Action)

특정 슬라이드를 클릭할 때 특정 프롭(Prop)을 표시하기 위해 프롭 작업을 슬라이드에 빠르게 추가할 수 있습니다.

액션 팔레트를 열고 프롭 작업을 슬라이드로 드래그하여 프롭을 슬라이드에 추가합니다. 프롭 작업을 추가하거나 편집할 때 해당 슬라이드를 클릭하면 실행할 프롭을 선택할 수 있습니다.

하나의 슬라이드에 여러 개의 프롭 작업을 포함할 수 있습니다.

청중 보기 작업 (Audience Look Action)

슬라이드의 청중 보기 작업을 사용하여 청중 화면에 콘텐츠를 표시하는데 사용하는 외형을 빠르게 변경할 수 있습니다.

다음 방법으로 슬라이드에 청중 외형 작업 추가:

- 액션 팔레트를 열고 청중 외형 작업을 슬라이드로 드래그합니다.
- 슬라이드에서 마우스 오른쪽 버튼을 클릭하고 작업 추가 > 청중 외형 작업 추가를 선택한 후 사용할 청중 외형을 선택합니다.

대상 외형 작업을 추가하거나 편집할 때 해당 슬라이드를 클릭하여 사용할 외형을 선택할 수 있습니다. 이렇게 하면 작업 또는 외형 메뉴를 통해 새 외형이 선택될 때까지 사용되는 라이브 외형이 변경됩니다.

슬라이드당 하나의 청중 외형 작업만 가질 수 있습니다.

메시지 작업 (Message Action)

특정 슬라이드를 클릭할 때 특정 메시지를 표시하려면 슬라이드에 메시지 작업을 추가합니다. 액션 팔레트를 열고 메시지 작업을 슬라이드로 끌어 슬라이드에 메시지 작업을 추가합니다.

메시지 작업을 추가하거나 편집할 때 해당 슬라이드를 클릭하여 실행할 메시지를 선택할 수 있을 뿐만 아니라 해당 메시지 내부에 설정한 변수를 편집할 수도 있습니다.

하나의 슬라이드에 여러 개의 메시지 작업을 포함할 수 있습니다.

커뮤니케이션 작업 (Communication Action)

슬라이드에서 커뮤니케이션 작업을 사용하면 슬라이드를 클릭할 때 통신 신호를 빠르게 보낼 수 있습니다.

다음 방법으로 슬라이드에 커뮤니케이션 작업 추가:

- 액션 팔레트를 열고 커뮤니케이션 작업(Communication Action)을 슬라이드로 끌어옵니다.
- 슬라이드에서 마우스 오른쪽 버튼을 클릭하고 작업 추가 (Add Action) 〉 커뮤니케이션 작업 추가(Add Communication Action)를 선택합니다.

커뮤니케이션 작업을 추가하거나 편집할 때 신호를 보낼 장치와 해당 신호에 사용할 명령을 선택할 수 있습니다.

하나의 슬라이드에 여러 개의 커뮤니케이션 작업을 포함할 수 있습니다.

파일 작업

가져오기 (Importing)

ProPresenter로 가져올 수 있는 다양한 유형의 파일과 이러한 파일을 소프트웨어로 가져오는 방법에 대한 옵션이 있습니다.

프로그램 내부의 가져오기 옵션에 액세스하려면 메뉴 모음에서 **파일 〉 가져오기**로 이동하고 하위 메뉴에서 옵션 중 하나를 선택합니다. 또한 컴퓨터 폴더에서 프로그램의 라이브러리 또는 미디어 빈으로 파일을 드래그하여 이 프로세스를 시작할 수 있습니다.

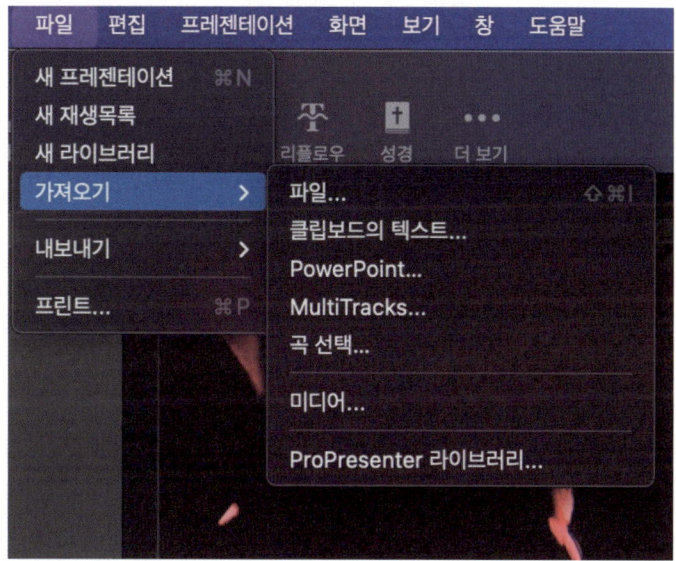

파일 가져오기 (Import File)

이 옵션은 텍스트 파일(.txt 또는 .rtf), Word 파일(.doc 또는 .docx), ProPresenter 프레젠테이션 파일(.pro6 또는 .pro) 및 ProPresenter 번들/재생 목록 파일(.pro6plx, .pro6x, .ProBundle, .ProPlaylist)을 포함하여 다양한 유형의 파일을 가져오는데

사용됩니다.

가져올 ProPresenter 파일을 선택하고 라이브러리가 여러 개인 경우 이 프레젠테이션을 넣을 라이브러리를 묻는 메시지가 표시됩니다. 라이브러리가 하나뿐인 경우 파일을 자동으로 가져오기 시작합니다. 가져올 텍스트 또는 Word 파일을 선택하면 구문 분석, 프레젠테이션 속성 및 대상을 설정할 수 있는 가져오기 창이 나타납니다.

구분된 슬라이드(Slide delimited by)를 사용하면 슬라이드당 줄 또는 문단 수를 지정하거나 원본 파일에서 사용자 지정 슬라이드 구분 기호를 사용할 수 있습니다.

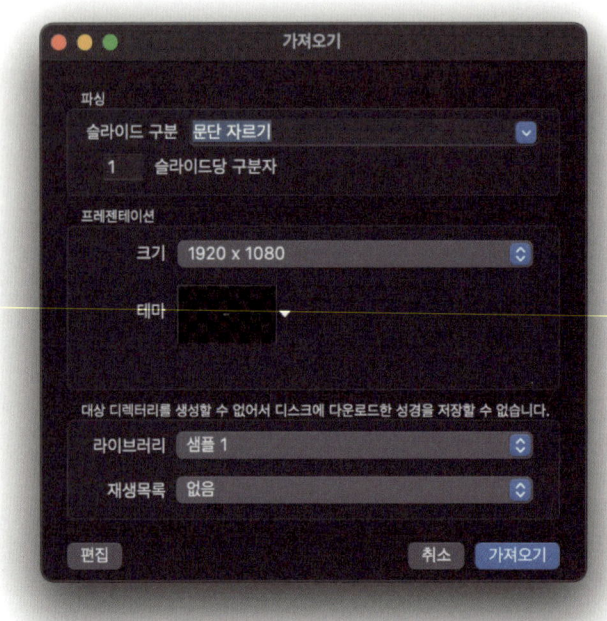

사용하는 구분 기호에 관계없이 **슬라이드당 구분(Delimiters per slide)** 기호 상자에 있는 숫자에 따라 새 슬라이드가 생성되는 시기가 결정됩니다. 줄 바꿈을 선택하고 "2"를 입력한 경우, 각 슬라이드에 스탠자 바꿈과 관련하여 두 줄이 표시됩니다. 단락도 마찬가지입니다. 파일에 "//" 또는 "*"와 같은 고객 구분 기호를 사용한 경우 "구분된 슬라이드 (Slides delimited by)" 필드에 입력하세요.

중간 섹션에서는 가져올 파일에 사용할 **크기(Size) 및 템플릿(Template)**을 업데이트할 수 있습니다.

라이브러리(여러 개의 라이브러리가 있는 경우)와 재생 목록을 모두 설정하여 파일이 이동할 대상을 설정할 수도 있습니다. 프레젠테이션을 새 재생 목록 또는 재생 목록 없음으로 이동하도록 선택할 수도 있습니다. 새 재생 목록을 선택하면 해당 재생 목록의 이름을 입력하라는 메시지가 표시됩니다.

왼쪽 아래 모서리에 있는 **편집(Edit)** 버튼을 누르면 리플로 보기에서 프레젠테이션이 열립니다.

클립보드에서 텍스트 가져오기 (Import Text from Clipboard)

이 옵션은 파일 가져오기와 동일한 가져오기 옵션을 사용하지만 웹 사이트 또는 ProPresenter에서 지원하지 않는 PDF 또는 기타 파일 형식과 같은 파일에서 텍스트를 복사하여 라이브러리로 가져올 수 있습니다.

파워포인트 가져오기 (Import PowerPoint)

ProPresenter를 사용하면 PowerPoint 파일을 가져올 수 있습니다. 그러나 시작하기 전에 알아야 할 몇 가지 제한 사항이 있습니다. PowerPoint와 같은 타사에서 가져오기는 단순한 프로세스가 아니며 지원할 수 있는 기능이 제한되어 있거나 Microsoft에서 업데이트한 후 예기치 않게 작동이 중지될 수 있습니다.

현재 가장 큰 한계는 ProPresenter 7의 Windows 버전이 PowerPoint 파일을 이미지로만 가져올 수 있다는 것입니다. Windows에서 ProPresenter 6을 사용했거나 Mac에서 ProPresenter 6을 사용한 경우 사용 가능한 다른 옵션에 익숙합니다. 향후 Windows(윈도우)의 ProPresenter 7(ProPresenter 7)에 이를 다시 추가할 수 있는 방법을 찾고자 합니다.

프레젠테이션을 가져오려면 PowerPoint의 정식 버전이 설치되어 있어야 합니다. Mac과 Windows 모두에서 Office 2019 또는 Office 365를 권장합니다. Office 2016은 여전히 작동할 수 있지만 Microsoft에서 이 버전에 대한 지원 정책 및 일정을 변경하여 안정적으로 작동하지 않을 수 있습니다. PowerPoint Viewer는 Windows에서 계속 작동할 수 있지만 Microsoft에서 더 이상 지원하지 않으므로 권장하거나 지원하지 않습니다.

맥 가져오기 (Mac Importing)

시작하려면 ProPresenter 7을 열고 메뉴 모음에서 파일을 클릭하고 가져오기를 선택한 다음 PowerPoint를 클릭합니다. 파일 브라우저 창이 열립니다. 가져올 PowerPoint 파일로 이동하세요.

여기서 세 가지 가져오기 옵션을 사용할 수 있습니다. 이러한 설정에 액세스하려면 Finder 창의 왼쪽 하단 모서리에 있는 Options(옵션) 버튼을 클릭합니다. 가져오기 옵션을 선택했으면 가져오기 버튼을 클릭합니다.

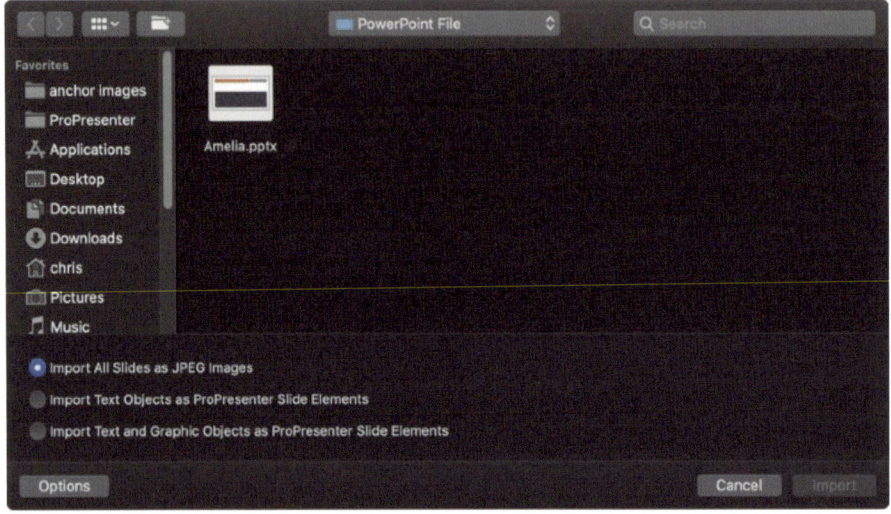

이 세 가지 옵션은 파일을 가져오는 방법을 제어합니다. 선택한 옵션은 이후의 모든 가져오기에 사용되므로 가져오기 옵션을 변경할 필요가 없는 한 모든 가져오기에 대해 옵션을 클릭할 필요가 없습니다.

모든 슬라이드를 JPEG 이미지로 가져오기

이렇게 하면 각 슬라이드를 단일 이미지로 가져옵니다. 새 버전의 PowerPoint 파일을 가져오지 않고는 각 슬라이드의 내용을 편집할 수 없습니다.

각 슬라이드를 가져와서 PowerPoint에서 가져온 것처럼 보입니다. 숨겨진 슬라이드는 이 방법을 사용하여 가져오지 않으며 PowerPoint에 노트가 있는 슬라이드에는 스테이지 화면에 표시할 수 있는 ProPresenter의 슬라이드 노트도 있습니다.

텍스트 객체를 ProPresenter 슬라이드 요소로 가져오기

이 옵션은 모든 텍스트를 가져오지만 미디어는 무시합니다. 슬라이드를 정확하게 재현해 보겠지만 모든 요소나 형식을 변환할 수는 없습니다. 이 방법을 사용하면 원래 PowerPoint 슬라이드에 접근할 수 있지만 ProPresenter에서 몇 가지 추가 포맷을 수행해야 할 수도 있습니다.

이 가져오기 방법에서는 숨겨진 슬라이드를 건너뛸 수 없습니다. PowerPoint 슬라이드 노트도 가져옵니다. 가져온 미디어 요소는 없지만 도형은 가져옵니다. 슬라이드 빌드 및 애니메이션은 변환되지 않으므로 빌드가 있는 모든 슬라이드를 슬라이드의 최종 버전으로 가져옵니다. 각 텍스트 개체는 ProPresenter 내부에서 직접 편집할 수 있습니다. 현재 가져온 텍스트가 아닌 개체는 빈 텍스트 상자로 변환됩니다. 출력에는 표시되지 않지만 편집기에서 제거할 수 있습니다.

텍스트 및 그래픽 객체를 ProPresenter 슬라이드 요소로 가져오기

이 가져오기 방법은 원래 PowerPoint 파일에 가장 가까운 표현입니다. 텍스트 개체 가져오기 옵션과 마찬가지로 ProPresenter에서도 일부 작업을 수행해야 합니다. 슬라이드 빌드 및 애니메이션은 변환되지 않으므로 빌드가 있는 모든 슬라이드를 슬라이드의 최종 버전으로 가져옵니다.

슬라이드의 모든 개체를 편집기에서 선택할 수 있으며 슬라이드 노트도 가져옵니다. 일부 개체는 올바르게 변환되지 않으며 빈 텍스트 자리 표시자로 추가됩니다. 더 많은 요소를 지원하기 위해 계속해서 개선하겠지만, ProPresenter에는 항상 동등한 기능이 없는 PowerPoint 슬라이드 개체가 있을 수 있습니다.

윈도우 가져오기 (Windows Importing)

윈도우 가져오기를 시작하려면 ProPresenter 7을 열고 메뉴 모음에서 파일을 클릭하고 가져오기를 선택한 다음 PowerPoint를 클릭합니다. 파일 브라우저 창이 열립니다. 가져올 PowerPoint 파일로 이동하세요. Windows 사용자의 경우 파일을 찾으면 열기 버튼을 클릭합니다. 이렇게 하면 각 슬라이드를 단일 이미지로 가져옵니다. 새 버전의 PowerPoint 파일을 가져오지 않고는 각 슬라이드의 내용을 편집할 수 없습니다.

찬양 선택 가져오기 (Import SongSelect)

이 옵션을 선택하면 찬양 선택 탭(SongSelect tab)에 이미있는 빠른 검색 창이 로드됩니다. 찬양 선택은 크리스천 저작권 라이선스 인터내셔널(CCLI)에서 소유하고 있습니다. 교회 또는 조직에 대한 CCLI 라이센스의 활성 라이센스 소유자인 경우 찬양 선택(SongSelect)에 대한 구독을 구입할 수 있습니다.

CCLI 및 SongSelect에 대한 자세한 내용은 www.ccli.com를 참조하세요.

찬양 선택 (SongSelect)에 액세스할 수 있는 경우 ProPresenter에서 등록 정보를 저장하고 프로그램을 통해 찬양 선택에 직접 액세스할 수 있습니다. 이를 통해 ProPresenter를 떠날 필요 없이 찬양 선택에서 노래를 쉽게 얻을 수 있습니다.

찬양 선택 (SongSelect)를 사용하려면 ProPresenter 속성 (Preferences)의 일반 (General) 탭에서 **교회 통합 보이기 (Show House of Worship Integration)** 옵션이 활성화되어 있는지 확인하세요.

먼저 QuickSearch 창에서 검색하거나 ProPresenter 속성의 서비스 (Services) 탭으로 이동하여 찬양 선택 (SongSelect) 아래의 로그인 (Login) 버튼을 클릭하면 계정에 로그인하라는 메시지가 표시됩니다.

ProPresenter를 사용하면 빠른 검색 창에서 SongSelect의 노래를 검색할 수 있습니다. 이렇게 하려면 도구 모음에서 검색을 클릭하거나 파일 > 가져오기 > 노래 선택...으로 이동합니다. 이 창에 액세스하여 제목, 작성자, 키워드 또는 CCLI 번호로 검색할 수 있습니다.

노래를 검색하면 해당 노래를 강조 표시할 수 있으며 미리 보기에 노래 가사의 일부가 표시된 다음 가져오기를 클릭하여 파일 가져오기 프로세스를 시작합니다.

파일 작업 | 161

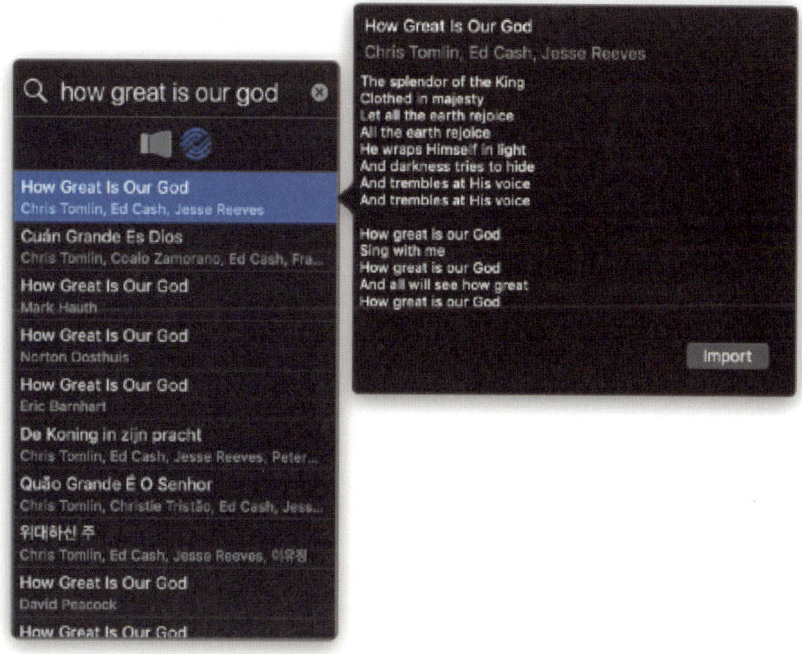

찬양 선택(SongSelect)에서 다운로드한 노래도 CCLI Reporting 파일에 저장됩니다.

ProPresenter 속성(Preferences)의 일반(General) 탭에서 창의 오른쪽 아래에 있는 보고 (Reporting)를 클릭하여 이 파일에 액세스할 수 있습니다. 이 파일은 언제든지 내보내거나 재설정할 수 있으며 파일이 다운로드된 날짜, 파일 제목, 작성자, 게시자, 저작권 연도 및 노래의 CCLI 번호를 표시합니다.

또한 CCLI에서 저작권 정보가 다운로드되며 프레젠테이션이 트리거될 때 이 정보를 화면으로 전송하는 방법이 있습니다.

미디어 가져오기 (Import Media)

이 옵션은 가져올 미디어 파일을 검색할 수 있는 컴퓨터 찾아보기 창을 로드합니다. 가져올 미디어 파일로 이동하여 선택합니다. 파일은 파일 형식에 따라 오디오 또는 미디어 빈에 추가되며 해당 빈에서 현재 선택된 재생 목록에 추가됩니다.

ProPresenter 라이브러리 가져오기

이 영역에서는 이전 ProPresenter 6 또는 현재 ProPresenter 라이브러리를 가져와 프로그램으로 마이그레이션할 수 있습니다. ProPresenter 6이 컴퓨터에 설치되어 있는 경우 현재 컴퓨터에 설치할 수 있는 ProPresenter6의 라이브러리를 보여주는 창이 나타납니다. 이렇게 하면 가져올 라이브러리를 선택하고 ProPresenter로 변환할 수 있습니다.

이러한 파일을 가져오는 것은 이전 파일에 영향을 미치지 않으므로 ProPresenter를 구성하는 동안 이전 버전에 영향을 미치지 않고 파일을 가져올 수 있습니다. 이에 대한 자세한 내용은 아래 마이그레이션 섹션에서 확인할 수 있습니다.

내보내기 (Exporting)

ProPresenter 프로그램에서 선택한 개별 문서 또는 여러 문서를 내보낼 수 있는 여러 가지 방법과 형식이 있습니다.

프로그램 내부의 내보내기 옵션에 액세스하려면 메뉴 모음에서 파일>내보내기로 이동하고 하위 메뉴에서 옵션 중 하나를 선택합니다.

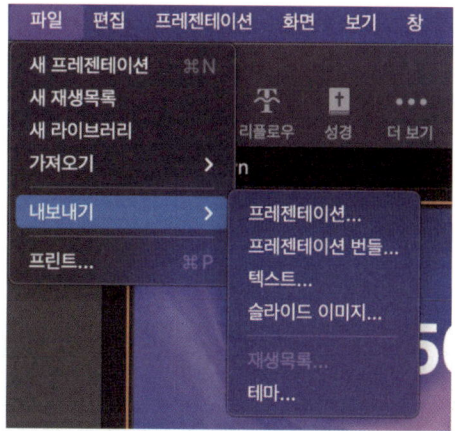

프레젠테이션 내보내기 (Export 프레젠테이션)

프레젠테이션 파일로 내보내면 텍스트 슬라이드 데이터 자체만 포함되며 프레젠테이션에 사용되는 미디어는 포함되지 않습니다.

프레젠테이션 번들 내보내기 (Export 프레젠테이션 Bundle)

번들은 라이브러리 파일과 미디어 파일을 다른 시스템의 ProPresenter에서 열 수 있는 단일 패키지로 수집하는데 사용됩니다. 라이브러리에서 여러 곡을 선택하면 미디어와 함께 모두 동일한 번들에 포함됩니다. 번들 파일을 가져오면 라이브러리에 문서를 추가하라는 메시지가 표시됩니다.

텍스트 내보내기 (Export Text)

이 옵션은 선택한 프레젠테이션을 확장자가 .txt인 일반 텍스트 파일로 내보냅니다. 이 내보내기 메서드는 줄 바꿈과 문단 바꿈을 제외한 모든 형식을 제거합니다.

슬라이드 이미지 내보내기 (Export Slide Images)

이 옵션은 프레젠테이션의 모든 슬라이드를 JPG 또는 PNG 이미지로 내보냅니다. JPG 이미지에는 선택한 슬라이드 배경색이 포함되지만 PNG에는 슬라이드 배경색이 포함되지 않습니다.

또한 미디어 작업의 미리 보기를 포함할지 여부를 선택할 수 있습니다. 저장을 클릭하면 파일의 대상에 각 슬라이드의 개별 이미지가 포함된 폴더가 만들어집니다.

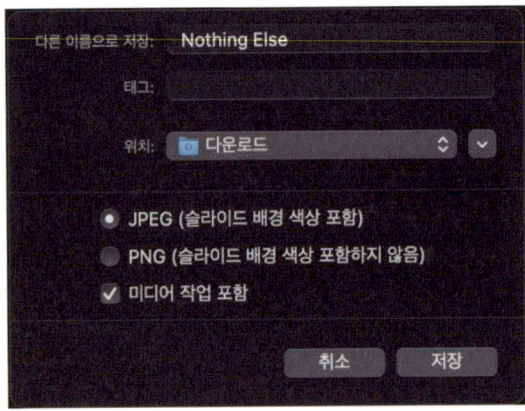

재생 목록 내보내기 (Export Playlist)

이 옵션은 선택한 재생 목록을 내보냅니다. 재생 목록을 내보낼 때 재생 목록에 미디어를 포함하도록 선택할 수 있습니다. 다른 컴퓨터에서 재생 목록을 가져오면 원래 컴퓨터의 재생 목록과 동일하게 다시 작성됩니다. 재생 목록 이름을 마우스 오른쪽 버튼으로 클릭하고 **내보내기(Export)**를 선택하여 재생 목록을 내보낼 수도 있습니다.

테마 내보내기 (Export Themes)

ProPresenter를 사용하면 다른 컴퓨터에서 사용할 테마를 쉽게 내보낼 수 있습니다. 컴퓨터 폴더를 검색하여 이러한 파일을 찾고 다른 컴퓨터에 수동으로 추가하는 대신 특정 테마를 단일 번들 파일로 내보낼 수 있습니다.

내보낼 각 테마 옆에 있는 상자를 선택하기만 하면 됩니다. 모두 또는 없음 옵션을 사용하여 목록에서 테마를 선택할 수도 있습니다. 기본적으로 이 창을 열면 모든 테마가 선택됩니다.

내보낸 테마 파일을 다른 컴퓨터에서 두 번 클릭하면 테마를 가져와 즉시 사용할 수 있습니다.

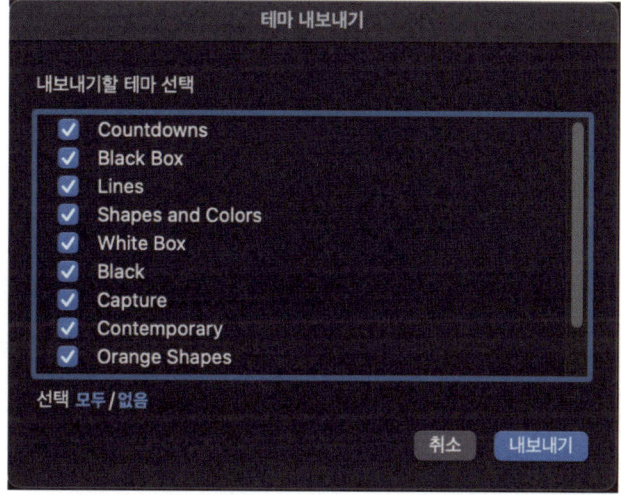

마이그레이션(Migration)

ProPresenter 파일에서 발생할 수 있는 몇 가지 다른 유형의 마이그레이션이 있습니다. 여기에는 이전 ProPresenter 버전에서 마이그레이션하거나 현재 ProPresenter 설치를 사용하여 새 컴퓨터로 마이그레이션하는 작업이 포함됩니다. 여기서는 이 두 가지 옵션에 대해 설명하겠습니다.

ProPresenter6 설치에서 마이그레이션

초기 ProPresenter 설치 (Initial ProPresenter Install)

ProPresenter를 처음 시작하면 프로그램의 빠른/초기 설정을 수행할 수 있는 **ProPresenter 시작** 시리즈 화면이 표시됩니다. 이 창에는 기존 ProPresenter 6 데이터를 ProPresenter 프로그램으로 마이그레이션하는 옵션도 있습니다.

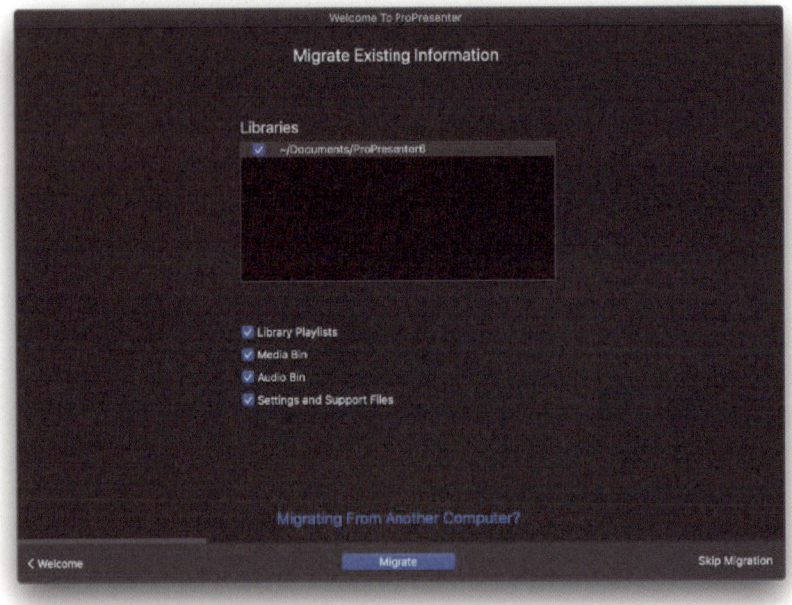

메뉴 모음에서 Window > Welcome to ProPresenter로 이동하여 이 설정 프로세스에 액세스할 수도 있습니다.

ProPresenter 6이 컴퓨터에 설치되어 있는 경우 컴퓨터에 있는 기존 Pro6 라이브러리를 볼 수 있습니다. 또한 라이브러리 재생 목록, 미디어 빈, 오디오 빈 및 다양한 설정/지원 파일을 마이그레이션할 수 있습니다.

마이그레이션을 클릭하면 해당 시점에 마이그레이션 프로세스가 자동으로 시작됩니다.

파일 메뉴를 사용한 마이그레이션 (Migration Using the File Menu)

파일 메뉴를 통해 마이그레이션하는 것은 ProPresenter 시작 창을 통해 마이그레이션하는 것과 유사하지만 액세스 방법이 다를 뿐입니다. 이 마이그레이션 창을 열려면 파일 > 가져오기 > ProPresenter Library로 이동하세요.

시스템에 Pro6가 설치되어 있으면 이전 Pro6 라이브러리를 각각 표시하는 마이그레이션 창이 로드됩니다.

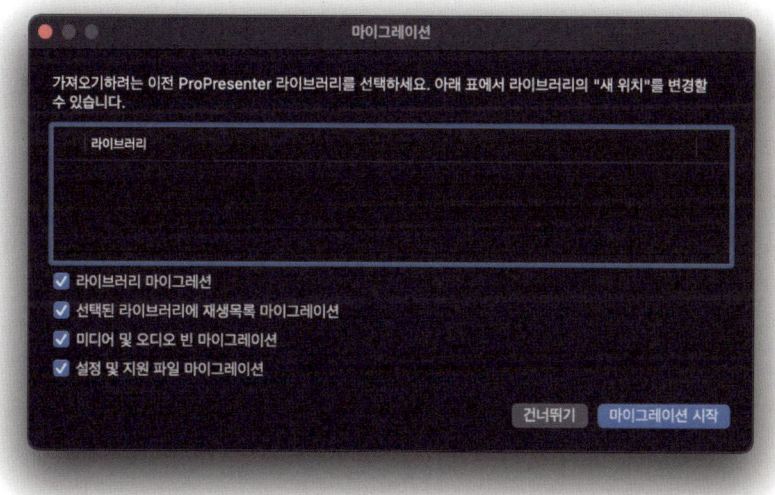

이 창에서 라이브러리 마이그레이션, 선택한 라이브러리의 재생 목록 마이그레이션, Pro6에서 미디어 및 오디오 빈 및 설정/지원 파일 마이그레이션을 선택할 수 있습니다.

마이그레이션 시작을 클릭하면 프로그램이 자동으로 데이터를 ProPresenter로 가져오기 시작합니다.

ProPresenter7을 한 컴퓨터에서 다른 컴퓨터로 마이그레이션하기

ProPresenter 데이터를 한 컴퓨터에서 다른 컴퓨터로 이동하려면 ProPresenter Preferences 내부의 로컬 동기화 기능을 사용할 수 있습니다. 이 기능이 제대로 작동하려면 두 컴퓨터에 동일한 버전의 ProPresenter를 설치하는 것이 좋습니다.

원래 컴퓨터에서...

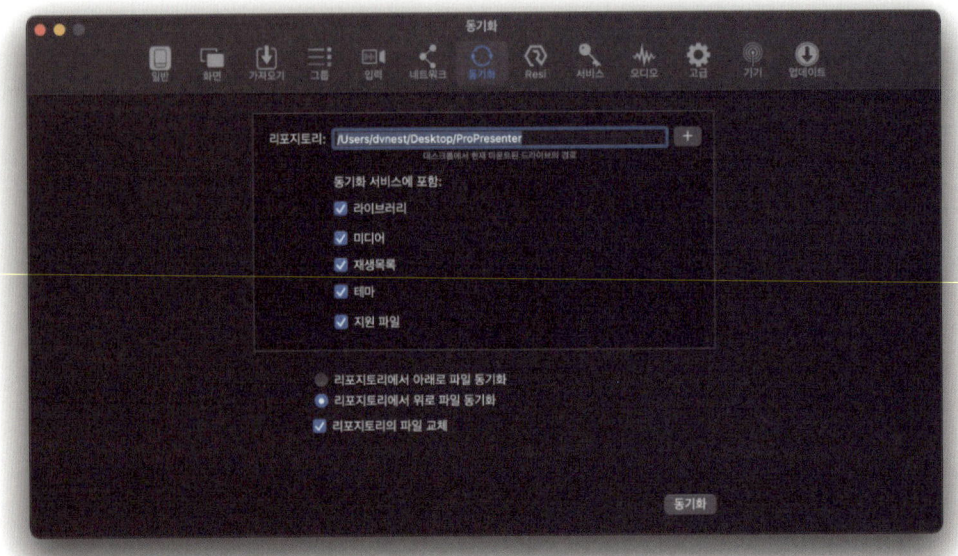

1. 바탕 화면에 빈 폴더를 만들고 이름을 "ProPresenter Sync"(또는 이와 유사한 이름)로 지정합니다.

2. ProPresenter를 열고 Preferences(기본 설정)를 열고 Advanced (고급) 탭을 클릭한 다음 "Manage Automatically (자동으로 미디어 관리)"가 선택되어 있는지 확인합니다.

3. Sync 탭을 클릭합니다.

4. 오른쪽 상단에 있는 "+"를 클릭하고 바탕 화면에 방금 만든 새 폴더를 선택합니다. 그리고 그 아래에 있는 다섯 개의 확인란을 모두 선택하세요. 모든 구성 요소를

이동하지 않을 경우 여기서 마이그레이션할 구성 요소를 선택할 수 있습니다.

5. "저장소로 파일 동기화" 옵션을 선택합니다. 이렇게 하면 모든 데이터가 폴더에 추가됩니다. (지금은 폴더가 비어 있기 때문에 "저장소의 파일 바꾸기" 상자는 관련이 없습니다.)

6. **동기화(Sync)**를 클릭합니다. 이 작업은 미디어의 양에 따라 1~2분 정도 소요될 수 있습니다.

7. 동기화 작업이 완료되면 이 폴더를 외장 드라이브 또는 네트워크 드라이브에 복사합니다.

이제 새 컴퓨터로 이동할 수 있습니다.

새 컴퓨터에서...

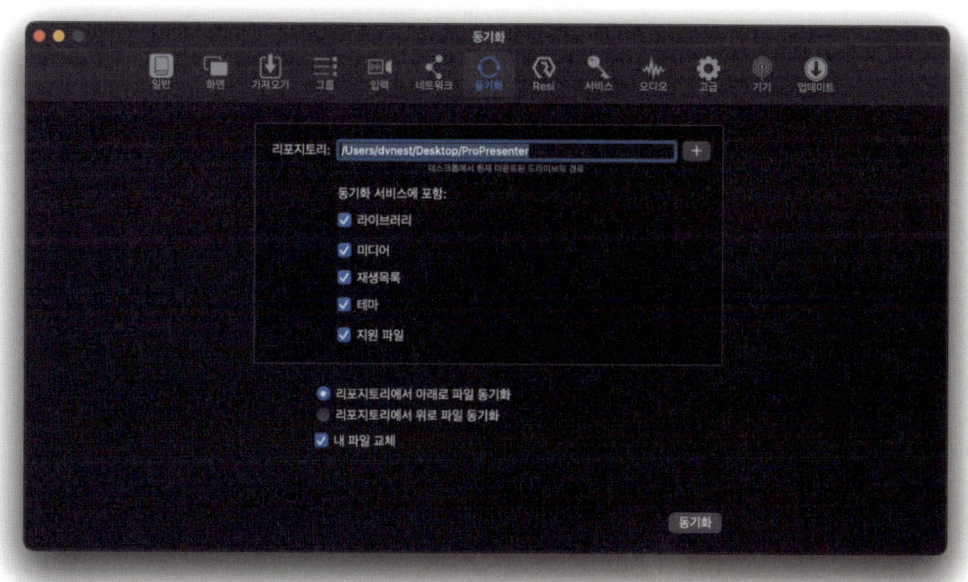

1. 외장 드라이브 또는 네트워크 드라이브의 폴더를 바탕 화면에 복사합니다.

2. ProPresenter를 열고 Preferences를 연 다음 Sync 탭을 클릭합니다.

3. 오른쪽 상단에 있는 "+"를 클릭하고 바탕 화면에 복사한 폴더를 선택합니다. 또한 원래 컴퓨터에서 활성화한 모든 상자를 선택합니다.

4. "저장소에서 파일을 아래로 동기화" 옵션을 선택합니다. 이렇게 하면 데이터가 폴더에서 ProPresenter 폴더로 복사됩니다.

5. 원래 컴퓨터에서 가져온 파일을 추가하기 전에 프로그램에서 현재 있는 파일을 제거하려는 경우에만 내 파일 바꾸기를 활성화합니다.

6. 동기화를 클릭합니다. 이 작업은 미디어의 양에 따라 1~2분 정도 소요될 수 있습니다.

이제 새 컴퓨터의 프로그램 내부에 데이터가 나타납니다.

인쇄 (Printing)

ProPresenter는 슬라이드 및 재생 목록을 인쇄하는 방법을 제공합니다. 이 섹션에서는 ProPresenter 내부의 모든 인쇄 옵션에 대해 설명합니다.

프레젠테이션 인쇄 (Printing 프레젠테이션s)

프레젠테이션을 인쇄하려면 하나 이상의 프레젠테이션을 선택하고 다음 옵션 중 하나를 선택합니다.

- Mac에서는 Command-P를 누르고 PC에서는 Control-P를 누릅니다.
- 메뉴 모음에서 **파일 (File) > 인쇄(Print)** 를 선택합니다.
- 프레젠테이션이 재생 목록 내에 있는 경우: 프레젠테이션을 마우스 오른쪽 버튼으로 클릭하고 **인쇄(Print)**를 선택합니다.

재생 목록 인쇄 (Printing a Playlist)

전체 재생 목록을 인쇄하여 해당 재생 목록의 각 프레젠테이션을 인쇄할 수 있습니다. 재생 목록을 인쇄하려면 재생 목록을 마우스 오른쪽 버튼으로 클릭하고 **재생 목록 인쇄(Print Playlist)**를 선택합니다.

프린터 옵션 (Printer Options)

ProPresenter에 인쇄를 지시하면 **인쇄 옵션 상자(Print Option Box)**가 나타납니다. 이 프로세스는 Mac과 Windows 간에 약간 다르며, 플랫폼은 아래와 같이 분리되어 있습니다.

Mac

이 창의 위쪽 절반은 운영 체제에 의해 제어되며 프린터에 따라 사용자 정의됩니다. 이 섹션에서는 인쇄할 프린터, 용지 크기 및 기타 유사한 옵션을 선택합니다.

> ※ 팁: PDF로 "인쇄"하려면 왼쪽 하단의 PDF 드롭다운을 클릭하고 Save as PDF를 선택합니다.

ProPresenter의 옵션은 창 하단에 있습니다. 이러한 옵션이 표시되지 않으면 인쇄 대화 상자 아래에 있는 **세부 정보 표시 (Show Details)** 버튼을 클릭합니다. 이 세부 정보에 대한 자세한 내용은 아래에서 확인할 수 있습니다.

인쇄 방법에 대한 매개 변수를 설정했으면 **인쇄 (Print)** 버튼을 클릭할 수 있습니다.

윈도우 (Windows)

ProPresenter의 옵션은 첫 번째 창에 있습니다. 이렇게 하면 인쇄할 항목의 매개 변수를 설정할 수 있습니다. 이 세부 정보에 대한 자세한 내용은 아래에서 확인할 수 있습니다.

이러한 세부 정보가 설정되면 **인쇄 (Print)** 또는 **미리 보기 (Preview)**를 클릭하여 앞으로 이동할 수 있습니다. 미리 보기를 클릭하면 인쇄물의 PDF 미리 보기가 표시되고 인쇄하면 컴퓨터 프린터 창이 열립니다. 이 창은 운영 체제에 의해 제어되며 프린터에 따라 사용자 정의됩니다. 이 섹션에서는 인쇄할 프린터, 용지 크기 및 기타 유사한 옵션을 선택합니다.

인쇄 방법에 대한 매개 변수를 설정했으면 **인쇄(Print)** 버튼을 클릭할 수 있습니다.

인쇄물의 매개 변수 (Parameters on Printouts)

프레젠테이션을 인쇄하는데는 크게 두 가지 방법이 있습니다:

- **썸네일 보기 (Thumbnail View)**는 각 슬라이드의 이미지를 인쇄합니다. 각 슬라이드를 시각적으로 표현하려는 경우에 적합합니다. (미디어 및 모든 슬라이드

개체 포함)

- **개요 보기 (Outline View)**는 각 슬라이드에서 텍스트를 추출하여 텍스트로 인쇄합니다. 가사를 인쇄하거나 프레젠테이션의 텍스트가 필요한 경우 이 보기가 더 좋습니다.

각 보기는 인쇄하는 내용을 사용자 지정하는데 도움이 되는 몇 가지 옵션을 제공합니다. 각 항목 옆에 있는 확인란을 클릭하여 해당 옵션의 인쇄를 전환합니다.

두 보기에는 모두 다음과 같은 옵션이 있습니다:

- 문서 정보는 다음과 같은 정보를 인쇄합니다:
    - 아티스트
    - 작성자
    - 게시자
    - 저작권 연도
    - 노래 번호
- 프레젠테이션 참고 사항
- 현재 날짜

썸네일 보기에는 다음과 같은 옵션도 있습니다:

- 썸네일 프린될 수 있는 열의 수

개요 보기에는 다음과 같은 옵션도 있습니다:

- 슬라이드 번호
- 슬라이드 라벨
- 슬라이드 노트
- 비활성화된 슬라이드

미디어 작업

ProPresenter는 미디어로 작업하여 화면으로 전송할 수 있는 다양한 방법을 제공합니다. ProPresenter 내부의 미디어는 프로그램의 하단과 오른쪽에 있는 빈에 저장됩니다. 소프트웨어에서 비디오 입력을 설정하여 외부 소스의 라이브 비디오 요소를 프로그램으로 가져올 수도 있습니다. 큐 검사기는 개별 미디어 작업을 변경하고 프레젠테이션에 맞게 완전히 다른 모양을 제공하는데 도움이 됩니다.

미디어 큐 검사기 (Media Cue Inspector)

미디어 큐 검사기는 미디어 파일을 재생하기 전에 미리 보고 이러한 항목의 속성을 편집할 수 있는 상세 창입니다. 이러한 속성에는 ProPresenter에서 트리거될 때 수행의 모양, 재생 및 작동 방식이 포함됩니다.

검사기를 열려면 미디어 상자 또는 슬라이드에서 미디어 작업을 마우스 오른쪽 버튼으로 클릭하고 검사기를 선택합니다. 동시에 여러 개의 미디어 작업을 선택한 경우 검사기에서 이 모든 작업을 한 번에 열 수도 있습니다.

미디어 작업 목록 (Media Action List)

검사기 (Inspector)의 맨 왼쪽 영역은 **미디어 작업 목록 (Media Action List)**입니다. 그러면 검사기 창을 열 때 선택한 모든 미디어 작업이 나열되고 동작을 수행할 미디어 작업을 선택할 수 있습니다. 목록에서 미디어 작업을 클릭하여 선택하고 **미리 보기 창(Preview Pane)**에서 미디어 작업을 열고 **속성(Properties)**을 편집합니다.

미리 보기 창 (Preview Pane)

미디어 작업을 선택하면 미리 보기 창에서 미디어의 설정을 사용자 지정할 수 있습니다. 맨 위에는 미디어 작업의 **이름(Name)**이 나열됩니다. 기본적으로 이것이 파일 이름이지만, 이 이름을 변경하려면 이름을 클릭하고 사용자 이름을 입력하면 됩니다.

미디어 작업 | 177

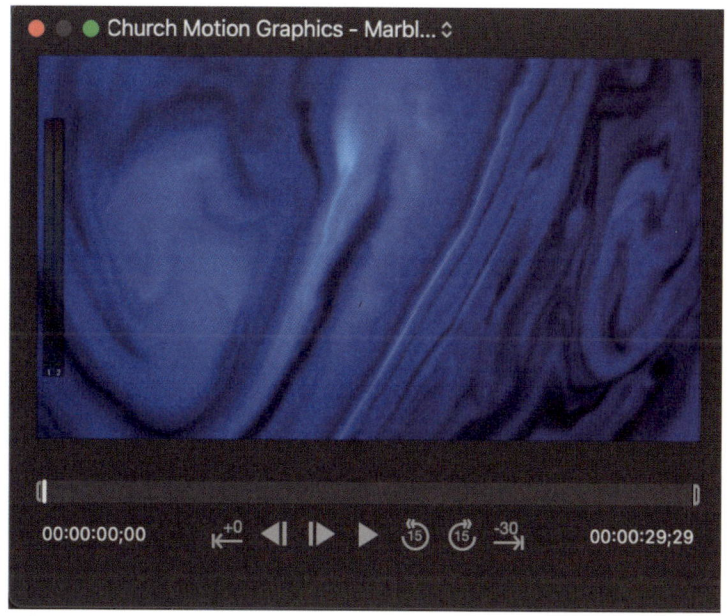

기본 미리 보기 영역에 미디어의 미리 보기가 표시됩니다. 미디어가 비디오인 경우 스크러빙 표시줄을 사용하여 미디어의 특정 위치로 미리 보기를 이동할 수 있습니다. 스크러빙 표시줄 아래에는 미디어의 재생을 제어하는 **재생 컨트롤(Playback Controls)**이 있습니다. **재생/일시 중지 (Play/Pause)** 버튼을 사용하여 미디어를 일시 중지하거나 재생하거나, **뒤로/앞으로 건너뛰기 (Skip Background/Forwards)** 버튼을 사용하여 15초를 뒤로 또는 앞으로 건너뛰세요.

뒤로/앞으로 단계 (Step Backward/Forward) 버튼을 클릭하여 미디어를 프레임별로 단계를 진행합니다. 키보드의 왼쪽 또는 오른쪽 화살표 키를 클릭하여 이 작업을 수행할 수도 있습니다. **시작으로 이동 (Go To Beginning)** 버튼 또는 **끝으로 이동 (Go To End)** 버튼을 사용하여 미디어의 시작 또는 끝으로 직접 건너뜁니다. 시작/종료로 이동 버튼을 마우스 오른쪽 버튼으로 클릭하거나 길게 클릭하여 시작/종료에서 점프할 거리(90초, 60초, 30초, 10초, 또는 시작/종료까지 직접)를 선택할 수도 있습니다.

비디오의 시작 지점을 변경하려면 재생 헤드를 원하는 위치로 이동한 다음 **시작 (In)** 을 클릭하여 **시작 지점 (In Point)**를 설정합니다. 마찬가지로 **끝 (Out)**을 클릭하여 **끝 지점 (Out Point)**를 설정할 수 있습니다. **리셋 시작 (Reset In)** 또는 **리셋 끝 (Reset Out)**을 클릭하여 각 기능을 재설정합니다.

편집 창 (Edit Pane)

미디어 작업을 선택하면 오른쪽의 편집 창에서 정보, 속성, 효과 및 오디오(파일에 오디오가 있는 경우) 탭을 통해 미디어를 미세 조정할 수 있습니다.

정보 탭 (Info Tab)

정보 탭에는 선택한 미디어에 대한 정보가 있습니다. 상단에는 ProPresenter가 이 파일을 참조하는 파일 경로뿐만 아니라 작업 **이름**(Action's Name [편집하려면 클릭할 수 있음])이 나열됩니다.

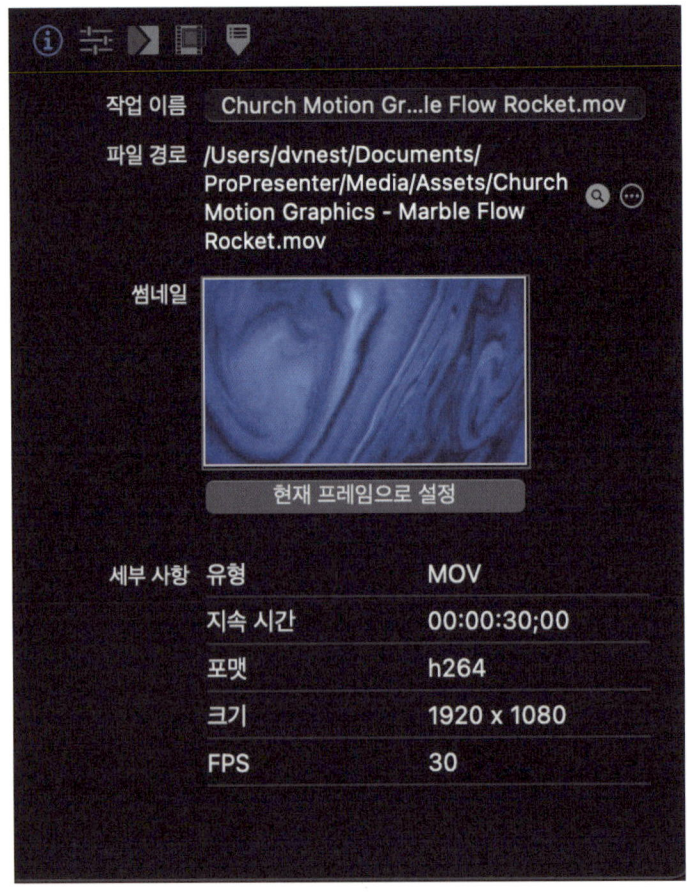

Mac의 Finder(파인더) 또는 PC의 Windows 탐색기에서 **파일 위치(File Path)**를 열려면 돋보기를 클릭합니다. ProPresenter가 연결 중인 파일을 변경하거나 프로그램이 동일한 파일의 다른 복사본을 가리키도록 하려면 **기어 (Gear)** 아이콘을 클릭하여 참조할 새 파일을 선택할 수 있는 컴퓨터 브라우저 창을 엽니다.

썸네일 그림 기능은 미디어에 대해 현재 사용되는 썸네일 이미지를 보여줍니다. 미디어가 비디오이고 썸네일 이미지를 변경하려면 미리 보기 창에서 스크럽 막대를 사용하여 원하는 위치를 선택한 다음 **현재 프레임으로 설정 (Set to Current Frame)**을 클릭합니다. **정보 (Information)** 창 하단에는 선택한 미디어 유형에 따라 미디어 유형, 기간, 형식, 크기 및 프레임 레이트(FPS)과 같은 미디어 자체에 대한 정보가 제공됩니다.

속성 탭 (Properties Tab)

검사기의 **속성 탭(Properties Tab)**을 사용하여 미디어 작업의 여러 속성을 조정할 수 있습니다.

동작 크기 조정(Scale Behavior) 옆의 드롭다운 메뉴를 클릭하여 대상에서 미디어 크기를 조정합니다:

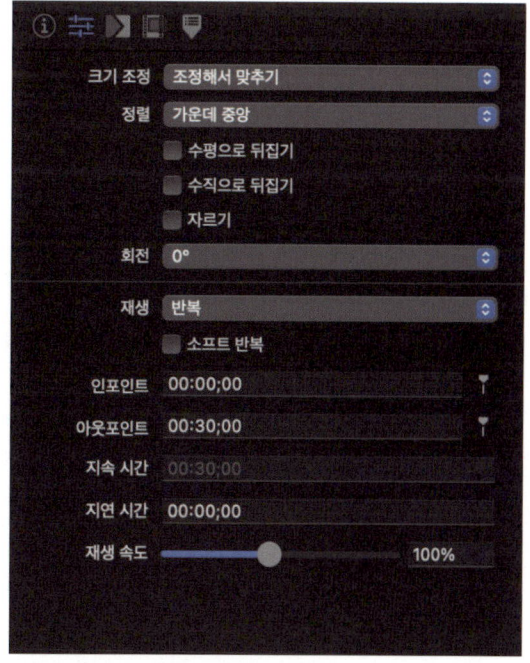

- **크기에 맞게 조정(Scale to Fit)**하면 모든 콘텐츠가 지정된 개체와 미디어의 범위 내에서 표시되지 않고 필요에 따라 미디어의 상단/하단 또는 측면에 검은색 막대를 추가하여 미디어를 확장할 수 있습니다.

- **채우기 배율 조정(Scale to Fill)**을 하면 용지가 늘어나지 않고 옆면이나 위쪽/아래쪽에 검은색이 생기지 않으며, 필요에 따라 위쪽/아래쪽 또는 옆쪽을 잘라내면 용지가 늘어나지 않습니다.

- **채우기로 배율 조정**(Stretch to Fill)은 개체의 경계를 미디어로 채우고 미디어를 자르지 않습니다. 필요에 따라 미디어를 펼침으로써 이를 달성합니다.

매체가 대상의 중심에 머무르려고 할지 또는 대상의 모서리 또는 측면 중 하나를 향하도록 할지 여부를 제어하도록 **배율 정렬**(Scale Alignment)을 변경합니다. 축척 선형은 축척 작업을 적합으로 축척 또는 채우기로 축척으로 설정한 경우에만 사용할 수 있습니다. 미디어를 뒤집기 위해 **수평으로 뒤집기**(Flip Horizontally) 또는 **수직으로 뒤집기**(Flip Vertically)를 활성화할 수도 있습니다.

자르기(Crop)를 활성화하여 미디어 크기를 원본 이미지의 하위 집합으로 조정합니다. 예를 들어 미디어의 왼쪽 상단만 표시하고 화면을 채우려는 경우 이 숫자를 조정하여 표시할 수 있습니다. 이를 조정하는 옵션은 필요에 따라 상자에 숫자를 입력하거나 상자 옆에 있는 화살표 버튼을 사용하거나 미리 보기 창에서 미디어 자체를 둘러싼 검은색 테두리 상자를 사용하는 것입니다.

재생 동작(Playback Behavior)은 미디어 끝에서 발생하는 작업에 영향을 미칩니다. 선택한 재생 동작에 따라 다른 옵션을 사용할 수도 있습니다.

- **중지**(Stop)는 비디오 파일 전체를 한 번 재생한 다음 **종료 작업**(End Behavior)으로 이동합니다.
- **루프**(Loop)는 미디어를 지우거나 다른 미디어 파일을 트리거하도록 선택할 때까지 비디오 파일을 계속 재생합니다.
- **재생 횟수 반복**(Loop for Play Count) 옵션을 추가하여 파일을 재생할 횟수를 설정합니다. 루프 횟수(Times to Loop) 상자에 입력한 횟수에 도달할 때까지 계속 반복한 다음 선택한 종료 작업 (End Behavior)로 이동합니다.
- **시간 반복**(Loop for Time)을 사용하면 비디오를 실행할 특정 시간을 설정할 수 있습니다. 해당 시간이 종료되면 **종료 동작**(End Behavior)으로 이동합니다.

재생 작업 (Playback Behavior)에 대한 비디오 루프와 관련된 옵션을 선택하면 **소프트 루프**(Soft Loop)에 대한 확인란이 나타납니다. 이 기능을 활성화하면 비디오 파일이 하드 컷 대신 비디오의 시작 부분으로 다시 돌아갑니다. 이 기능은 클립 시작 부분의 마지막 프레임까지 이어지는 동작이 있는 비디오가 있는 경우 특히 유용합니다.

재생 작업(Playback Behavior)를 **정지**(Stop), **재생 횟수 반복**(Loop for Play Count) 또는 **시간 반복**(Loop for Time)으로 설정하면 **종료 동작**(End Behavior)을 설정하는 옵션도 창에

나타납니다. 여기서 비디오 재생이 완료된 후 비디오가 따라올 다섯 가지 옵션 중 하나를 선택할 수 있습니다.

- **마지막 프레임 보류(Hole Last Frame)** – 비디오가 마지막 프레임에 고정되고 비디오가 지워지거나 새 미디어 작업이 트리거될 때까지 유지됩니다.

- **마지막 프레임 뒤에 검은색(Black after Last Frame)** – 비디오의 마지막 프레임 끝에 검은색으로 잘립니다.

- **마지막 프레임 후 지우기(Clear after Last Frame)** – 비디오의 마지막 프레임을 재생한 후 미디어 파일을 지웁니다. 비디오 입력이 있고 트리거된 경우 비디오 파일이 지워지고 화면에 비디오 입력이 표시됩니다.

- **검은색으로 페이드(Fade to Black)** – 비디오의 마지막 프레임 끝에 검은색으로 용해됩니다.

- **지우기로 페이드(Fade to Clear)** – 비디오의 마지막 프레임을 재생한 후 미디어 파일이 사라지고 작업이 지워집니다. 비디오 입력이 설정되어 있고 트리거된 경우 비디오 파일이 분해되고 그 뒤에 있는 비디오 입력이 화면에 표시됩니다.

정지 이미지의 경우 **지속 시간(Duration** [즉, 화면에 표시되는 기간])을 설정할 수 있습니다. 비디오에는 지속 시간이 미리 채워집니다. 미디어가 재생되기 전에 대기하는 **지연 시간(Delay Time)**을 설정할 수 있습니다. 비디오 작업의 경우 비디오 재생 속도를 20%에서 200%로 설정할 수도 있습니다.

속성 탭 아래에서 개별 미디어 작업에 대한 **전환(Transition)**을 선택할 수 있습니다. 이 전환은 미디어가 해당 미디어에만 고유한 사용자 지정 전환을 수행할 수 있도록 하는 마스터 전환을 능가합니다.

효과 탭 (Effect Tab)

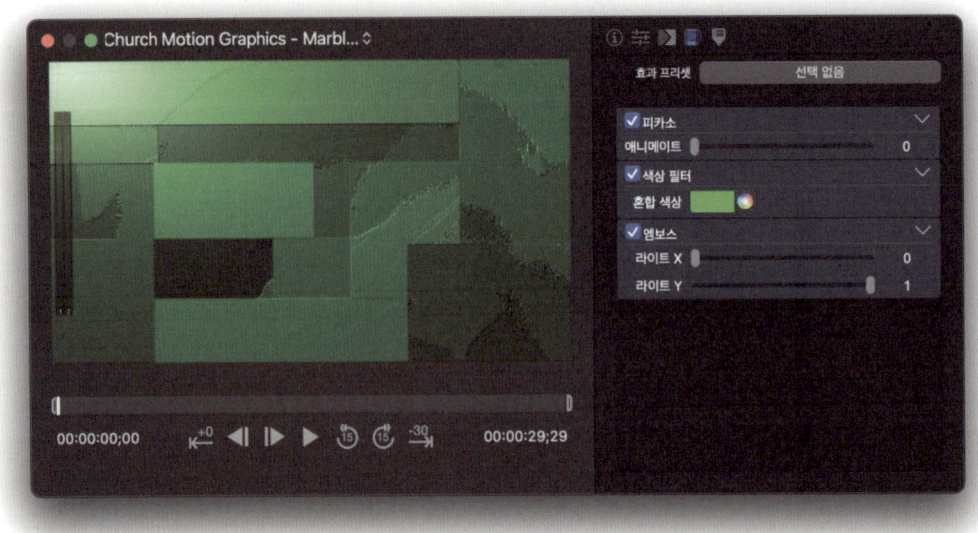

효과를 사용하여 미디어 파일의 모양을 수정할 수 있습니다. 더하기 버튼을 클릭하여 미디어에 효과를 추가합니다. 해당 효과 아래의 옵션을 조정하여 효과의 속성을 조정합니다(편집할 수 있는 속성이 모든 효과에 있는 것은 아닙니다). 효과를 비활성화/활성화하려면 효과 이름 왼쪽에 있는 확인란을 클릭합니다. 효과를 다른 효과로 변경하거나 효과를 제거하려면 효과 이름 오른쪽에 있는 아래쪽 화살표를 클릭합니다.

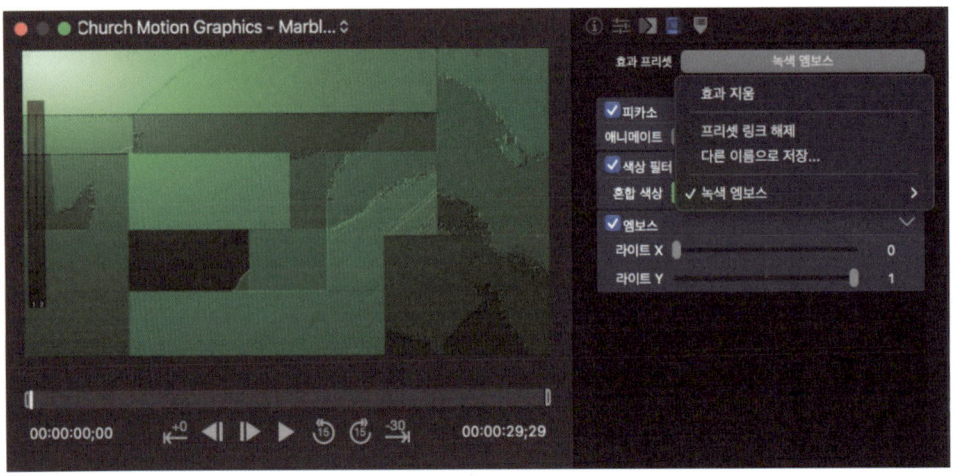

효과 사전 설정 (Effects Preset)을 사용하여 미디어 작업에 미리 정의된 효과 집합을 할당할 수 있습니다. 이전에 효과 사전 설정을 저장한 경우 이 드롭다운을 사용하여 적용할 수 있습니다. 효과 사전 설정을 적용하고 변경한 경우 변경 내용을 **저장(Save)**하거나 새로운 프리셋으로 **새로 저장 (Save As)**을 사용할 수 있습니다. 변경한 경우 효과 사전 설정 이름 오른쪽에 작은 *가 표시됩니다. 또 다른 옵션은 **사전 설정 해제(Unlink Preset)**를 통해 사전 설정이 설정되어 있지 않음을 표시할 수 있지만 미디어 작업에서 효과는 그대로 유지할 수 있습니다. 이 드롭다운을 사용하여 미디어에서 **효과 지우기(Clear Effect)**를 할 수 있습니다.

오디오 탭 (Audio Tab)

오디오 탭(Audio Tab)에서는 미디어 항목의 실제 오디오 출력 속성을 조정할 수 있습니다. 이 탭은 미디어 파일에 오디오 트랙이 있는 경우에만 나타납니다.

전환 동작에서 **페이드 인(Fade In)** 또는 **페이드 아웃(Fade Out)**을 추가할 수 있습니다. 활성화할 상자를 선택하고 슬라이더를 조정하여 페이드가 지속되는 시간을 사용자 지정합니다.

채널 라우팅 (Channel Routing) 버튼을 클릭하여 오디오 채널을 특정 출력으로 라우팅할 수 있는 창을 엽니다. **오디오 라우팅(Audio Routing)** 작동 방식에 대한 자세한 내용은 해당 섹션을 참조하세요.

오디오 탭 하단의 상자를 통해 각 오디오 채널에 대한 자세한 정보를 얻을 수 있습니다. 각 채널에 대해 채널을 **음소거(Mute)**하거나 **솔로(Solo)**로 설정할 수 있으며, 각 특정 채널의 **볼륨(Volume)**을 조정할 수 있습니다. 이 영역에는 각 채널이 할당된 출력(위의 오디오 라우팅 버튼을 통해 설정됨)도 표시됩니다.

오디오 큐 검사기 (Audio Cue Inspector)

오디오 큐 검사기는 오디오 파일을 재생하기 전에 미리 보고 이러한 항목의 속성을 편집할 수 있는 심층 창입니다. 이러한 속성에는 ProPresenter에서 트리거될 때 수행의 모양, 재생 및 작동 방식이 포함됩니다.

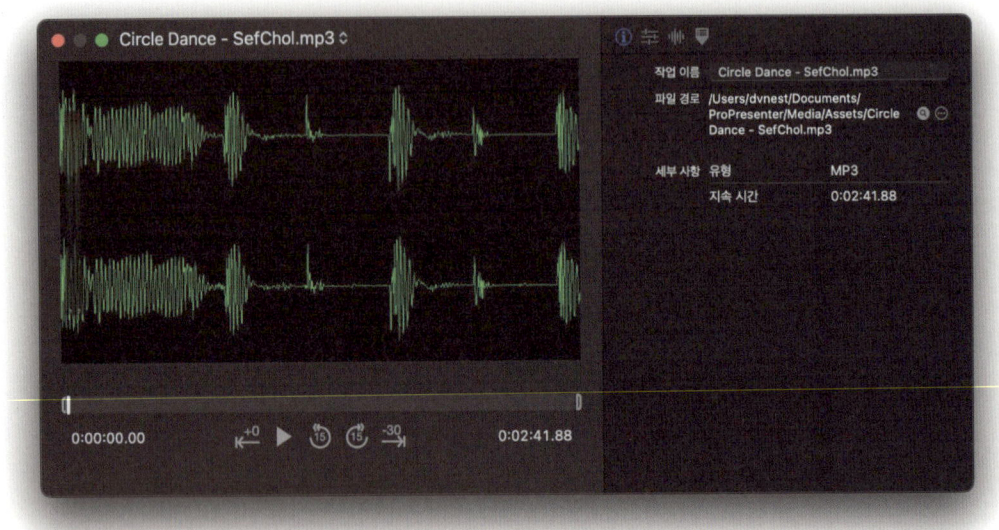

검사기를 열려면 오디오 빈 또는 슬라이드에서 오디오 파일을 마우스 오른쪽 버튼으로 클릭하고 검사기를 선택합니다. 동시에 여러 개의 미디어 작업을 선택한 경우 검사기에서 이 모든 작업을 한 번에 열 수도 있습니다.

미디어 작업 목록 (Media Action List)

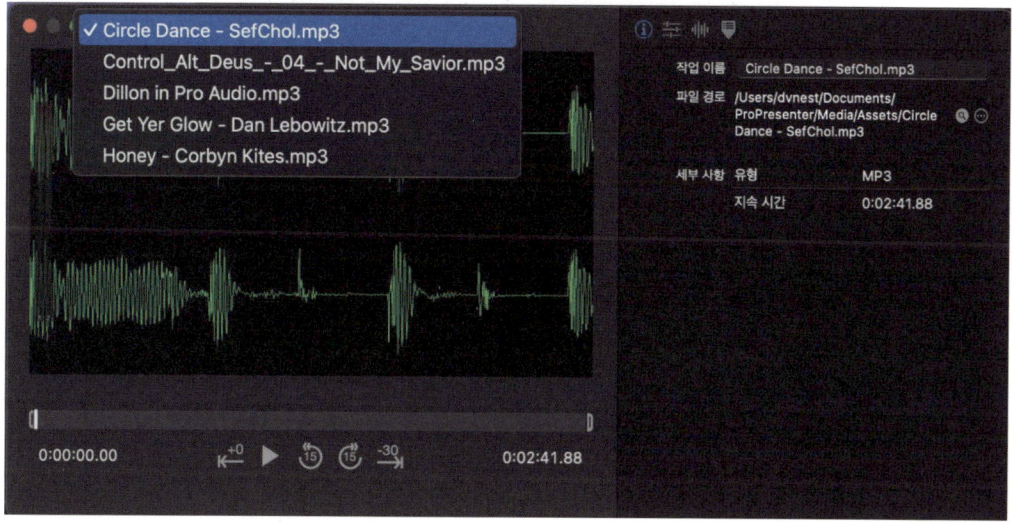

검사기 (Inspector)의 맨 왼쪽 영역은 **미디어 작업 목록 (Media Action List)**입니다. 그러면 검사기 창을 열 때 선택한 모든 미디어 작업이 나열되고 작업할 각 작업을 선택할 수 있습니다. 목록에서 미디어 작업을 클릭하여 선택하고 **미리 보기 창**(Preview Pane)에서 미디어 작업을 열고 **속성**(Properties)을 편집합니다.

미리 보기 창 (Preview Pane)

오디오 작업을 선택하면 미리 보기 창에서 파일의 설정을 사용자 정의할 수 있습니다. 맨 위에 오디오 작업의 이름이 나열됩니다. 기본적으로 이것이 파일 이름이지만, 이 이름을 변경하려면 이름을 클릭하고 사용자 이름을 입력하면 됩니다.

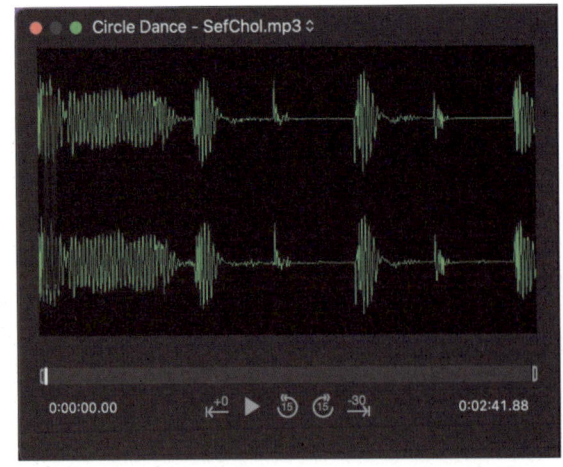

기본 미리 보기 영역에는 오디오 파일의 음파 표현이 표시됩니다. 스크러빙 표시줄을 사용하여 미디어의 특정 위치로 미리 보기를 이동할 수 있습니다. 스크러빙 표시줄 아래에는 미디어의 재생을 제어하는 **재생 컨트롤(Playback Controls)**이 있습니다. **재생/일시 중지 (Play/Pause)** 버튼을 사용하여 미디어를 일시 중지하거나 재생하거나, **뒤로/앞으로 건너뛰기 (Skip Background/Forwards)** 버튼을 사용하여 15초를 뒤로 또는 앞으로 건너뛰세요.

뒤로/앞으로 단계 (Step Backward/Forward) 버튼을 클릭하여 미디어를 프레임별로 단계를 진행합니다. 키보드의 왼쪽 또는 오른쪽 화살표 키를 클릭하여 이 작업을 수행할 수도 있습니다. **시작으로 이동 (Go To Beginning)** 버튼 또는 **끝으로 이동 (Go To End)** 버튼을 사용하여 미디어의 시작 또는 끝으로 직접 건너뜁니다. 시작/종료로 이동 버튼을 마우스 오른쪽 버튼으로 클릭하거나 길게 클릭하여 시작/종료에서 점프할 거리(90초, 60초, 30초, 10초, 또는 시작/종료까지 직접)를 선택할 수도 있습니다.

비디오의 시작 지점을 변경하려면 재생 헤드를 원하는 위치로 이동한 다음 **시작 (In)**을 클릭하여 **시작 지점 (In Point)**를 설정합니다. 마찬가지로 **끝 (Out)**을 클릭하여 **끝 지점 (Out Point)**를 설정할 수 있습니다. **리셋 시작 (Reset In)** 또는 **리셋 끝 (Reset Out)**을 클릭하여 각 기능을 재설정합니다.

편집 창 (Edit Pane)

오디오 파일을 선택하면 오른쪽의 편집 창에서 정보, 속성 및 오디오 탭을 통해 미디어를 미세 조정할 수 있습니다.

정보 탭 (Info Tab)

정보 탭에는 선택한 미디어에 대한 정보가 있습니다. 상단에는 ProPresenter가 이 파일을 참조하는 파일 경로뿐만 아니라 작업 **이름(Action's Name** [편집하려면 클릭할 수 있음])이 나열됩니다.

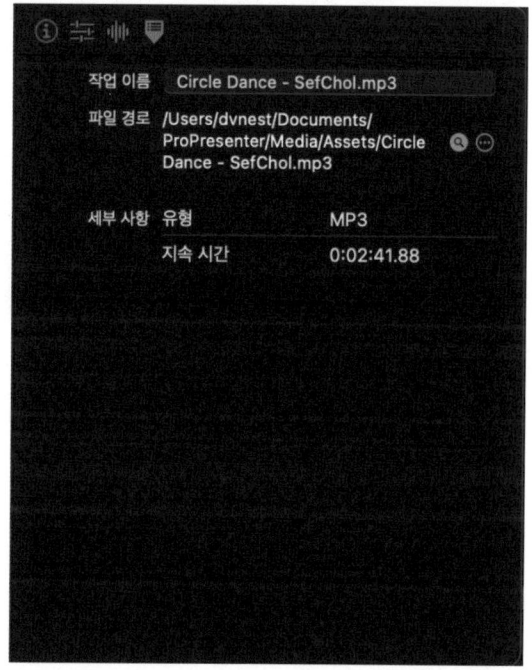

Mac의 Finder(파인더) 또는 PC의 Windows 탐색기에서 파일 위치(File Path)를 열려면 돋보기를 클릭합니다. ProPresenter가 연결 중인 파일을 변경하거나 프로그램이 동일한 파일의 다른 복사본을 가리키도록 하려면 기어 (Gear) 아이콘을 클릭하여 참조할 새 파일을 선택할 수 있는 컴퓨터 브라우저 창을 엽니다.

정보 (Information) 창의 아래쪽에는 파일 유형 및 원래 기간과 같은 미디어 파일 자체에 대한 정보가 제공됩니다.

속성 탭 (Properties Tab)

검사기의 속성 탭을 사용하여 오디오 작업의 다양한 작업을 조정할 수 있습니다.

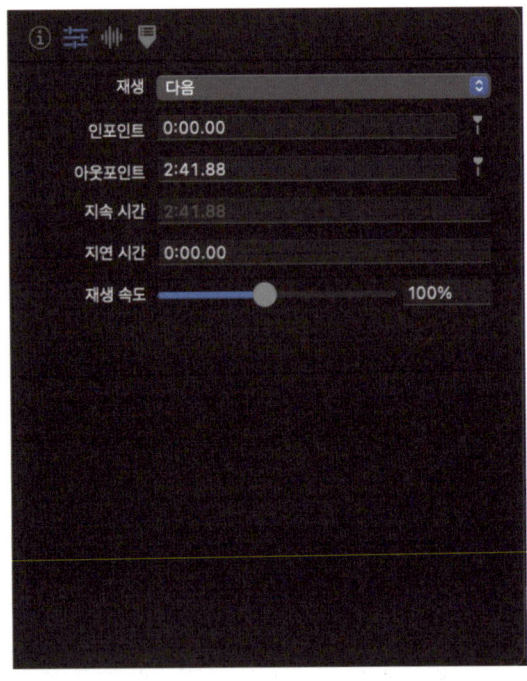

재생 동작(Playback Behavior)은 오디오 파일이 재생을 완료한 후 발생하는 작업에 영향을 미칩니다. 세 가지 옵션 중 하나를 선택할 수 있습니다.

- **중지(Stop)** – 이 동작은 파일을 한 번 재생하고 한 번의 전체 재생 후에 종료됩니다

- **반복 (Loop)** – 이 동작은 새 오디오 동작이 트리거되거나 오디오 지우기 동작이 트리거될 때까지 파일을 계속 재생하고 반복합니다.

- **다음 (Next)** – 이 동작은 오디오 빈에서 재생하는 경우에만 적용됩니다. 이 작업을 통해 현재 트리거된 작업이 끝날 때 Bin의 다음 오디오 작업을 재생할 수 있습니다.

작업 기간(Duration)은 미리 채워지고 **미리보기 영역(Preview Pane)**에서 입력/출력 설정이 변경되면 업데이트됩니다. 미디어가 트리거된 후 재생될 때까지 대기하는 **지연 시간(Delay Time)**을 설정할 수 있습니다. **재생 속도(Play Rate)**를 20%에서 200%로 설정하여 오디오 재생 속도를 높이거나 느리게 할 수도 있습니다.

오디오 탭 (Audio Tab)

오디오 탭을 사용하여 해당 항목의 실제 오디오 출력 속성을 조정할 수 있습니다.

전환 동작에서 **페이드 인**(Fade In) 또는 **페이드 아웃**(Fade Out)을 추가할 수 있습니다. 활성화할 상자를 선택하고 슬라이더를 조정하여 페이드가 지속되는 시간을 사용자 지정합니다.

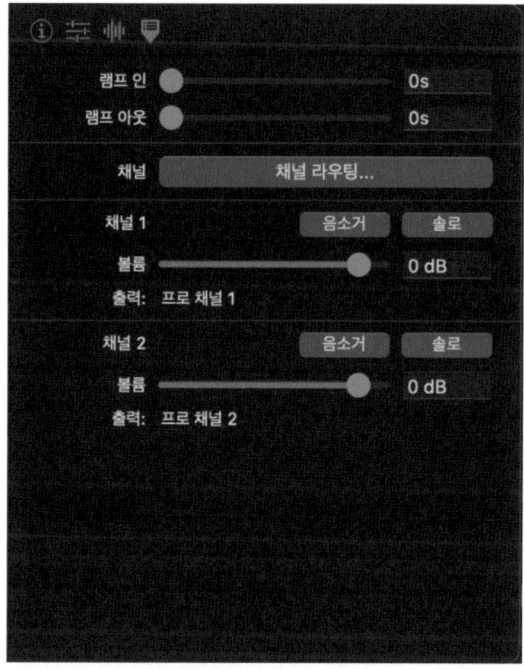

채널 라우팅 (Channel Routing) 버튼을 클릭하여 오디오 채널을 특정 출력으로 라우팅할 수 있는 창을 엽니다. **오디오 라우팅**(Audio Routing) 작동 방식에 대한 자세한 내용은 해당 섹션을 참조하세요.

오디오 탭 하단의 상자를 통해 각 오디오 채널에 대한 자세한 정보를 얻을 수 있습니다. 각 채널에 대해 채널을 **음소거**(Mute)하거나 **솔로**(Solo)로 설정할 수 있으며, 각 특정 채널의 **볼륨**(Volume)을 조정할 수 있습니다.

이 영역에는 각 채널이 할당된 출력(위의 오디오 라우팅 버튼을 통해 설정됨)도 표시됩니다.

비디오 입력 (Video Input)

비디오 입력 구성 (Video Input Configuration)

비디오 입력 설정은 ProPresenter 기본 설정의 입력 탭을 통해 수행됩니다. 이에 대한 자세한 내용은 기본 설정 섹션을 참조하세요.

비디오 입력 재생 목록 (Video Input Playlist)

입력을 만들고 설정한 후에는 미디어 빈의 비디오 입력 재생 목록에 입력을 추가할 수 있습니다. 비디오 입력 재생 목록은 미디어 빈 영역의 왼쪽 아래에 있는 비디오 입력 버튼을 클릭하여 액세스할 수 있습니다. 모든 비디오 입력 피드를 한 번에 보고 필요에 따라 직접 실행할 수 있는 사용자 지정 재생 목록 유형입니다.

왼쪽 아래의 +를 클릭하고 원하는 입력을 선택하여 비디오 입력 재생 목록에 비디오 입력을 추가합니다. 입력을 만들지 않은 경우 + 메뉴에서 비디오 입력 구성으로 이동하여 ProPresenter Preferences의 해당 탭을 엽니다.

비디오 입력 작업 (Video Input Actions)

슬라이드를 클릭할 때 ProPresenter의 비디오 입력 계층을 자동으로 켜거나 변경하려면 슬라이드에 비디오 입력 작업을 추가합니다. 비디오 입력 재생 목록에서 직접 비디오 입력을 슬라이드로 끌 수도 있습니다. 그러면 해당 슬라이드가 트리거될 때 슬라이드 콘텐츠와 함께 트리거됩니다.

액션 팔레트를 열고 비디오 입력 작업을 슬라이드로 끌어 슬라이드에 비디오 입력 작업을 추가합니다. 그러면 해당 슬라이드에 할당할 비디오 입력을 선택할 수 있는 옵션이 제공됩니다.

오디오 입력 (Audio Input)

오디오 입력 구성 (Audio Input Configuration)

오디오 입력 설정은 ProPresenter 기본 설정의 입력탭을 통해 수행됩니다. 이에 대한 자세한 내용은 기본 설정 섹션을 참조하세요.

오디오 입력 트리거 (Audio Input Triggering)

이때 "항상 켜져 있는" 입력이 있거나 오디오 입력을 트리거하려면 ProPresenter Preferences의 Input 탭에 있는 비디오 입력에 연결해야 합니다. 항상 켜져 있는 입력의 경우 환경설정의 입력 탭에 있는 오디오 창에서 **켜기(On)** 또는 **자동 끄기 (Auto Off)** 모드를 선택합니다.

오디오 입력을 별도의 비디오 입력에 연결하면 비디오 입력이 트리거되면 오디오가 재생됩니다. 이러한 옵션에 대한 자세한 내용은 아래 환경설정 섹션에서 설명합니다.

오디오 입력 작업 (Audio Input Actions)

비디오 입력 작업과 거의 동일한 방식으로 슬라이드에 오디오 입력 작업을 추가하여 슬라이드가 트리거될 때 오디오 입력 모드 또는 수준을 자동으로 변경할 수 있습니다. 입력이 설정된 모드(Off, On, Auto Off, Auto On)를 변경하고 입력을 재생할 수준을 설정할 수 있습니다.

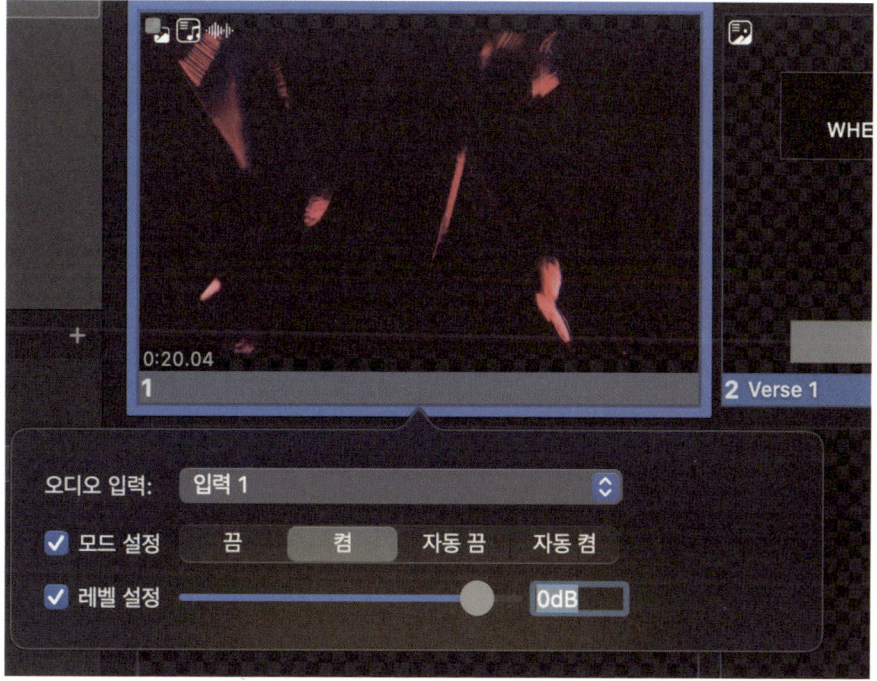

액션 팔레트를 열고 오디오 입력 작업을 슬라이드로 끌어 슬라이드에 오디오 입력 작업을 추가합니다. 그러면 해당 슬라이드에서 변경할 오디오 입력을 선택할 수 있습니다.

컨트롤 표시 (Show Controls)

ProPresenter 7.5는 ProPresenter 인터페이스에 새로운 기능을 도입했습니다.

컨트롤 표시는 프로그램 오른쪽 아래에 있는 도구로 라이브 쇼를 준비하고 실행할 수 있습니다. 오디오 파일을 재생하고, 프롭스(Props) 및 메시지를 설정하고, 스테이지 화면의 작동 방식을 변경하고, 이벤트의 여러 측면에 대한 타이머를 만들 수 있으므로 각 항목에 대해 아래에서 설명합니다.

오디오 빈 (Audio Bin)

ProPresenter에는 오디오 파일을 구성, 편집 및 재생하기 위한 전용 **오디오 빈 (Audio Bin)**이 있습니다. 재생 목록을 만들어 오디오를 구성하고, 미디어 검사기를 사용하여 오디오를 편집 및 사용자 지정하고, 빈 내에서 재생 컨트롤을 사용하여 오디오를 재생합니다.

오디오 유형 (Audio Types)

ProPresenter 내부에서 오디오 파일은 다음 두 가지 유형 중 하나로 분류되어야 합니다:

오디오 트랙 (Audio Track): 일반적으로 노래나 음성 단어와 같은 더 긴 오디오 파일에 사용되는 오디오 트랙은 ProPresenter 내부에서 한 번에 하나만 재생하도록 제한되며 오디오 빈의 상단에 있는 재생 컨트롤을 통해 제어할 수 있습니다.

효과음 (Sound Effect): 일반적으로 드라마 프로그램의 효과음과 같은 짧은 오디오 파일에 사용되는 효과음은 한 번에 여러 개를 재생할 수 있으며 직접 제어 옵션이 없습니다.

> ※ 팁: 10초 미만의 오디오 파일은 자동으로 사운드 효과로 분류되는 반면, 더 긴 오디오 파일은 오디오 트랙으로 분류됩니다. 파일을 마우스 오른쪽 버튼으로 클릭하고 "설정..."을 선택하여 모든 파일에 대해 항상 변경할 수 있습니다.

개요 보기 (Outline View)

오디오 빈의 위쪽에는 오디오 파일의 재생 목록을 만들고 구성할 수 있는 개요 보기가 있습니다.

오디오 재생 목록(Audio Playlist)에는 오디오 파일이 포함될 수 있습니다. **오디오 재생 목록 폴더(Audio Playlist Folders)**는 오디오 파일 자체를 포함하지 않고 오디오 재생 목록을 포함합니다. 즉, 재생 목록 폴더를 사용하여 재생 목록을 구성하고 재생 목록을 사용하여 오디오 파일을 구성할 수 있습니다.

컨트롤 표시 (Show Controls) | **197**

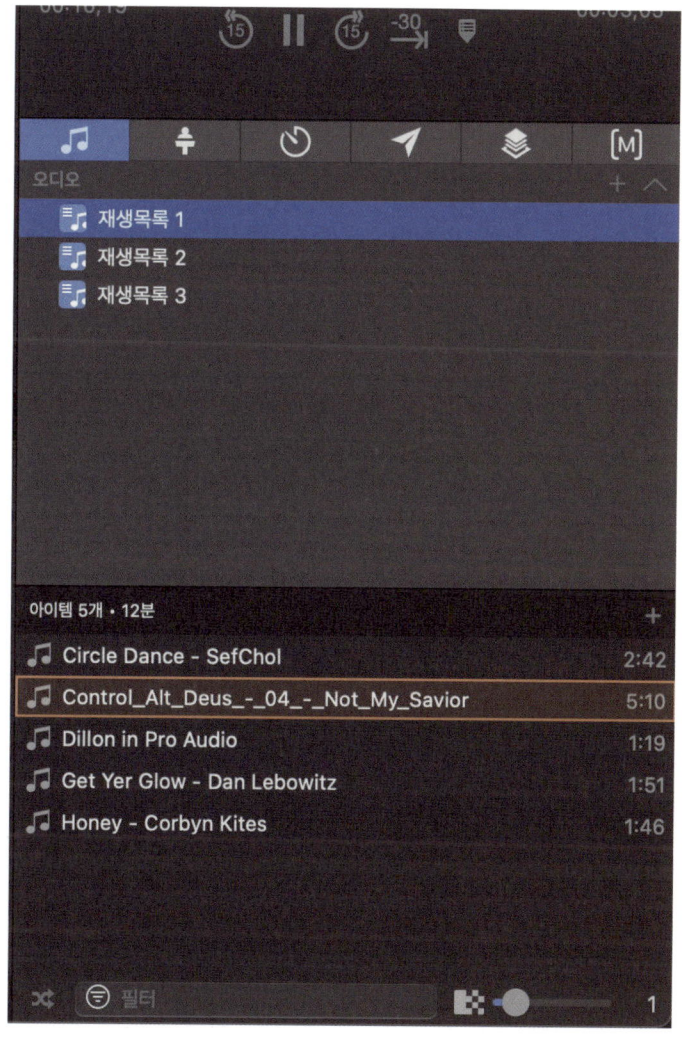

재생 목록 보기의 맨 위에 있는 + 버튼을 클릭하여 새 재생 목록 및 재생 목록 폴더를 만듭니다. 재생 목록 및 재생 목록 폴더를 클릭하여 끌어서 다시 정렬합니다.

재생 목록 또는 재생 목록 폴더를 선택한 다음 이름을 다시 클릭하여 항목 이름을 변경합니다.

항목을 삭제하려면 마우스 오른쪽 버튼을 클릭하거나 선택하고 Delete 키를 누릅니다.

^ 버튼을 클릭하여 재생 목록 보기를 축소할 수 있습니다. 이렇게 하면 작업자가 하나의 재생 목록 내용에만 집중할 수 있습니다. 이 모드에서 재생 목록의 이름을 클릭하여 다른 재생 목록을 선택하고 v를 클릭하여 전체 보기를 다시 엽니다.

오디오 보기 (Audio View)

재생 목록을 선택하면 오디오 빈 하단에 해당 재생 목록에 포함된 오디오 파일을 볼 수 있습니다. 오디오 파일을 클릭하면 즉시 재생됩니다.

재생 목록 보기와 오디오 보기 사이의 +를 클릭하거나 운영 체제에서 이 영역으로 끌어 오디오 파일을 재생 목록에 추가할 수 있습니다. 필터 표시줄을 사용하여 현재 선택한 재생 목록을 검색할 수 있습니다.

오디오 빈 하단에 있는 슬라이더를 사용하여 오디오 파일 간의 전환 시간(오디오 파일 시작 및 지우기 시간 포함)을 제어하고 Shuffle 버튼을 클릭하여 선택한 오디오 재생 목록을 섞을 수 있습니다.

오디오 파일을 마우스 오른쪽 버튼으로 클릭하여 추가 옵션에 액세스합니다:

- **파인더/파일 열기 위치에 표시**(Reveal in Finder/Open File Location): 오디오 파일이 현재 컴퓨터에 저장되어 있는 위치를 표시합니다.
- **재생 동작**(Playback Behavior[오디오 트랙만 해당]): 오디오 트랙의 끝에서 발생하는 작업을 제어합니다.
  - 정지(Stop)
  - 루프(Loop)
  - 재생 횟수에 대한 반복...(Loop for Play Count)
  - 시간에 대한 루프...(Loop for Time)
- **다음 큐**(Next Cue [오디오 트랙만 해당]): 이 파일이 완료될 때 재생할 오디오 파일을 제어합니다.
  - 없음(None): 아무 일도 일어나지 않습니다.
  - 다음(Next): 재생 목록의 다음 파일(또는 Shuffle이 설정된 경우 재생 목록의 임의 파일)이 재생됩니다.
- **[사운드 효과 유형/오디오 트랙 유형]으로 설정**(Set as [Sound Effect Type/Audio Track type]) : 오디오 트랙 유형 변경

- **검사자 (Inspector)**: 오디오 큐 검사기를 엽니다.
- **이름 바꾸기 (Rename)**: 파일 이름을 변경할 수 있습니다.
- **삭제 (Delete)**: 재생 목록에서 오디오 트랙을 제거합니다.

오디오 빈 작업(Audio Bin Actions)

ProPresenter 7.3 릴리스에서는 이제 한 번의 슬라이드 클릭으로 오디오 빈에서 재생 목록을 트리거할 수 있습니다. 이 기능은 이벤트 전에 일련의 오디오 트랙을 재생하거나 한 번의 클릭으로 재생할 오디오 그룹을 트리거해야 하는 경우에 매우 유용합니다.

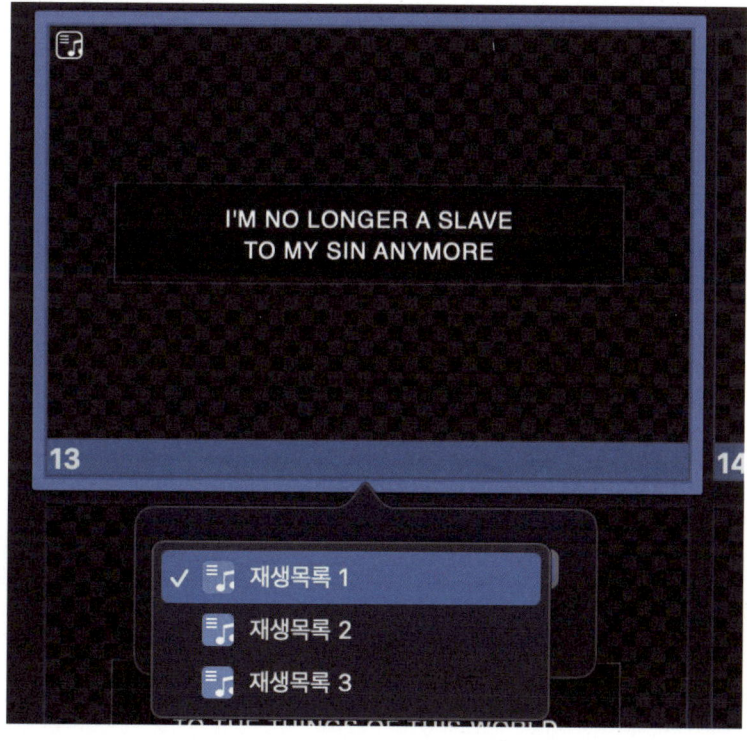

오디오 재생 목록을 오디오 빈에서 프레젠테이션의 슬라이드로 끌어다 놓으면 됩니다.

또한 슬라이드 앞이나 뒤에 추가하여 이 작업에 대한 고유한 슬라이드 큐를 만들거나 슬라이드에 오디오 빈 재생 목록을 추가하여 액션 팔레트에서 추가할 수 있습니다.

스테이지 (Stage)

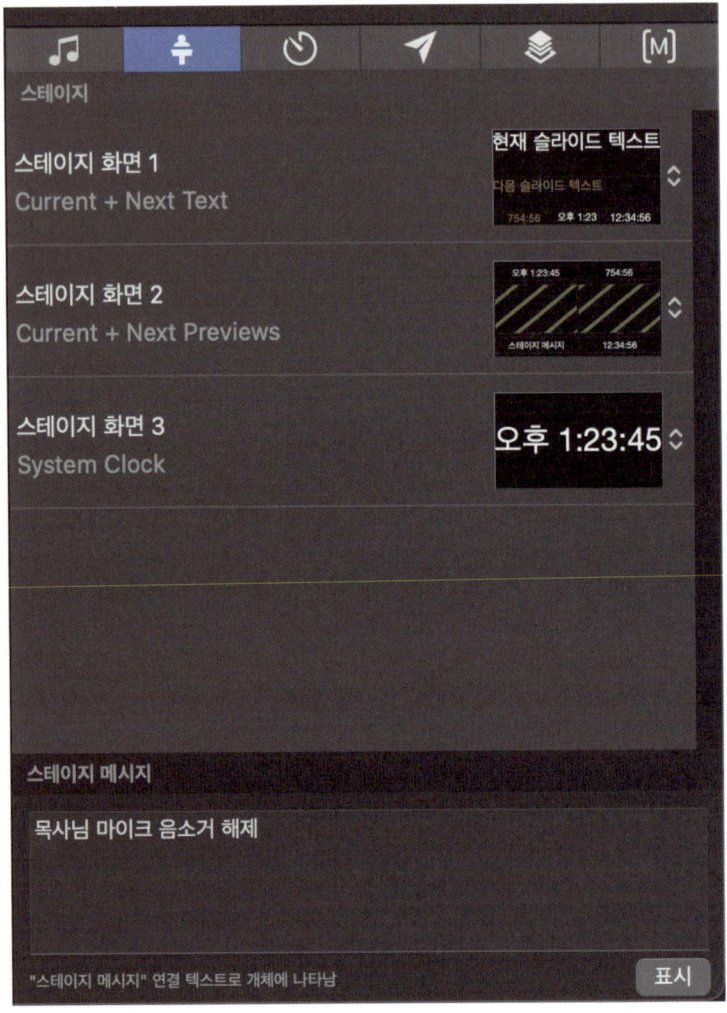

제어 표시 (Show Controls)의 스테이지 (Stage) 제어 옵션을 사용하면 스테이지 화면으로 메시지를 보내고 각 화면에 대한 레이아웃을 설정할 수 있습니다.

이 창의 상단에는 화면 구성에서 설정한 현재 활성 상태인 스테이지(Stage) 화면이 표시되고 현재 레이아웃이 썸네일 이미지로 표시됩니다. 썸네일 이미지를 클릭하면 해당 화면에 대한 새 레이아웃을 선택하거나 스테이지 편집기로 이동할 수 있는 드롭다운 메뉴가 나타납니다.

선택 메뉴 아래에서 스테이지 메시지를 화면으로 보낼 수 있습니다.

"스테이지 메시지(Stage Message)" 링크된 텍스트 데이터 링크를 사용하는 모든 개체는 이 메시지가 화면에 나타납니다. 텍스트를 입력한 다음 **표시(Show)**를 클릭하여 이 메시지를 화면으로 보냅니다. 메시지가 활성화되면 표시 버튼이 **숨기기(Hide)** 버튼으로 전환되고 이 버튼을 클릭하면 화면에서 메시지가 제거됩니다.

타이머 (Timer)

많은 사용자가 서비스 또는 이벤트를 추적하기 위해 타이머를 필요로 합니다. 밴드들은 연주를 시작하기까지 얼마나 남았는지 알고 싶어할 것입니다. 목사님은 본인이 설교한 시간이 얼마나 지났는지를 알고 싶어할 수도 있습니다. 또한 참가자들은 행사의 시작까지 얼마나 남았는지를 알고 싶어할 것입니다.

ProPresenter는 여러 타이머를 동시에 만들고 추적할 수 있으며, 다양한 요구 사항을 충족할 수 있는 다양한 타이머 유형이 있습니다.

타이머는 ProPresenter의 여러 위치에서 사용할 수 있습니다. 예를 들어 스테이지 디스플레이에 표시하거나 메시지 또는 링크된 텍스트를 사용하여 청중 화면에 표시할 수 있습니다. 필요에 따라 큐를 사용하여 타이머를 시작, 중지 및 재설정할 수도 있습니다.

> ※ 참고: 이 섹션에서는 타이머를 만들고 편집할 수 있는 타이머 표시 제어 영역에 대해서만 설명합니다. 타이머를 사용하는 다른 기능에 대한 자세한 내용은 해당 기능의 섹션을 참조하세요.

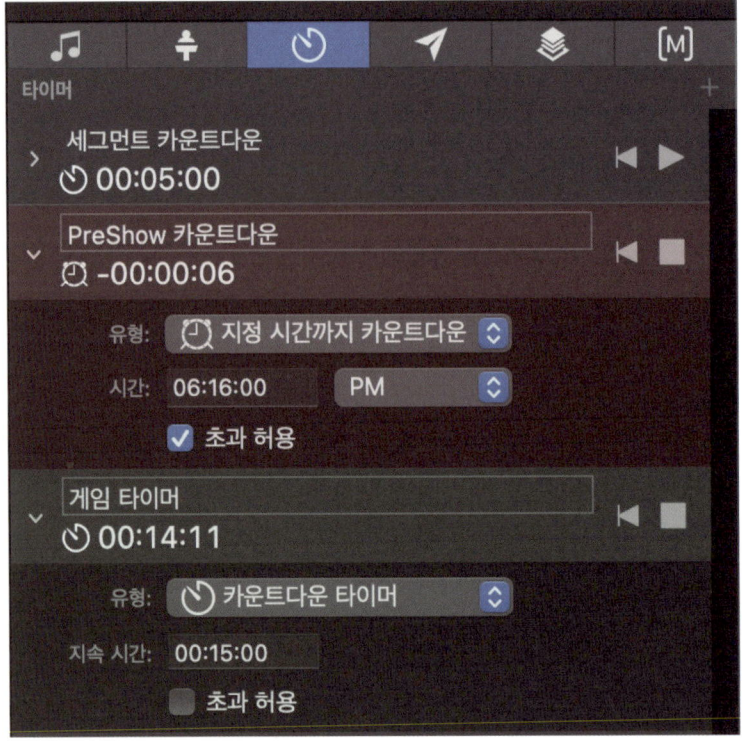

타이머 유형에는 세 가지 유형이 있습니다:

- **카운트다운(Countdown)**: 카운트다운 할 특정 시간 설정
- **시간 카운트다운 (Countdown to Time)**: 하루 중 시간을 설정하면 ProPresenter가 컴퓨터의 내부 시계를 기준으로 해당 시간까지 남은 시간을 카운트합니다
- **경과 시간 (Elapsed Time)**: 카운트 업. 0부터 시작하거나 시작 시간을 포함할 수 있으며 선택적으로 종료 시간을 설정할 수 있습니다.

영역의 오른쪽 상단에 있는 **+**를 클릭하여 새 타이머를 만듭니다. 타이머를 마우스 오른쪽 버튼으로 클릭하고 삭제를 선택하거나 트랙패드가 있는 경우 왼쪽으로 스와이프하고 **삭제(Delete)**를 클릭하여 타이머를 삭제합니다.

노출 삼각형을 클릭하여 타이머 옵션을 표시하거나 숨깁니다. 타이머 이름을 클릭하여 타이머 이름을 변경합니다. 유형 드롭다운 메뉴를 클릭하여 사용 중인 타이머 유형을 변경합니다.

타이머가 0 또는 끝에 도달한 후에도 계속 실행되도록 하려면 **오버런 허용(Allows Overrun)**을 선택하고, 타이머가 끝에 도달하면 오버런이 중지되도록 허용을 선택 취소합니다.

재설정(Reset) 버튼을 누르면 타이머가 다시 시작되고 재생(Play) 버튼은 타이머를 시작합니다. 타이머가 실행 중일 때는 이동 중임을 나타내기 위해 녹색으로 강조 표시됩니다. 오버런을 활성화한 경우 타이머가 원래 "종료" 시간에 도달하면 타이머가 빨간색으로 강조 표시됩니다.

메시지 (Messages)

ProPresenter의 메시지 기능은 청중 출력에 추가 콘텐츠를 표시하는 다양한 방법입니다. 이 콘텐츠는 ProPresenter 내부의 슬라이드 및 기타 미디어와 독립적입니다. 예를 들어 슬라이드를 변경하더라도 메시지가 슬라이드 위에 표시됩니다. 따라서 여러 슬라이드에 걸쳐 콘텐츠를 표시하는 것이 좋습니다.

예를 들면 다음과 같습니다:

- "차량 번호판 X852WT, 불이 켜져 있습니다."
- "03시 32분에 예배가 시작될 것입니다."
- "485 아이의 부모님들은 보육원으로 오세요."

> ※ 팁: ProPresenter의 프롭스 (Props) 기능은 메시지 기능과 유사하지만 이들 사이에는 몇 가지 고유한 특성이 있습니다. 일반적으로 콘텐츠를 미리 프로그래밍하려면 프롭스를 보고, 텍스트를 즉시 변경하려면 메시지 기능을 조사하는 것이 좋습니다.

토큰 (Tokens)

메시지 기능을 사용하려면 템플릿 내부에 설정한 텍스트 상자를 채울 텍스트 블록을 설정합니다. 이 텍스트 블록은 미리 작성된 텍스트뿐만 아니라 하나 이상의 토큰 또는 가변 텍스트 블록을 포함할 수 있습니다.

이전과 동일한 예를 사용하여 토큰을 사용하면 텍스트 블록이 어떻게 표시되는지

알아보겠습니다:

- "번호판이 달린 자동차[번호판], 당신의 불이 켜졌습니다."
- "[서비스 카운트다운]에서 서비스가 시작됩니다."
- "[보육번호] 아이의 부모님들은 보육원으로 오세요."

위의 텍스트 및 토큰 블록은 사전에 설정된 다음 운영자가 ProPresenter 라이브를 실행할 때 토큰 내부에 관련 정보를 입력하고 화면에 표시 버튼을 클릭하기만 하면 됩니다.

> ※ 참고: 메시지는 즉시 설정할 수 있지만, 운영자가 나머지 프로그램에 집중할 수 있도록 미리 설정할 때 가장 강력합니다.

토큰에는 몇 가지 유형이 있습니다:

- 시스템 시계(System Clock): 현재 컴퓨터 시간을 표시합니다.
- 타이머 (Timer): 타이머 창에서 설정한 모든 타이머는 메시지를 통해 표시할 수 있습니다.
- 미리 정의된 텍스트 (Pre-Defined Text): ProPresenter는 "이름", "메시지" 및 "룸"을 포함하여 이미 사용하도록 설정된 일부 텍스트 상자를 제공합니다. 이러한 토큰은 삭제할 수 없지만 사용자 지정 텍스트 토큰과 동일합니다.
- 사용자 정의 텍스트 (Custom Text): 고유한 이름과 내용으로 자신만의 토큰 만들기

위의 예 중 하나로 들어가 보겠습니다. "자녀의 부모[보육 번호]는 보육원으로 오세요." 이 예에서는 이전에 누군가가 이 우발 상황에 대한 메시지를 설정했습니다. 그들은 "육아 상담"이라는 메시지를 만들고 템플릿을 적용했습니다. 그런 다음 보육 번호라는 사용자 정의 토큰을 만들었습니다. 이 토큰은 최종 사용자가 어린이 번호를 입력하는데 사용할 수 있는 텍스트 필드입니다. 토큰을 만든 후 "어린이 부모님 제발 보육원에 오세요"라는 텍스트 필드에 입력하고 "어린이 부모님[보육원] 제발 보육원에 오세요"라는 텍스트 필드에 "보육원 호출" 토큰을 드래그합니다.

이제 메시지가 설정되고 이동할 준비가 되었습니다. 다음 날, 서비스 중에, 운영자는 탁아소 호출이 필요하다는 통보를 받습니다. ProPresenter의 메시지 기능을 열고 토큰 영역에 보육 번호("485")를 입력한 다음 표시를 클릭합니다. 그러면 ProPresenter가 화면에 "485 자녀의 부모님, 보육원으로 오세요."라는 텍스트를 올바르게 표시합니다.

영역의 오른쪽 상단에 있는 +를 클릭하여 새 메시지를 만듭니다. 메시지를 클릭하고 키보드에서 삭제 또는 백스페이스 버튼을 누르거나, 터치패드 장치가 있는 경우 메시지 이름의 왼쪽을 문지르고 삭제 버튼을 클릭합니다.

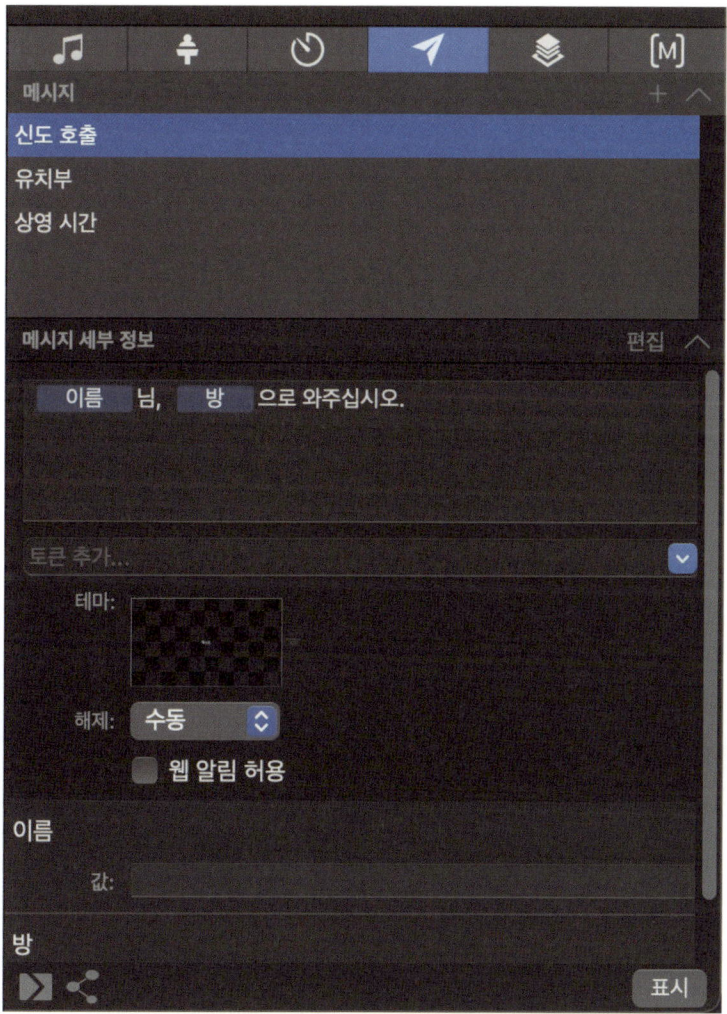

전환 수정 (Modify Transition) 버튼을 클릭하여 메시지가 화면에 표시되고 화면에서 제거될 때 사용할 전환을 변경합니다. 모든 메시지는 동일한 전환을 공유하며 개별 메시지에 대해 개별 전환을 설정하는 옵션은 없습니다.

영역 하단의 네트워크 버튼을 클릭하면 사용자가 네트워크를 통해 메시지를 보낼 수 있는 웹 페이지가 열립니다.

영역 하단의 웹 알림 허용 확인란을 사용하면 이 기능이 빠르게 켜지거나 꺼집니다. 자세한 내용은 웹 통지 섹션을 참조하세요.

표시 버튼을 클릭하여 현재 선택한 메시지를 화면에 표시합니다. 메시지 목록에 표시되는 주황색 강조 표시로 현재 표시되는 메시지를 식별할 수 있습니다. 화면에서 메시지를 제거하려면 숨기기를 클릭하세요. 모든 메시지를 제거하려면 미리 보기 창에서 메시지 지우기 버튼을 클릭하거나 메뉴 모음에서 작업 > 메시지 지우기를 선택합니다.

메시지 편집 (Editing Message)

메시지의 토큰이 아닌 부분을 설정하고 편집하려면 창의 오른쪽 상단에 있는 편집 버튼을 클릭합니다. 그러면 메시지 자체를 편집하기 위한 추가 컨트롤이 표시됩니다. 이러한 추가 컨트롤을 숨기려면 이 버튼을 다시 클릭하세요.

편집 컨트롤이 표시되면 텍스트 상자에 메시지를 입력하고 사용할 토큰을 포함할 수 있는 위치가 표시됩니다. 이 창 아래에는 토큰 드롭다운이 있습니다. 드롭다운을 클릭하여 설정된 토큰을 추가하거나 원하는 토큰이 있으면 해당 상자에 입력하고 Enter를 누릅니다.

> ※ 참고: ProPresenter와 함께 제공되는 미리 정의된 토큰은 삭제할 수 없습니다. 타이머 영역에 생성된 모든 클럭/타이머는 토큰으로도 표시됩니다.

[템플릿]을 눌러 메시지가 화면에 표시될 때 서식 지정에 사용할 템플릿을 변경합니다. 일정 시간 후 메시지를 자동으로 지우려면 해제 옆에 있는 드롭다운 메뉴를 클릭하여 지우기 전의 시간을 선택하거나 수동을 선택하여 메시지를 자동으로 지우지 않도록 합니다.

토큰 (Token)

다음은 토큰 유형과 편집 시 사용할 수 있는 옵션입니다:

- 미리 정의된("이름", "메시지" 및 "룸") 및 사용자 지정 토큰
    - 간단한 텍스트 상자입니다. 원하는 텍스트를 입력하면 토큰이 표시될 때 해당 텍스트를 메시지로 전달합니다.
- 시계(Clock) – 표준 시스템 시계입니다.
    - 날짜 형식: 날짜가 어떻게 표시되는지 선택
    - 시간 형식: 시간이 어떻게 표시되는지 선택
    - 24시간: 24시간 시계를 활성화하려면 클릭하고, 12시간 시계를 활성화하려면 클릭을 해제합니다.
- 타이머 (Timer)– [타이머] 영역의 [타이머 설정]에 나타납니다.
    - 타이머 유형(Timer Type): 드롭다운 메뉴를 클릭하여 타이머가 카운트다운 타이머(Countdown Timer), 카운트다운 시간 타이머(Countdown to Time Timer) 또는 이펙트 시간 타이머(Effected Time Timer) 중 하나인지 선택합니다.
    - 카운트다운 타이머: 지속 시간을 사용하여 타이머를 선택할 수 있습니다.
    - 카운트다운 시간 타이머: 계층이 카운트다운할 시간을 선택한 다음 사용 중인 형식(AM, PM 또는 24시간)을 선택합니다.
    - 경과 시간: 타이머를 시작 및 종료할 숫자를 선택합니다.
    - 오버런: 타이머가 대상에 도달한 후에도 계속 카운트되도록 하려면 이 확인란을 선택하고, 최종 목표에서 타이머를 중지하려면 선택을 취소합니다.
    - 타이머가 실행 중일 때 타이머를 재설정하려면 타이머 재설정 버튼을 클릭하고 타이머를 시작하려면 타이머 시작 버튼을 클릭하고 타이머를 일시 중지하려면 타이머 중지 버튼을 클릭합니다.
    - 또한 화면에 타이머가 표시되는 방법을 선택할 수 있습니다. 시간, 분, 초

및 밀리초에 대한 옵션이 있습니다. 이러한 각 옵션에 대해 최대 5개의 옵션을 선택할 수 있지만 한 섹션에서 선택한 항목에 따라 다른 섹션에서 옵션을 비활성화할 수 있습니다. 다음은 시간을 예로 들어 5가지 옵션입니다:

- h: 항상 시간을 표시하지만 선행 0은 숨깁니다.
- hh: 항상 시간 표시 및 선행 0 표시
- ~~h~~: 시간이 있으면 선행 0이 없는 것으로 표시되고, 시간이 없으면 표시되지 않습니다.
- ~~hh~~: 시간이 있으면 선행 0으로 표시되고, 시간이 없으면 표시되지 않습니다.
- - -: 시간 텍스트를 숨깁니다. 표시할 시간이 있으면 해당 시간을 분에 추가합니다.

웹 알림 (Web Notifications)

다른 사용자가 로컬 네트워크를 통해 메시지를 보낼 수 있도록 ProPresenter를 구성할 수 있습니다. 이 기능을 사용하면 인터넷 사용 장치의 다른 사용자가 웹 페이지를 로드하고, 토큰을 변경할 수 있습니다(ProPresenter의 운영자 내부에서와 마찬가지로). 그리고 해당 메시지가 청중 화면으로 전송되도록 요청 보내기 등 ProPresenter를 실행하는 운영자는 해당 메시지의 표시를 승인하거나 반증할 수 있습니다.

이 기능을 사용하려면 먼저 환경설정 내부의 기능을 사용 가능으로 설정해야 합니다. 화면 왼쪽 위에서 ProPresenter를 클릭한 다음 속성(Preferences)를 클릭합니다. 네트워크 탭을 클릭하고 **네트워크 사용(Enable Network)**이 선택되어 있는지 확인합니다. 그러면 네트워크 **이름(Name)**과 **포트 (Port)**가 자동으로 생성됩니다. 원하는 경우 네트워크 이름을 변경할 수 있습니다. 특별한 필요가 없는 한 포트 번호는 그대로 두는 것이 좋습니다.

이제 네트워크가 활성화되었으니 기본 설정 창을 닫고 메시지 창을 엽니다. **웹 알림 허용 (Allow Web Notifications)** 옆에 있는 확인란을 클릭하여 웹 알림을 전환할 수 있습니다.

기본 브라우저에서 웹 통지 기능에 액세스할 수 있는 웹 페이지를 열려면 메시지 창 하단에 있는 웹 액세스 표시 버튼을 누릅니다. 웹 주소를 기록하여 웹 통지를 보낼 수 있는 사용자와 공유합니다(예를 들어, 브라우저에서 웹 주소를 복사하여 해당 액세스 권한이 있는 사용자에게 전자 메일로 붙여넣을 수 있습니다).

웹 알림 보내기 (Sending Web Notifications)

웹 통지를 보내려면 보낸 사람이 ProPresenter를 실행하는 컴퓨터와 동일한 네트워크에 있는 장치에서 제공된 웹 주소를 열어야 합니다.

> ※ 참고: 이 기능에 액세스할 사용자의 장치는 네트워크에서 ProPresenter를 실행하는 장치를 볼 수 있어야 합니다. 일반적으로 이는 장치가 서로 동일한 유선 또는 무선 네트워크에 있어야 함을 의미하지만 각 네트워크는 고유하므로 이러한 기능을 사용하는 방법에 대해 네트워크 관리자에게 문의해야 할 수도 있습니다.

웹 페이지를 열면 ProPresenter 내부에 나열된 모든 메시지 목록이 표시됩니다. 원하는 메시지에 필요에 따라 텍스트를 추가하고 다른 내용을 변경한 다음 표시를 클릭합니다. 그러면 ProPresenter 운영자에게 메시지를 화면에 표시하라는 요청이 전송됩니다.

웹 알림 받기 (Receiving Web Notifications)

웹 알림이 전송되면 ProPresenter 운영자는 컴퓨터 화면 오른쪽 상단에 요청을 알리는 알림을 볼 수 있습니다. 이 알림은 Mac과 Windows 간에 약간 다르게 작동합니다. Mac에서 청중 화면에 메시지를 표시하려면 **경고 표시(Show Alert)**를 클릭하고, Mac에서 요청을 무시하고 청중 화면에 표시하지 않으려면 **해제(Dismiss)**를 클릭합니다. PC에서 청중 화면에 메시지를 표시하려면 알림을 직접 클릭하고, PC에서 요청을 무시하고 청중 화면에 표시하지 않으려면 화살표를 클릭하여 알림을 "아카이브"합니다.

승인되면 ProPresenter 운영자가 메시지를 표시한 것처럼 메시지가 청중 화면에 표시됩니다. 모든 동일한 규칙을 따르며 다른 메시지와 동일한 방법으로 지울 수 있습니다.

메시지 작업 (Message Actions)

특정 슬라이드를 클릭할 때 특정 메시지를 표시하려면 슬라이드에 메시지 작업을 추가합니다. 액션 팔레트를 열고 메시지 작업을 슬라이드로 끌거나 컨트롤 표시에서 수행으로 사용할 메시지를 슬라이드로 끌어서 메시지 작업을 슬라이드에 추가합니다.

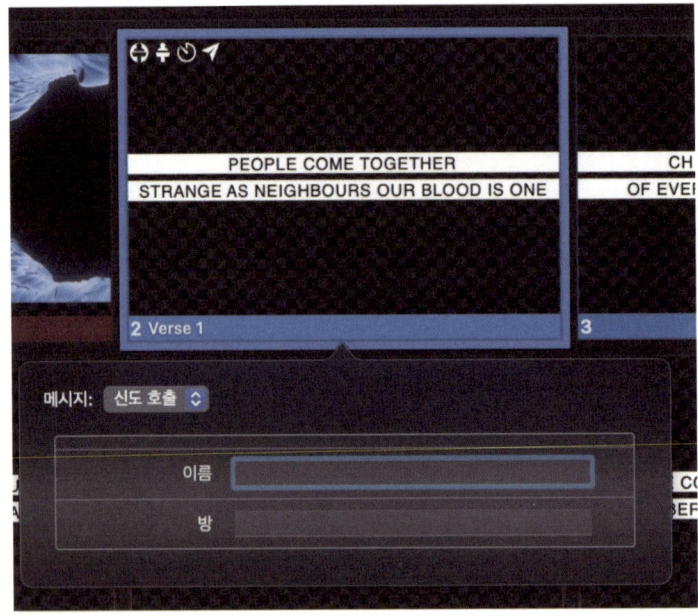

메시지 작업을 추가하거나 편집할 때 해당 슬라이드를 클릭할 때 실행할 메시지를 선택할 수 있을 뿐만 아니라 해당 메시지 내부에 설정한 변수를 편집할 수도 있습니다.

하나의 슬라이드에 여러 개의 메시지 작업을 포함할 수 있습니다.

프롭스 (Props)

프롭스(Props)는 소품이라는 의미의 'Prop'에서 차용한 개념입니다. 사용자가 하나 이상의 슬라이드 위에 영구적인 이미지 또는 일부 텍스트를 올려야 하는 경우가 많습니다. 이러한 유형의 니즈의 몇 가지 예는 다음과 같습니다:

- 화면 하단 모서리에 있는 로고(종종 "버그(Bug)"라고도 불림)
- 여러 슬라이드에 걸쳐 표시되는 미션 스테이트먼트 또는 기타 텍스트
- 아이들에게 어린이 시간을 위해 성소 앞으로 나오라고 말하는 노래의 마지막 구절 동안의 아이콘 ProPresenter의 프롭스 기능은 이러한 필요와 그 이상을 해결하기 위해 만들어졌습니다!

프롭스는 슬라이드 레이어 위에 텍스트와 미디어를 표시하고 해당 텍스트/미디어를 하나 이상의 슬라이드에서 영구적으로 유지하는 방법입니다. 여러 개의 프롭스를 만들고, 한 번에 하나 이상을 보여주며, 심지어는 큐의 슬라이드를 통해 프롭스를 제어할 수도 있습니다.

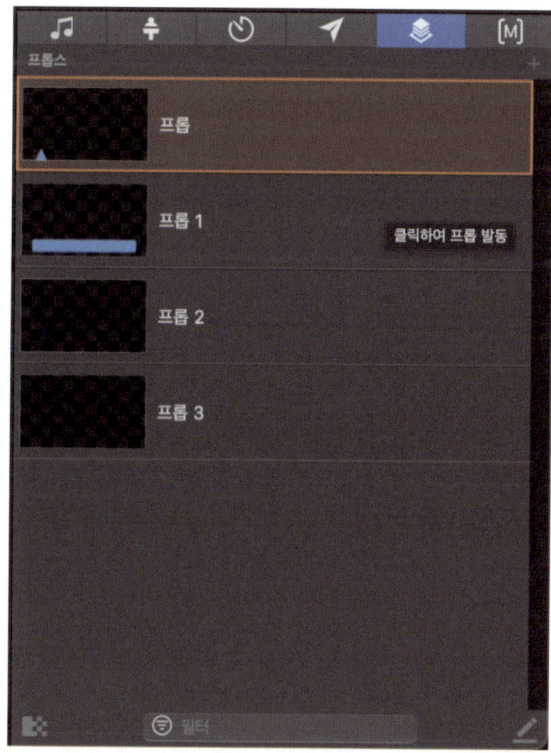

프롭스는 생성 후 편집되어 컨틀롤 화면의 마지막 탭에 표시될 수 있습니다. 이 영역을 열려면 제어 표시에서 Props 버튼을 클릭하고 Mac에서는 Control-P 또는 Windows에서는 Control-Shift-P를 누르거나 메뉴 모음 보기 > Props를 선택합니다.

사용 가능한 모든 특성이 이 창에 표시됩니다. 오른쪽 상단의 + 버튼을 클릭하여 새 프롭스를 추가합니다. 청중 화면에 라이브로 표시하려면 프롭스를 클릭하세요. 트리거되면 프롭스가 켜진 선이 주황색으로 강조 표시됩니다.

명령 키를 누른 상태에서 하나 이상의 프롭스를 클릭하여 프롭스를 선택합니다. 선택한 후에는 프롭스 중 하나를 마우스 오른쪽 버튼으로 클릭하거나 해당 키보드 단축키를 누르거나 메뉴 모음의 편집 메뉴로 이동하여 선택한 프롭스를 복사, 붙여넣기 및 삭제할 수 있습니다.

이 영역의 왼쪽 아래에 있는 프롭스에 대한 전환을 설정하고 오른쪽 아래에 있는 Props Editor를 열 수 있습니다.

프롭스 편집기 (Props Editor)

특성 편집기를 통해 프롭스를 만들고 편집할 수 있습니다. 특성 창을 연 다음 창의 하단에 있는 프롭스 편집 버튼을 클릭하여 프롭스 편집기를 엽니다.

> ※ 참고: 프롭스 편집기는 슬라이드 편집기와 매우 유사합니다. 이 섹션에서는 프롭스 편집기에 고유한 편집기 부분만 설명합니다. 여기서 다루지 않는 항목뿐만 아니라 편집기에 대한 일반적인 정보는 슬라이드 편집기 섹션을 참조하세요.

프롭스 편집기 인터페이스 (Props Editor Interface)

프롭스 편집기에는 슬라이드 노트 기능이 없습니다.

프롭스 탭 (Props Tab)

편집기의 프롭스에서 객체를 선택하지 않으면 편집기 창의 오른쪽에 있는 지시자(Inspector)에 단일 프롭스 탭(Prop Tab)이 표시됩니다.

프롭스의 제한된 특성으로 인해 여기에는 네 가지 편집 가능한 옵션이 있습니다.

- **이름(Name)** - 여기서 프롭스의 이름을 지정할 수 있으며, 프롭스가 활성 상태일 때 프롭스 영역의 썸네일 이미지와 왼쪽에도 표시되는 라벨입니다

- **배경색(Background Color)** - 프롭스에서 배경색을 사용하면 내용을 더 잘 볼 수 있도록 프롭스 편집기와 영역에만 영향을 미치지만 청중 화면의 출력은 변경되지 않습니다.

- **크기(Size)** - 프롭스 자체의 크기를 설정할 수 있습니다. 일반적으로 프롭스가 표시되는 화면의 해상도와 일치합니다.

- **전환(Transition)** - 현재 선택한 프롭스(슬라이드)에 대한 전환을 제어합니다. 각 프롭스에는 고유한 전환 효과가 있을 수 있으며, 프롭스 창에 설정된 전환을 대체합니다.

개체 검사기(Object Inspector)

프롭스에서 개체를 선택하면 원래 슬라이드 편집기의 탭과 거의 동일한 두 개의 탭이 편집기에 나타납니다.

모양 탭 (Shape Tab)

모양 탭의 유일한 차이점은 가시성(Visibility) 기능을 사용할 수 없다는 것입니다.

텍스트 탭 (Text Tab)

프롭스 편집기의 텍스트 탭에는 변경 사항이 없습니다.

프롭스 작업 (Props Action)

프롭스 슬라이드를 클릭할 때 특정 프롭스를 표시하기 위해 프롭스 동작(Prop Actions)을 슬라이드에 빠르게 추가할 수 있습니다.

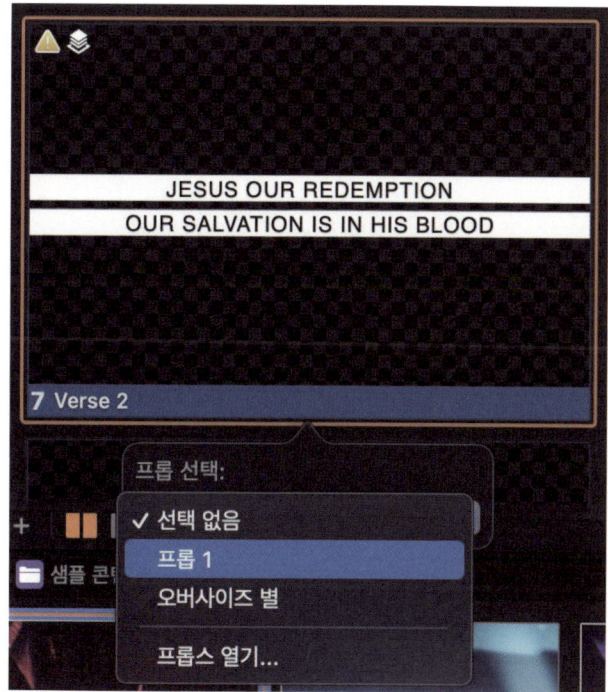

액션 팔레트를 열고 제안 작업을 슬라이드로 끌어 제안 작업을 슬라이드에 추가합니다. 프롭스 작업을 추가하거나 편집할 때 해당 슬라이드를 클릭하면 실행할 프롭스를 선택하고 표시합니다.

컨트롤 표시 영역에서 슬라이드로 직접 특정 프롭스를 끌어 해당 슬라이드에 작업으로 적용할 수도 있습니다.

하나의 슬라이드에 여러 개의 제안 작업을 포함할 수 있습니다.

다른 기능들

ProPresenter에는 프레젠테이션을 만드는 방법, 화면에 프레젠테이션을 트리거하는 방법 및 슬라이드에 구체적으로 표시되는 내용을 수정할 수 있는 다양한 기능이 있습니다. 각 항목을 자세히 살펴보면 프레젠테이션을 보는 사람들에게 메시지를 전달할 수 있는 새롭고 흥미로운 방법을 볼 수 있습니다!

공지 사항 레이어 (The Announcement Layer)

공지 사항 계층(Announcement Layer)을 사용하면 서비스 또는 쇼에 대한 일반 프레젠테이션과 동시에 두 번째 프레젠테이션을 실행할 수 있습니다! 예를 들어, 서비스 또는 쇼 중에 알림 루프 또는 기타 콘텐츠를 전송하려는 화면이 로비에 있는 경우 알림 계층을 사용하여 동일한 컴퓨터에서 알림을 전송할 수 있습니다!

프레젠테이션을 "발표 프레젠테이션"으로 설정하는 것은 버튼을 누르는 것만큼이나 빠릅니다. 프레젠테이션 헤더에는 프레젠테이션이 공지 계층에 표시되는지 아니면 프레젠테이션 계층에 표시되는지를 나타내는 대상 아이콘이 있습니다.

이 버튼을 클릭하면 세 가지 옵션이 표시됩니다. 첫 번째는 **프레젠테이션(Presentation)**이며 모든 프레젠테이션이 기본적으로 선택한 내용입니다. 두 번째는 **알림(Announcements)**입니다. 이 옵션을 선택하면 해당 아이콘이 녹색으로 바뀌고 이제 이 프레젠테이션이 알림 계층에서 재생됩니다. 마지막으로, 각 화면으로 이동하는 ProPresenter의 계층을 관리할 수 있는 **편집기 보기(Edit Looks)**입니다.

이제 프레젠테이션이 알림 계층에 할당되었으므로 해당 화면에 나타나도록 지시해야 합니다. 이 작업은 적절한 계층을 적절한 Audience Screen으로 보내도록 Audience Look을 설정하여 수행됩니다.

공지 사항과 프레젠테이션 계층에 동시에 보내기

나머지 프레젠테이션을 실행하는 동안 알림 계층이 계속 실행되도록 하려면 "시작으로 루프" 상자가 선택된 마지막 슬라이드와 함께 다음 타이머로 이동하게 설정하세요.

그런 다음 해당 프레젠테이션을 시작하고 프레젠테이션 계층으로 전송하도록 설정된 다른 프레젠테이션을 클릭하면 알림 계층에 영향을 주지 않으면서 다른 청중 화면으로 전송됩니다.

오디오 라우팅 (Audio Routing)

ProPresenter의 오디오 엔진은 여러 오디오 장치의 입력을 최대 16개의 내부 ProPresenter 오디오 채널로 라우팅할 수 있습니다. 그런 다음 이들은 별도의 라우팅으로 SDI/NDI 피드뿐만 아니라 기본 오디오 출력 장치의 채널로 라우팅될 수 있습니다. 예를 들어 혼합 콘솔에서 컴퓨터로 들어오는 채널의 일부 또는 전부를 ProPresenter의 내부 채널에 입력하고, ProPresenter에서 재생되는 오디오 또는 비디오에 사용되는 내부 채널을 지정하고, 이러한 ProPresenter 채널을 출력 장치의 채널로 라우팅할 수 있습니다.

ProPresenter는 간단한 기본 설정(채널 1이 왼쪽, 채널 2가 오른쪽 등) 외에도 오디오 설정을 완전히 사용자 지정할 수 있습니다.

오디오 출력 라우팅 (Routing Audio Outputs)

오디오 출력 장치의 특정 채널로 이동하는 ProPresenter 오디오 채널을 사용자 지정할 수 있습니다. 오디오 기본 설정 창에서 먼저 ProPresenter에서 처리할 오디오 채널 수를 지정합니다. 그런 다음 주 출력 장치에서 채널 라우팅을 클릭하면 이 사용자 지정 라우팅을 허용하는 창이 나타납니다.

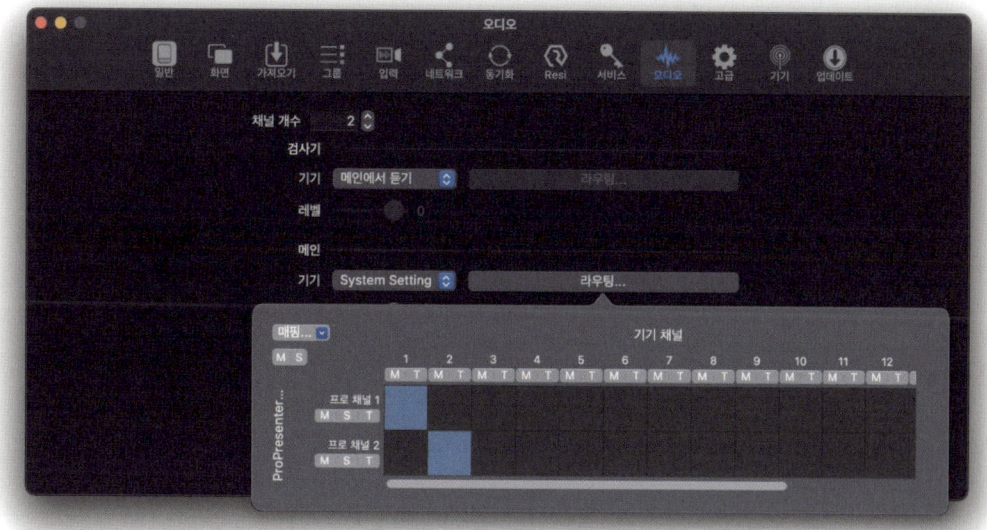

Audio Routing(오디오 라우팅) 창의 왼쪽에는 채널 수에 지정한 수를 기준으로 ProPresenter Channels(ProPresenter 채널)가 표시됩니다. 원하는 경우 채널 이름을 클릭하여 이름을 변경할 수 있습니다. 오른쪽은 출력 장치에서 지원하는 채널입니다.

오디오를 들을 셀을 클릭합니다. 예를 들어 ProPresenter의 채널 1을 출력의 채널 3으로 출력하려면 두 선택 항목의 교차점에 있는 셀을 클릭하면 상자에 불이 들어옵니다. 셀을 끄려면 셀을 다시 클릭합니다. 채널 옆에 있는 M을 클릭하여 해당 채널을 음소거합니다. 해당 채널을 솔로로 설정하려면 S을 클릭합니다. T를 클릭하면 해당 채널로 신호음을 전송합니다. 원하는 만큼 채널에 대해 이러한 기능을 설정하거나 해제할 수 있습니다. 이 기능은 시스템의 오디오 신호 문제를 해결하는데 유용한 도구입니다.

라우팅 창의 왼쪽 위에서 M을 클릭하여 모든 채널을 음소거할 수 있습니다. 채널을 하나 이상 솔로로 설정한 경우 왼쪽 상단의 S를 클릭하여 모든 채널을 동시에 끕니다. 매핑(Mapping) 드롭다운을 클릭하고 Auto를 선택하여 ProPresenter 채널을 출력의 해당 채널로 자동 라우팅합니다(1:1:2:2 등). **지우기(Clear)**는 현재 경로를 모두 제거합니다.

ProPresenter에서 재생된 미디어를 특정 ProPresenter 채널로 라우팅할 수도 있습니다. 기본적으로 미디어의 오디오 채널은 해당 ProPresenter 채널(1:1, 2:2 등)로 라우팅됩니다. 큐 검사기의 오디오 탭에서 특정 미디어 작업에 대한 개별 오디오 라우팅에 액세스할 수 있습니다(미디어 작업을 마우스 오른쪽 버튼으로 클릭하고 "검사기"를 선택한 다음 검사기 창의 오른쪽에 있는 오디오 탭을 선택합니다). 검사기에 표시되는 미디어 작업에 오디오가 포함된 경우에만 오디오 탭에 액세스할 수 있습니다.

출력 라우팅에서와 마찬가지로 검사기의 왼쪽에는 선택한 미디어의 모든 오디오 채널이 나열됩니다. 상단에는 ProPresenter에서 사용할 수 있는 오디오 채널이 나열됩니다.

오디오를 재생할 행/열의 셀을 클릭합니다. 매핑 드롭다운을 클릭하고 자동을 선택하여 셀을 자동으로 채우고 지우기를 선택하여 선택한 모든 셀을 제거합니다.

오디오 입력 라우팅 (Routing Audio Inputs)

오디오 입력 라우팅 옵션을 사용하면 USB 오디오 인터페이스와 같은 장치를 사용하고 장치의 채널을 내부 ProPresenter 채널로 라우팅하는 방법을 선택할 수 있습니다.

이 기능을 설정하려면 ProPresenter Preferences의 "Input" 탭으로 이동하여 왼쪽에 있는 장치 목록에서 오디오 입력 장치를 선택하세요.

오디오 입력 소스를 선택하면 소스에서 들어오는 모든 채널이 창 하단에 나타납니다. 그런 다음 라우팅 버튼을 클릭하여 입력에서 ProPresenter 채널의 채널로 이동할 채널을 선택할 수 있습니다.

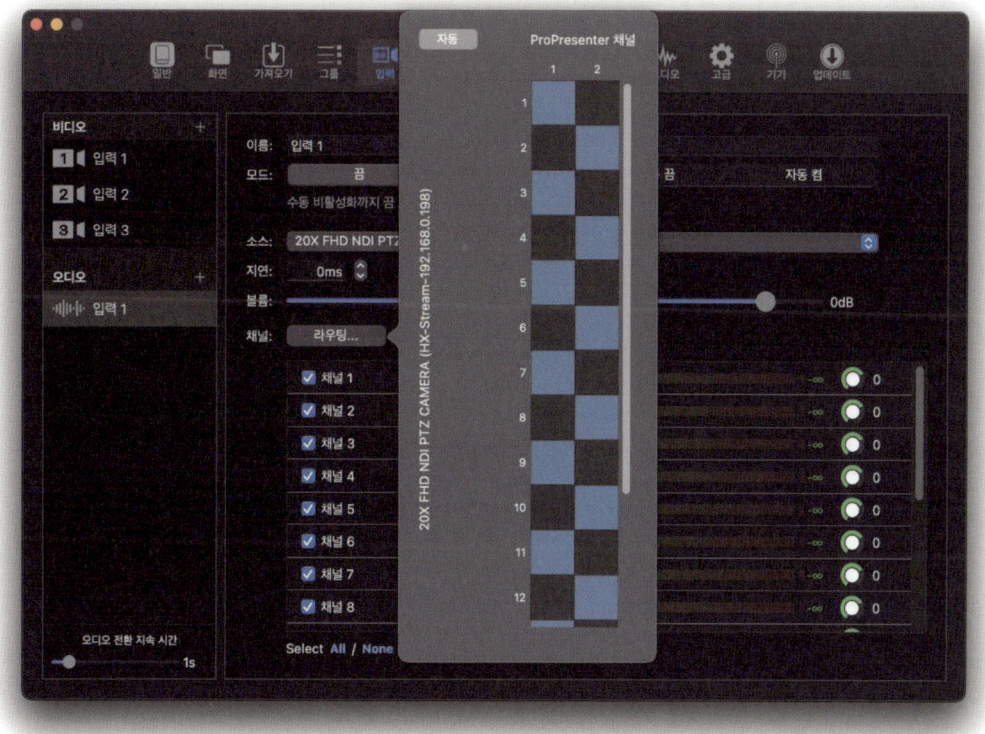

라우팅 창을 열면 왼쪽에 입력 채널이 표시되고 상단에 ProPresenter Audio 채널이 표시됩니다.

Auto(자동)를 선택하면 표준 방식(입력 채널 1이 ProPresenter 채널 1로 라우팅되는 등)으로 채널이 위로 일치합니다. 이 옵션을 사용자 지정하려면 두 선택 항목의 교차점에 있는 셀을 클릭하면 상자에 불이 들어옵니다.

성경 (Bibles)

ProPresenter는 성경 구절이나 키워드를 통해 빠르게 검색하고, 큐레이팅하고, 화면에 성경 구절을 보여줄 수 있는 강력한 성경 브라우저를 특징으로 합니다.

성경은 템플릿에서 작동하므로 먼저 성경이 사용할 템플릿을 만들어야 합니다(또는 ProPresenter에 포함된 예제 성경 템플릿 중 하나를 선택할 수 있습니다). 원하는 템플리트를 선택한 후 사용할 성경 버전을 선택한 다음 구절 또는 키워드를 검색할 수 있습니다. 원하는 구절을 찾은 후 화면에 직접 해당 구절을 표시하거나 슬라이드를 재생 목록에 추가할 수 있는 프레젠테이션으로 저장하여 서비스에 쉽게 구성할 수 있습니다.

성경 창 (Bible Pane)

성경 창에서는 화면에서 성경이 어떻게 표시되는지에 대한 옵션을 설정하고 구절을 검색할 수 있습니다.

다음 옵션 중 하나를 통해 성경 영역을 엽니다:

- 도구 모음에서 성경 아이콘을 클릭합니다.
- Mac에서는 Control-B를 누르고 PC에서는 Control-Alt-B를 누릅니다.
- 메뉴 모음에서 보기(View) > 성경(Bibles)을 선택합니다.

다음 중 하나를 선택하여 창을 닫습니다:

- 도구 모음에서 다른 버튼(예: 보기 표시, 편집 또는 다시 보기) 중 하나를 클릭합니다.
- Mac에서는 Control-B를 누르고 PC에서는 Control-Alt-B를 누릅니다.
- 메뉴 모음에서 보기(View) > 성경(Bibles)을 선택합니다.

성경 창 왼쪽 상단에는 화면에 표시할 성경 구절을 찾는 데 사용되는 성경 찾기 및 검색 상자가 있습니다. 검색 상자의 오른쪽에는 옵션 버튼이 있습니다. 화면에 성경이 표시되는 방법을 사용자 지정하려면 이 버튼을 클릭합니다(예: 성경 슬라이드를 작성할 때 사용되는 템플릿 선택).

검색 상자 아래에서 화면에 표시할 성경 버전을 하나 이상 선택할 수 있습니다. Bible 창의 중앙 영역에는 Script Lookup(스크립트 검색) 또는 Search(검색) 상자에 입력한 내용을 기준으로 슬라이드의 썸네일 이미지가 표시됩니다. 슬라이드를 클릭하여 화면에 표시합니다.

※ 참고: Bible Window 내부의 슬라이드는 직접 편집할 수 없으며 Bible Window의 다른 기능을 통해 간접적으로 슬라이드를 만들고 편집할 수 있습니다. 성경 구절이 있는 슬라이드를 직접 편집하려면 아래와 같이 슬라이드를 프레젠테이션으로 저장해야 합니다.

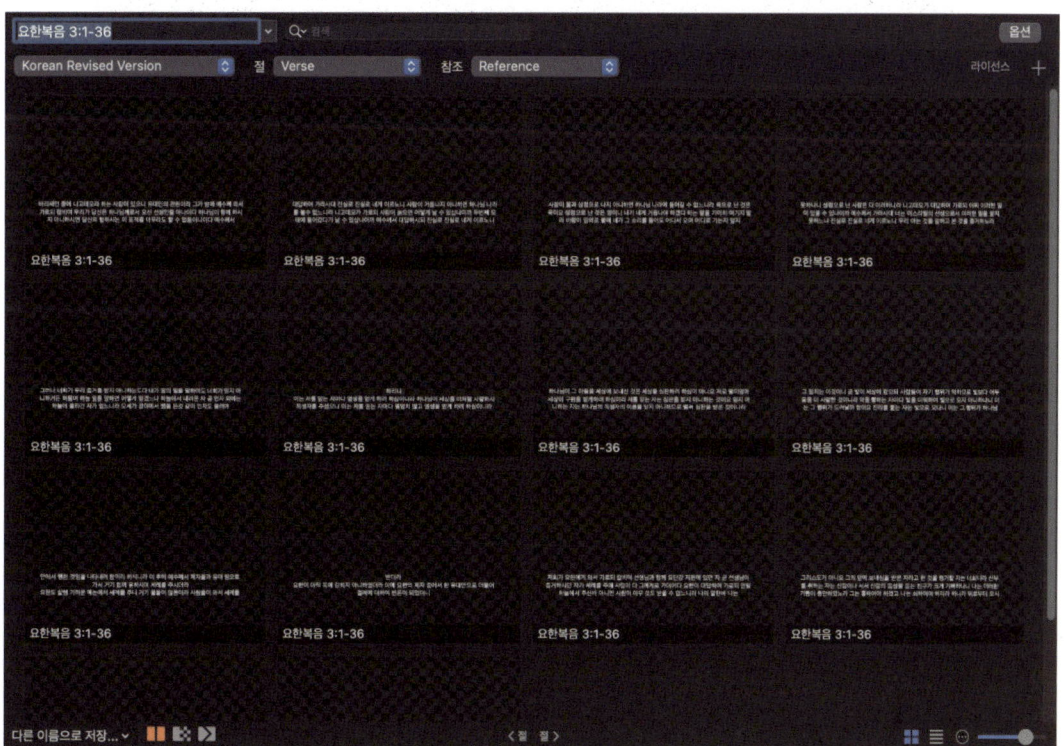

성경 창 왼쪽 아래에는 다른 이름으로 저장 버튼이 있습니다. 현재 표시되는 슬라이드를

프레젠테이션으로 저장하거나 현재 프레젠테이션에 복사하려면 이 버튼을 클릭합니다. 이 상자를 클릭하면 세 가지 옵션이 제공됩니다:

- **프레젠테이션으로 저장(Save as 프레젠테이션)**: 현재 표시되는 슬라이드를 프레젠테이션으로 저장합니다. 슬라이드를 하나 이상 편집하거나 성경 슬라이드(Bible Slide)로 독립형 프레젠테이션을 만들려면 유용합니다.

- **현재 프레젠테이션으로 복사(Copy to Current 프레젠테이션)**는 현재 표시되는 슬라이드를 현재 선택된 프레젠테이션으로 복사합니다. 설교 슬라이드를 만들고 프레젠테이션에 성경 슬라이드를 빠르게 복사하려면 이 기능을 사용하세요.

- **재생 목록에 저장(Save to Playlist)**은 재생 목록 중 하나를 선택할 수 있는 하위 메뉴를 제공합니다. 그러면 현재 표시되는 슬라이드를 프레젠테이션으로 저장하고 해당 프레젠테이션을 현재 선택한 재생 목록에 추가합니다.

저장 버튼 옆에는 성경 창의 전환 기능이 있습니다. 이 기능은 청중 화면에서 성경 슬라이드가 전환되는 방식을 제어합니다. 이 전환은 특히 성경 창에서 슬라이드를 클릭할 때 사용됩니다. 성경에서 프레젠테이션을 저장하면 해당 프레젠테이션은 슬라이드 보기 영역에 있는 기본 프레젠테이션 전환 세트를 사용합니다. 전환 기능은 본 사용자 안내서의 전환 섹션에서 자세히 설명합니다. 성경 창 하단 반대에는 〈절과 절(Verse and Verse)〉 버튼이 있습니다.

이러한 버튼 중 하나를 클릭하면 현재 표시된 절 앞이나 뒤에 한 절이 빠르게 추가됩니다. 예를 들어, 시편 115:5-7이 현재 선택되어 있다고 가정했을 때, 〈절〉 버튼을 클릭하면 이전 구절이 선택에 추가되어 시편 115:4-7이 되고, 반대에 있는 〈절〉 버튼을 클릭하면 시편 115:5-8이 선택됩니다.

> ※ 참고: 저장 기능을 사용하여 성경 구절을 프레젠테이션으로 저장하는 경우에도 이러한 *절 추가* 버튼을 사용할 수 있습니다.

성경 창(Bible Window) 오른쪽 하단의 버튼은 중앙 영역에 썸네일 이미지가 표시되는 방식을 제어합니다. 해당하는 버튼을 클릭하여 **그리드 보기**(Grid View [모든 슬라이드를 그리드로 표시])와 **테이블 보기**(Table View [슬라이드를 열에 표시하고 각 슬라이드의 텍스트를 축소 이미지 오른쪽에 표시])를 전환할 수 있습니다. 슬라이더를 클릭하여 끌어서 썸네일 이미지가 슬라이드 영역에 표시되는 크기를 제어합니다.

성구 찾기 및 검색 (Scripture Lookup and Search)

성경 구절을 검색하는 방법은 크게 두 가지가 있습니다. 성경 참조 자체를 검색하거나 성경 본문의 텍스트 검색을 수행하는 것입니다.

성구 조회 (Scripture Lookup)

참조할 절(책, 장, 절)을 알고 있을 때 성구 조회(Script Lookup) 박스를 사용할 수 있습니다. 이 방법으로 검색하는 한 가지 옵션은 참조를 성구조회 상자에 입력하는 것입니다. 예를 들어 Matthew 1:2-3을 입력하면 두 절이 입력됩니다.

> ※ 팁: 책 이름 철자를 모르시나요? 추가 구두점을 모두 입력할 시간이 없나요? 걱정하지 마세요! ProPresenter는 사용자가 입력한 내용을 받아 사용자가 의미하는 바를 파악하기 위해 최선을 다합니다. 예를 들어, "Epes 246"을 입력하면 Epesians 2:4-6이 반환됩니다.

스크립트 조회를 사용하는 다른 방법은 드릴다운 메뉴를 사용하는 것입니다. Script

Lookup 박스 오른쪽에 있는 아래쪽 화살표를 클릭하고 원하는 참조로 수동으로 이동합니다.

> ※ 팁: 드릴다운 메뉴를 사용하여 한 절, 한 장 전체 또는 전체 책을 선택할 수 있습니다! 드릴다운 메뉴를 사용하고 둘 이상의 절을 원하는 경우 챕터 번호를 클릭하여 전체 장을 다시 가져오거나, 한 절을 선택한 다음 바이블 창 하단의 절 추가(Add Verse) 버튼을 사용하여 선택 항목에 몇 절을 추가하거나, 한 절을 선택한 다음 성구 조회(Script Lookup) 박스를 수동으로 변경하여 원하는 항목에 맞게 변경하세요.

검색 상자 (Search Box)

또한 성경을 상황에 맞게 검색하여 텍스트를 기반으로 특정 구절을 찾을 수 있습니다.

검색 상자에 단어를 입력하고 입력(Return/Enter)을 누릅니다. 창이 나타나고 현재 선택한 성경에 해당 단어가 나타나는 모든 인스턴스 목록이 표시됩니다. 화면에 표시할 절을 찾은 다음 성경 참조 오른쪽에서 절 또는 장을 클릭하여 해당 절 또는 절이 포함된 전체 장만으로 슬라이드를 생성합니다.

> ※ 참고: 성경 창의 성경 버전 섹션에서 둘 이상의 성경을 선택한 경우 기본적으로 먼저 나열된 성경을 검색합니다. 다른 성경 중 하나를 검색하려면 검색 상자 안에 있는 아래쪽 화살표를 클릭하여 다른 성경을 선택합니다.

성경 옵션 (Bible Options)

성경 창 오른쪽 상단의 **옵션**(Options) 버튼을 사용하여 성경이 새 성경을 설치하는 방법을 제어할 수 있습니다. 옵션 버튼을 클릭하여 옵션 창을 연 다음 **슬라이드 옵션**(Slide Options)을 클릭하여 ProPresenter에서 절을 렌더링하는 방법을 제어하거나 **성경**(Bible) 탭을 클릭하여 성경을 설치합니다.

슬라이드 옵션 (Slide Options)

옵션의 슬라이드 옵션 탭에서는 ProPresenter가 화면에 슬라이드를 표시하는 방법을 제어할 수 있습니다.

텍스트를 렌더링할 때 사용할 테마 슬라이드를 제어하려면 **테마(Theme)** 옆의 아래쪽 화살표를 클릭합니다.

슬라이드 옵션 창의 왼쪽 상단에는 다음과 같은 몇 가지 옵션이 있습니다:

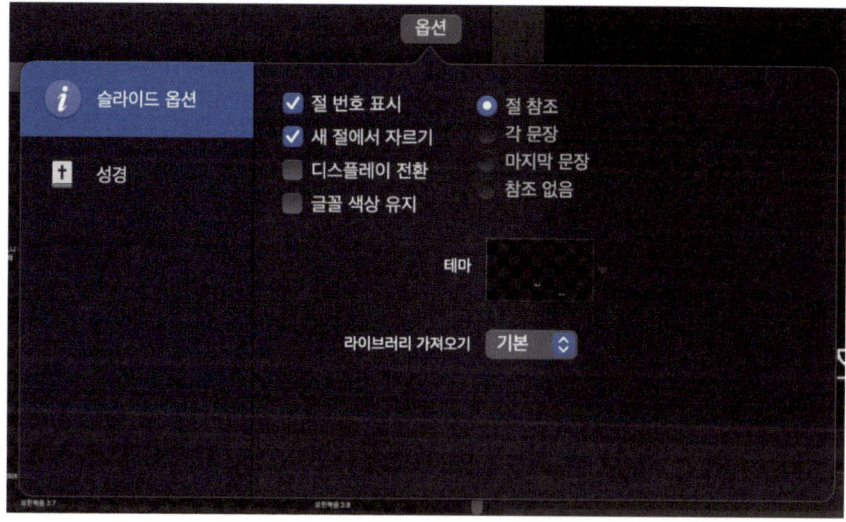

- **절 숫자 표시(Show Verse Numbers)**는 표시되는 텍스트 내의 절(Verse) 번호를 포함하여 전환합니다.

- **새 버전 구분(Break on New Verse)**을 선택하면 텍스트 상자를 채운 다음 새 슬라이드로 구분하는 대신 슬라이드당 한 소절만 표시됩니다.

- **번역 표시(Display Transition)**를 선택하면 성경 참조에 축약된 버전 이름이 포함됩니다. (예: "마태 1:2-5(NIV)")

- **글꼴 색상 보존(Preserve Font Color)**은 존재하는 경우 성경의 글꼴 색상을 유지합니다(빨간 글씨로 예수님의 말씀이 있는 성경에 유용함).

오른쪽 상단 옵션은 (있는 경우) 스크립트 참조를 포함하는 방법을 제어합니다.

- **절 참조(Verse References)**: Break on New Verse를 선택한 경우에만 사용할 수

있으며 각 슬라이드와 함께 각 개별 절을 보여줍니다.(IE: Matthew 1:2, Matthew 1:3, Matthew 1:4 등)

- **전체 참조(Passage Each)**: 각 절에는 슬라이드마다 전체 참조(IE: Matthew 1:2-5)가 표시됩니다.

- **마지막 슬라이드만 전체 참조(Passage Last)**: 마지막 페이지에만 전체 참조(IE: Matthew 1:2-5)가 표시됩니다.

- **참조 없음(No Reference)**: 성경 참조를 나타내지 않습니다.

> ※ 참고: 참조 텍스트 상자를 선택한 경우 해당 텍스트 상자에 스크립트 참조가 포함됩니다. 참조 텍스트 상자가 포함되어 있지 않으면 절 텍스트 상자 하단에 스크립트 참조가 별도의 행으로 포함됩니다.

슬라이드 옵션 창의 하단에서 라이브러리 가져오기를 선택합니다. 라이브러리는 성경 구절이 포함된 새 프레젠테이션을 만들 때 성경 구절을 가져올 라이브러리입니다.

성경 다운로드 및 설치 (Downloading and Installing Bibles)

옵션 창의 성경 탭을 통해 설치된 성경을 다운로드, 설치 및 관리할 수 있습니다. 유료 성경을 보려면 구매 탭을 클릭하고 무료 성경을 보려면 무료 탭을 클릭하세요.

참고: 구입한 성경을 보려면 먼저 ProPresenter를 등록해야 합니다.

두 탭 중 하나를 위아래로 스크롤하여 찾고 있는 성경책을 찾으세요. 설치 버튼을 클릭하여 성경을 설치합니다. 성경을 이미 설치한 경우 제거 버튼을 클릭하여 컴퓨터에서 성경을 삭제합니다.

성경 테마 (Bible Themes)

ProPresenter는 테마 기능을 사용하여 성경 슬라이드의 형식을 지정하고 렌더링합니다. 원하는 만큼 템플릿 슬라이드를 설정할 수 있으며, 성경 슬라이드를 렌더링하는데 테마를 사용할 수 있지만 성경에 사용되는 템플릿 슬라이드의 형식을 약간 다르게 지정해야 하는 이유가 있을 수 있습니다.

성경 기능과 함께 사용할 템플릿 슬라이드를 설정할 때는 성경 본문에 대한 텍스트 상자와 선택적으로 성경 참조에 대한 별도의 텍스트 상자가 필요합니다. 한 번에 여러 개의 성경 버전을 사용하는 경우 각 참조에 대한 텍스트 상자뿐만 아니라 (선택적으로) 각 절에 대한 텍스트 상자도 필요합니다.

※ 팁: ProPresenter에서는 모든 개체가 텍스트 상자이므로 템플릿 슬라이드의 간단한 모양도 텍스트 컨테이너로 선택할 수 있습니다.

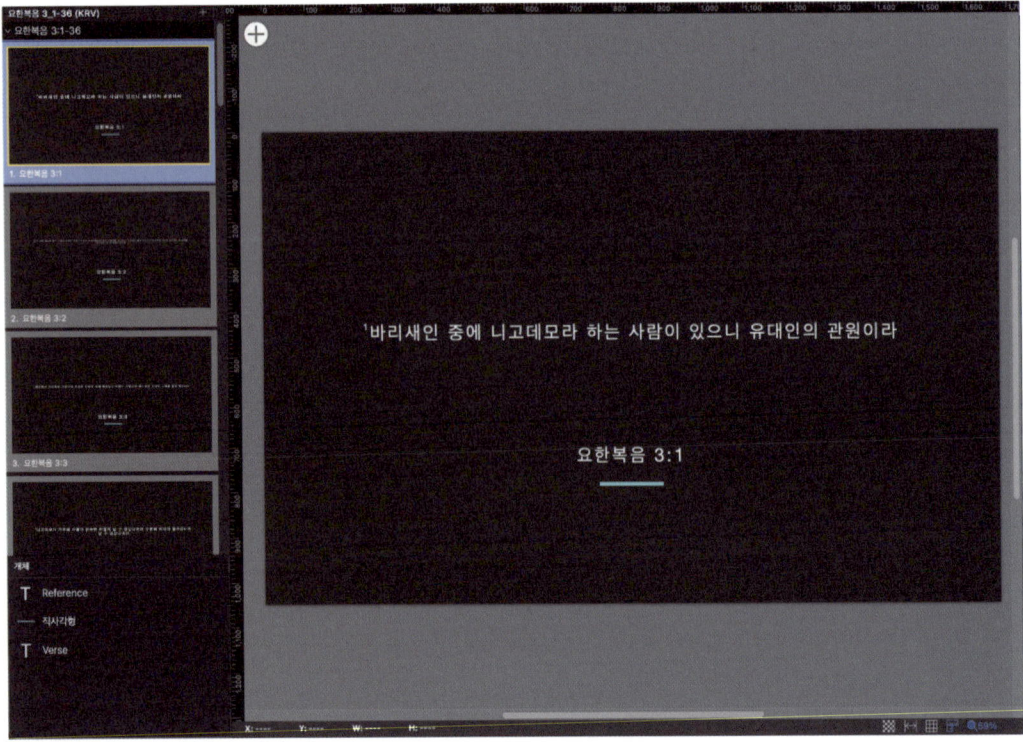

테마를 하나 이상의 텍스트 상자/개체로 설정한 후에는 성경 기능에서 사용할 테마를 선택해야 합니다. 성경 탭을 열고 오른쪽 상단의 옵션 버튼을 클릭한 다음 슬라이드 옵션 탭을 클릭한 다음 창 하단에서 사용할 테마를 선택합니다.

이제 원하는 텍스트 상자/개체에 Verse(들) 및 Reference(들)를 할당해야 합니다. Bible 창의 왼쪽 상단에 있는 드롭다운 메뉴에서 컴퓨터에 설치된 모든 버전이 포함된 원하는 버전을 선택합니다. 그런 다음 Verse: 옆에 있는 드롭다운을 클릭하고 구문 텍스트를 표시할 텍스트 상자/개체를 선택합니다.

선택적으로 참조: 옆에서 스크립트 참조를 표시할 텍스트 상자/개체를 선택합니다. 참조의 경우 참조를 동일한 형식으로 사용자의 시와 동일한 텍스트 상자에 표시하려면 **절과 함께(With Verse)**를 선택할 수도 있습니다.

여러 성서 번역본 (Multiple Bible Versions)

ProPresenter를 사용하면 슬라이드마다 텍스트를 복사하여 붙여 넣지 않고도 한 슬라이드에 여러 버전의 성경을 표시할 수 있습니다. 이는 다국어 교회뿐만 아니라 여러 성경 버전을 비교하고 대조하려는 교회에도 적합합니다.

먼저 컴퓨터에 둘 이상의 성경 버전이 설치되어 있어야 합니다.

다음으로 오른쪽 상단의 옵션 버튼 바로 아래에 있는 +를 클릭하여 성경 버전을 추가합니다. 여러 버전을 추가할 수 있으며 컴퓨터에 설치된 성경의 수에 한해 제한됩니다.

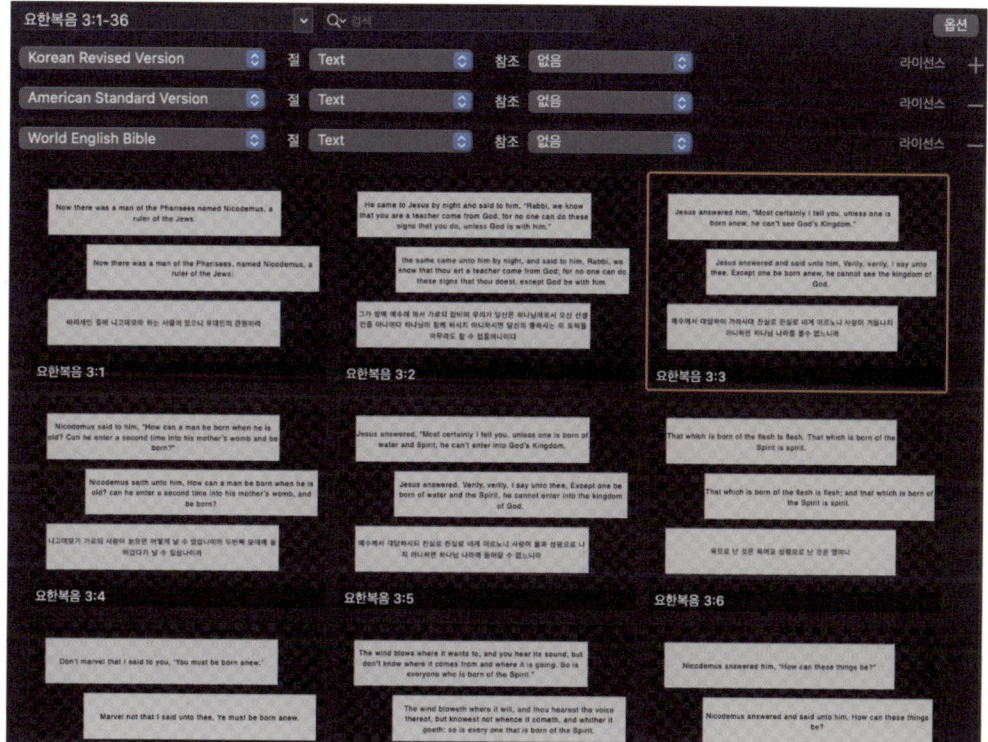

이제 왼쪽의 드롭다운 상자를 클릭하여 사용할 성경 버전을 선택하고 Verse: 및 Reference: 옆의 드롭다운 상자를 클릭하여 각 섹션에 사용할 텍스트 상자/개체를 선택할 수 있습니다. 여러 개의 텍스트 개체가 있는 사용자 정의 템플릿을 만들어 다른 번역의 절에 대해 설정할 수 있습니다.

- 버튼을 클릭하여 성경 버전을 제거합니다.

캘린더 (Calendar)

캘린더를 사용하면 하루 중 특정 시간, 특정 날짜 또는 반복되는 요일에 재생 목록 내부의 프레젠테이션을 실행하도록 예약할 수 있습니다. 이 기능은 이벤트 5분 전에 카운트다운을 시작하거나 슬라이드 쇼를 특정 시간에 변경하려는 경우 유용합니다.

캘린더 창을 열려면:

- Mac에서는 Control-Option-C를 누르고 PC에서는 Control-Alt-C를 누릅니다.
- 메뉴 모음에서 **보기(View) > 캘린더(Calendar)**를 누릅니다.

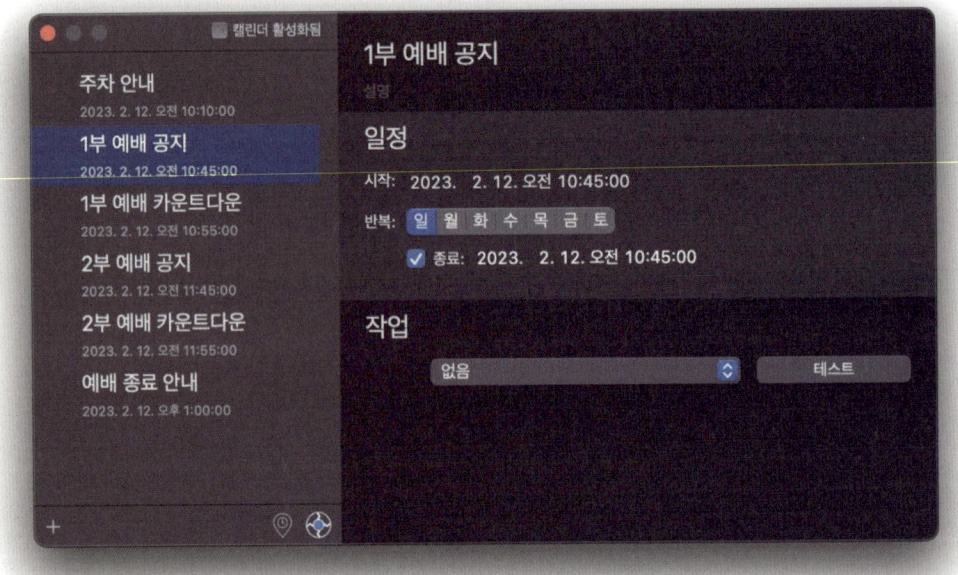

모든 캘린더를 켜거나 끄려면:

- 캘린더 창의 맨 위에 있는 **캘린더 사용(Calendar Enable)** 확인란을 누릅니다.
- Mac에서는 Command-Option-S를 누릅니다(Windows에서는 이 기능에 대한 바로 가기 키가 없습니다).
- 메뉴 모음에서 **캘린더(Calendar) > 캘린더 사용(Enable Calendar)**을 선택합니다.

창의 왼쪽에는 모든 이벤트가 나열되고 오른쪽에는 현재 선택한 이벤트에 대한 정보가 표시됩니다. 현재 활성화된 이벤트가 있는 경우 현재로 이동 버튼을 클릭하여 이벤트를 선택할 수 있습니다.

반복 이벤트 보기/숨기기(Show/Hide Recurring Events) 버튼은 창 왼쪽 창에 반복 이벤트가 표시되는 방식을 전환하고 현재 표시되는 내용에 따라 다르게 표시됩니다. 각 이벤트의 복사본이 하나만 표시되거나 반복 이벤트의 모든 발생이 표시되는 위치에서 설정할 수 있습니다.

이벤트 (Events)

이벤트는 지정된 날짜와 시간에 실행되는 단일 또는 반복되는 작업입니다.

재생 목록 내의 특정 재생 목록 또는 프레젠테이션을 지정된 날짜 및 시간에 실행하도록 할당할 수 있습니다. 이는 특정 시간에 프레젠테이션의 첫 번째 슬라이드를 클릭하는 프로그램이라고 생각하세요.

새 이벤트를 작성하려면:

- 캘린더(Calendar) 창의 왼쪽 아래에 있는 + 버튼을 클릭합니다.
- Mac에서 Option-Command-N을 누릅니다.
- 메뉴 모음에서 **캘린더(Calendar) > 새 이벤트(New Event)**를 선택합니다.

이벤트를 삭제하려면 캘린더 창에서 해당 이벤트를 선택하고 삭제 키를 누르거나 트랙패드가 있는 경우 두 손가락을 사용하여 이벤트 이름을 왼쪽으로 문지른 다음 삭제를 클릭합니다.

두 개 이상의 발생 항목이 있는 이벤트를 삭제할 경우 해당 발생 항목만 삭제할지 또는 모든 발생 항목을 삭제할지 묻는 메시지가 표시됩니다.

이벤트가 강조 표시될 때 캘린더 창의 맨 위에 있는 이벤트의 **이름(Name)**과 **설명(Description)**을 사용자 정의할 수 있습니다. 아래에서 이벤트의 예약 시간을 **시작(Start)**으로 설정합니다. 각 이벤트에는 활성화될 날짜와 시간이 있어야 합니다.

반복(Repeat) 옆에서 이벤트를 반복할 요일을 선택할 수 있습니다. 요일을 하나 이상 선택할 경우 이벤트 **종료(End On)** 날짜와 시간을 선택적으로 설정할 수 있습니다.

창 하단에서 이벤트 발생시 발생하는 작업을 제어하는 작업을 선택할 수 있습니다. 재생 목록 또는 재생 목록 내의 특정 프레젠테이션을 선택할 수 있습니다. Test(테스트) 버튼을 클릭하면 이벤트가 활성화될 때 어떤 일이 발생하는지 즉시 확인할 수 있습니다. 재생 목록을 선택하면 스케줄러가 재생 목록의 첫 번째 항목을 트리거합니다. 프레젠테이션인 경우 첫 번째 슬라이드가 실행됩니다.

통신 (Communications)

ProPresenter는 프로토콜이 지원하는 기능에 따라 네트워크 또는 직렬 통신을 통해 외부 장치에 대한 연결을 제공합니다. AMP, VDCP, Sony BVW, GVG100, Sony BVS, Global Cache, RossTalk, DMX 및 MIDI의 세 가지 그룹으로 구성할 수 있는 다양한 프로토콜이 있습니다.

Windows 버전의 ProPresenter는 Midi 통신만 제공하는 반면, Mac은 Midi 및 아래에 설명된 다른 모든 프로토콜을 제공합니다.

ProPresenter에 사용 가능한 프로토콜을 추가하려면 ProPresenter Preferences의 Devices 탭 오른쪽 아래에 있는 Add Device 버튼을 클릭하고 목록에서 프로토콜을 선택합니다. 각 프로토콜에는 고유한 구성 설정이 있습니다. 각 제조업체에서 지정한 표준 구성을 사용하도록 각 프로토콜을 설정했습니다. 구성에 다른 설정이 필요한 경우 ProPresenter를 사용하여 연결하는 장치에 대한 설명서를 참조해야 합니다. 아래 스크린샷은 예를 들어 GVG100을 보여줍니다.

프로토콜을 추가하면 활성 프로토콜을 보여주는 상자가 나타납니다. 여기서 프로토콜을 연결하거나 연결을 끊거나 제거할 수 있습니다. 프로토콜에 대한 설정을 변경해야 하는 경우

기어 아이콘을 클릭하여 설정 메뉴를 엽니다.

이러한 프로토콜을 수정하려면 MIDI Setup 또는 DMX Setup을 클릭하세요.

다음 스크린샷은 동시에 나열된 여러 프로토콜을 보여줍니다. ProPresenter는 여러 프로토콜을 동시에 지원할 수 있습니다. AMP 및 VDCP와 같은 일부 프로토콜 조합은 동시에 실행하는 것이 의미가 없지만 AMP 및 RossTalk와 같은 프로토콜 조합도 있습니다.

MIDI 통신 (Midi Communication)

MIDI 구성을 사용하면 시작 노트에서 모든 명령을 자동으로 채우거나 지정된 명령에 MIDI 노트를 할당할 수 있습니다. 정의되지 않은 동작이 발생하므로 동일한 MIDI 노트를 여러 명령에 할당하지 않아야 합니다.

기본 설정의 장치 탭 왼쪽 하단 모서리에 있는 장치 메뉴를 클릭하고 새 MIDI 장치를 추가합니다. 컴퓨터에서 사용하도록 설정한 올바른 장치를 선택하세요. 나머지 MIDI 설정을 구성한 후 저장을 클릭하고 연결을 클릭합니다.

MIDI Map 버튼을 클릭하여 MIDI 통신 설정을 엽니다.

MIDI 노트의 범위는 0에서 127까지입니다. Auto Fill(자동 채우기) 옆에 숫자를 입력한 다음 버튼을 클릭하면 선택한 값으로 시작하는 모든 값이 채워집니다.

각 섹션을 서로 다른 위치에서 시작하려면 각 목록의 첫 번째 상자에 시작 값을 입력한 다음 맨 아래에 있는 각 양식 버튼의 첫 번째 값을 사용하여 자동 채우기를 클릭합니다.

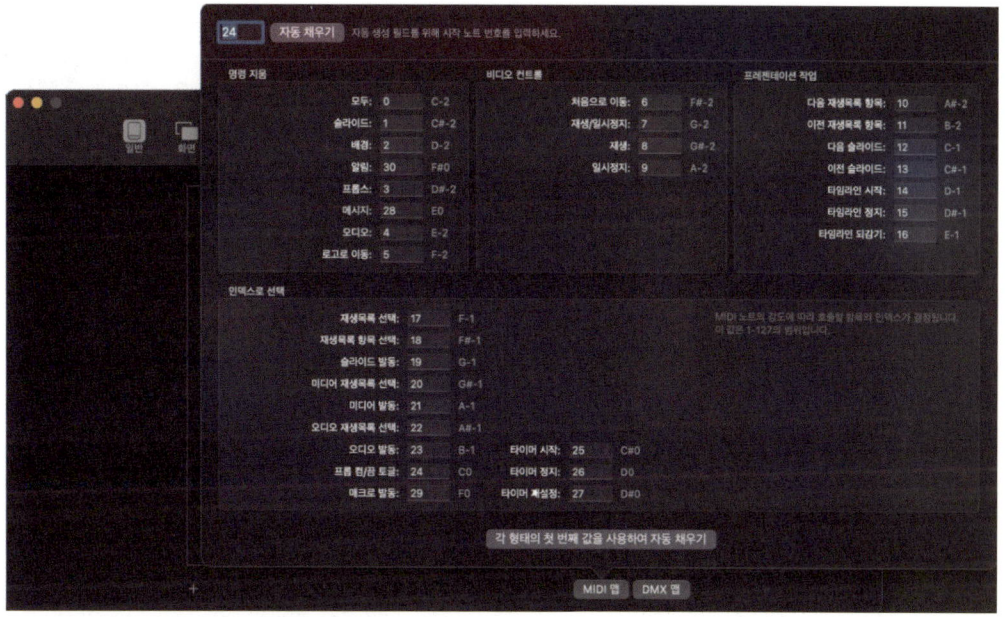

MIDI 값은 명령 간에 공유할 수 없습니다. 예를 들어, 'All: 4' 8과 'Next Playlist: 48'을 동시에 할당할 수 없습니다.

ProPresenter는 또한 모든 슬라이드에 MIDI 큐가 부착되어 해당 슬라이드를 클릭할 때 MIDI 노트를 생성할 수 있습니다.

MIDI 큐를 추가하려면 슬라이드에서 마우스 오른쪽 버튼을 클릭하고 Add Cue > Communication Cue > MIDI를 선택한 후 MIDI Note On 또는 MIDI Note Off를 선택합니다.

각 MIDI 큐에 대해 MIDI 채널, 노트 및 강도를 지정할 수 있습니다.

DMX 통신 (DMX Comunication [Mac 만 해당])

DMX 구성을 사용하면 시작 채널을 정의하고 다른 채널이 매핑되는 방식을 표시할 수 있습니다. DMX는 네트워크를 통해서만 ArtNet을 지원합니다. USB-DMX 인터페이스는 지원되지 않습니다. 아래 스크린샷은 표준 DMX 설정을 보여줍니다.

이러한 값은 ProPresenter Preferences > Devices에서 DMX Setup 버튼을 클릭하여 입력합니다.

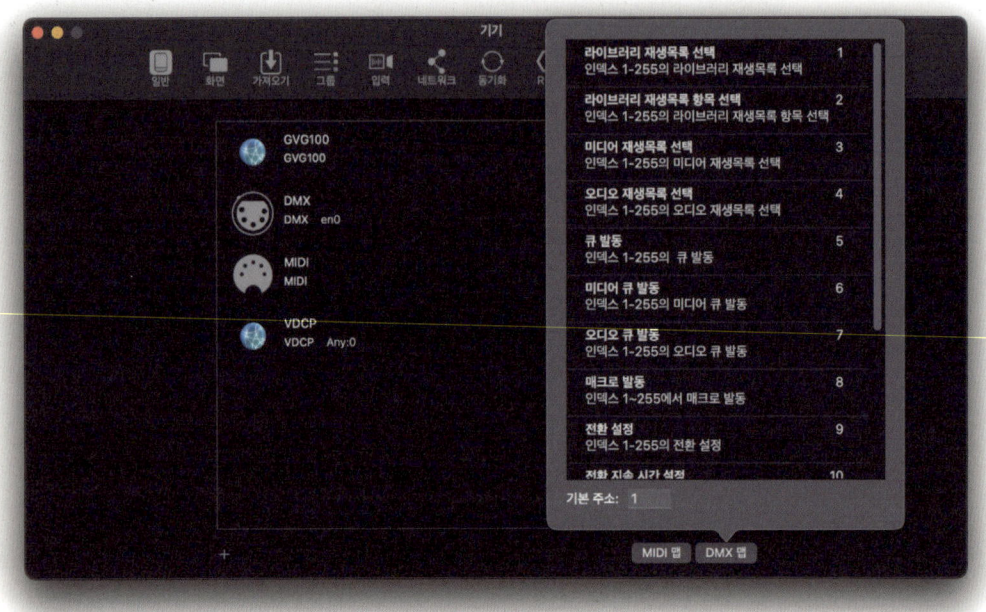

재생 데크/미디어 서버 제어 프로토콜(Playback Deck/Media Server Control Protocols [Mac만 해당])

이러한 프로토콜에는 AMP, VDCP 및 Sony BVW가 포함됩니다. AMP 및 VDCP는 이름으로 클립을 트리거하는 것과 같은 Sony BVW보다 더 많은 기능을 가진 미디어 서버

프로토콜입니다. BVW는 이미 트리거된 클립의 재생만 제어할 수 있습니다.

스위처 제어 프로토콜 (Switcher Control Protocols [Mac 만 해당])

이러한 프로토콜에는 GVG100, Sony BVS 및 RossTalk가 포함됩니다. 이러한 프로토콜은 스위처를 제어하여 원격으로 키를 활성화 및 비활성화하거나 검은색으로 페이드할 수 있습니다.

Sony BVS는 더 큰 기능을 가지고 있기 때문에 GVG100보다 더 선호되고 있습니다. RossTalk는 일부 Ross 스위처에서 지원하는 독점 프로토콜입니다. 호환되는 RossTalk는 직렬이 아닌 네트워크 통신을 사용하기 때문에 RossTalk가 선호됩니다. RossTalk는 Device와 Controller의 두 가지 모드로 지원됩니다. 컨트롤러 모드에서 ProPresenter는 연결된 Ross 스위처에 명령을 전송할 수 있습니다. 장치 모드에서 RossTalk는 호환되는 Ross 스위처에서 ProPresenter에 대한 일부 제어 기능을 제공합니다. Device 모드의 경우, Ross 스위처는 마치 Expression CG 시스템처럼 ProPresenter에 연결하도록 설정됩니다. 연결되면 스위치의 Up/Down(업/다운)이 선택한 재생 목록의 항목으로 진행되고 ProPresenter(ProPresenter) 시스템에서 스페이스바/오른쪽 화살표 키를 누르는 것처럼 슬라이드 또는 비디오가 트리거됩니다. RossTalk에 컨트롤러 및 장치 모드를 모두 사용하려면 각 모드에 대해 하나씩 두 개의 서로 다른 네트워크 연결이 필요하므로 두 개의 RossTalk 장치를 구성해야 합니다.

저작권 표시 (Copyright Display)

ProPresenter를 사용하면 노래에 대한 저작권 정보를 쉽게 표시할 수 있습니다. 찬양 선택(SongSelect)에서 노래를 가져오면 데이터가 자동으로 입력됩니다. 자신만의 노래 파일을 만드는 경우, 원하는 경우 저작권 정보를 수동으로 입력할 수 있습니다. 저작권 정보를 표시하려면 [환경설정]의 [일반] 탭에서 **교회 통합 보기 (Show House of Worship Integrations)**를 활성화해야 합니다.

저작권 표시를 구성해야 하는 두 가지 위치가 있습니다. 첫 번째 위치는 [일반] 탭의 맨 아래에 있는 [환경설정]입니다. 다음은 라이브러리의 모든 프레젠테이션에 적용되는 전역 설정입니다. 보시다시피 프레젠테이션의 처음, 마지막, 처음 및 마지막 또는 모든 슬라이드에 저작권 정보를 표시하도록 선택할 수 있습니다. 두 번째로 활성화해야 하는 위치는 프레젠테이션 탭의 슬라이드 편집기입니다.

오른쪽에 있는 License # 상자는 교회의 고유한 License 번호를 입력하는 것입니다. 이 번호가 무엇인지 확실하지 않으면 CCLI에 문의해야 합니다.

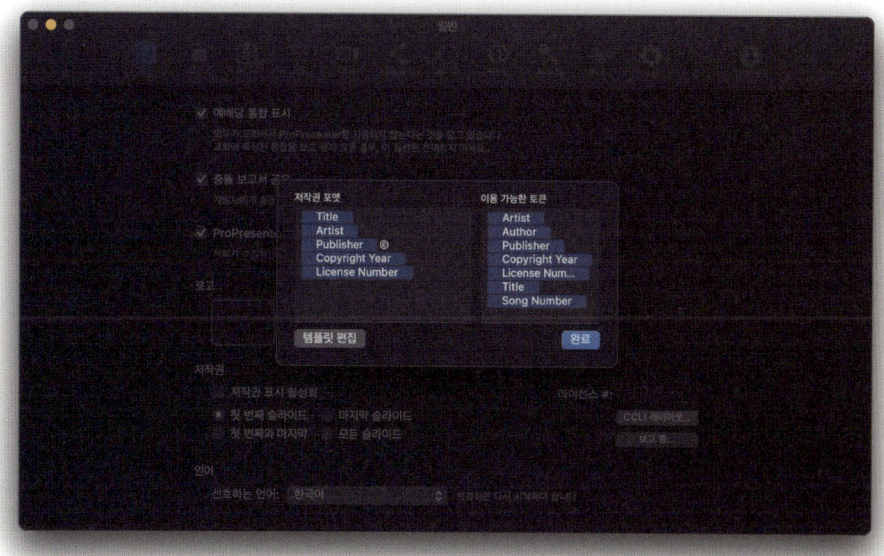

표시되는 저작권 요소(제목, 아티스트, 게시 정보 등)를 변경하려면 CCLI 레이아웃…을 클릭합니다. 그러면 아래 표시된 옵션이 열립니다.

각 저작권 요소는 ProPresenter의 기능인 "Tokens"에 의해 제어되며, 이 기능을 통해 프로그램의 한 부분의 텍스트가 다른 기능으로 자동으로 표시됩니다. 왼쪽에 있는 토큰은 활성 토큰입니다. 즉, 표시될 토큰입니다. 오른쪽 열에는 사용 가능한 모든 옵션이 표시됩니다. 토큰을 클릭한 후 오른쪽 열 안팎으로 끌어 왼쪽 열에서 토큰을 추가하거나 제거할 수 있습니다.

템플릿 편집을 클릭하면 CCLI 편집기가 열리고 저작권 정보의 위치 및 텍스트 설정 형식을 지정할 수 있습니다. 토큰은 실제로 텍스트가 아니므로 텍스트 상자에 표시되는 것은 저작권 기호뿐입니다. 텍스트 형식을 확인하려면 텍스트가 자동으로 바뀌므로 원하는 텍스트를 추가하세요.

저작권 정보를 표시할 방법을 구성한 후에는 프레젠테이션에 표시할 정보가 있고 사용하도록 설정되어 있는지 확인해야 합니다. 슬라이드 편집기의 프레젠테이션 탭에 있는 저작권 섹션에서는 선택한 프레젠테이션에 대한 저작권 정보를 설정, 변경 및 표시할 수 있습니다.

현지화 (Localization)

ProPresenter는 10개 언어로 소프트웨어를 작동할 수 있는 기능을 제공합니다: 영어, 스페인어, 포르투갈어, 프랑스어, 독일어, 한국어, 노르웨이어, 러시아어, 중국어, 체코어입니다.

이러한 언어로 프로그램을 활성화하려면 OS의 언어 설정을 변경하기만 하면 위의 10개 언어 중 하나인 경우 해당 언어로 ProPresenter가 자동으로 실행됩니다. 언어가 위에 나열되어 있지 않거나 OS에서 다른 언어를 선택한 경우 프로그램의 기본값은 영어입니다.

Windows 사용자의 경우 Windows에서 특정 언어를 처리하는 방식으로 인해 시스템 언어를 변경하면 실제로 ProPresenter가 예상과 다른 언어로 실행될 수 있습니다. 이 경우 ProPresenter Preferences의 General 탭으로 이동하면 ProPresenter를 실행할 언어를 선택할 수 있습니다. 이 옵션은 선택한 언어에 대해 마이크로소프트 언어 팩을 설치할 필요 없이 작동합니다. 환경설정을 열어 일반을 선택한 후 하단의 기본 언어 메뉴에서 언어를 선택할 수 있습니다. 변경 내용을 적용하려면 ProPresenter를 다시 시작해야 합니다.

마스크 (Mask)

마스크의 목적은 출력물의 일부를 "마스크"(또는 은폐)하여 사용자 지정 투영 화면을 만들거나 프로젝터가 원하지 않는 물체에 투영되지 않도록 하는 것입니다. 마스크는 청중 화면의 맨 위 계층에 표시됩니다.

마스크 활성화 (Enabling a Mask)

마스크는 청중 외형을 사용하여 청중 화면에 대한 특정 모양을 설정하여 사용할 수 있습니다.

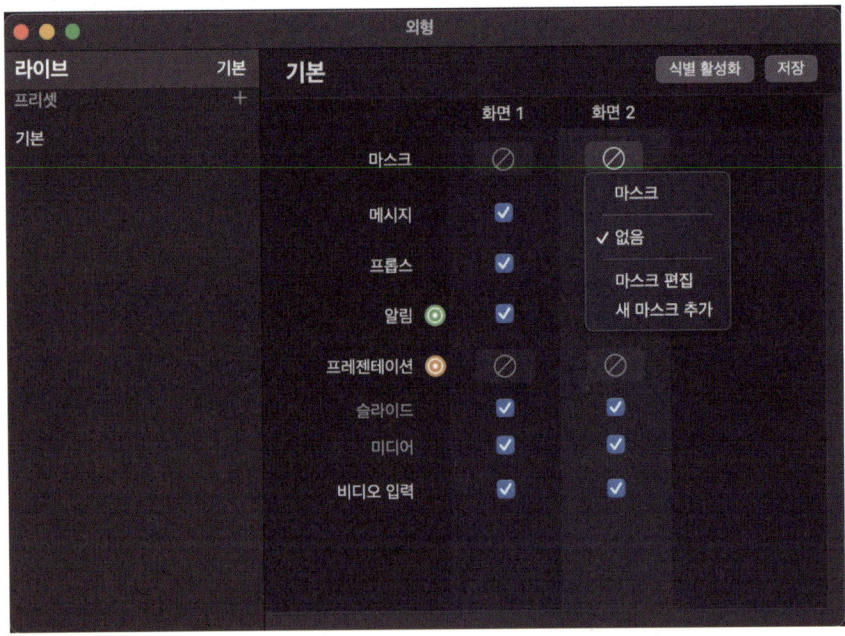

각 개별 화면에 사용할 마스크를 선택할 수 있습니다. 새 마스크를 만들려면 새 마스크 추가 또는 마스크 편집을 클릭하여 마스크 편집기에 액세스할 수 있습니다.

마스크 편집기 (Mask Editor)

마스크 편집기를 통해 마스크를 만들고 편집할 수 있습니다. 청중 외형 창을 열어 마스크 편집기를 연 다음 마스크 드롭다운 메뉴에서 새 마스크 추가 또는 마스크 편집으로 이동합니다.

> ※ 참고: 마스크 편집기는 슬라이드 편집기와 매우 유사합니다. 이 섹션에서는 마스크 편집기에 고유한 편집기 부분만 다룹니다. 여기서 다루지 않는 항목뿐만 아니라 편집기에 대한 일반적인 정보는 슬라이드 편집기 섹션을 참조하세요.

마스크 편집기 인터페이스 (Mask Editor Interface)

마스크 편집기에는 슬라이드 노트가 없습니다.

마스크 탭 (Mask Tab)

편집기의 마스크에서 개체를 선택하지 않으면 편집기 창의 오른쪽에 있는 검사기에 단일 마스크 탭이 표시됩니다.

마스크의 제한된 특성으로 인해 여기에는 두 가지 편집 가능한 옵션이 있습니다.

- **이름(Name)** – 여기서 마스크의 이름을 지정할 수 있으며, 이것은 청중 보기 영역의 마스크 드롭다운에 있는 썸네일 이미지에 표시되는 라벨입니다.

- **크기(Size)** – 마스크 자체의 크기를 설정할 수 있습니다. 일반적으로 이 크기는 마스크가 표시되는 화면의 해상도와 일치합니다.

개체 검사기 (Object Inspector)

마스크에서 개체를 선택하면 원래 슬라이드 편집기의 탭과 거의 동일한 두 개의 탭이 편집기에 나타납니다.

모양 탭 (Shape Tab)

모양 탭의 차이점은 가시성, 그림자 및 스트로크 기능을 사용할 수 없다는 것입니다.

텍스트 탭 (Text Tab)

텍스트 탭의 유일한 차이점은 연결된 텍스트 기능을 사용할 수 없다는 것입니다.

녹화 및 RTMP 스트리밍 (Recording and RTMP Streaming)

ProPresenter 7.1 릴리스에는 RTMP를 통한 화면 녹화 및 스트리밍을 위한 캡처 (Capture) 옵션이 도입되었습니다. 이후의 ProPresenter 7.3 릴리스에는 파트너인 Resi와 함께 스트리밍할 수 있는 옵션이 추가되었습니다. 이에 대한 자세한 내용은 아래의 "Resi와 함께 스트리밍" 섹션을 참조하세요.

ProPresenter 출력에서 화면을 기록하는 작업은 몇 가지 간단한 설정 단계만으로 수행할 수 있습니다. 캡처 설정(Capture settings) 창에 액세스하려면 메뉴 모음에서 **화면(Screens) > 캡처 설정 (Capture Settings)**로 이동하거나 미리보기(Preview) 창에서 **실시간(Live)** 버튼을 클릭합니다. 창이 열리면 기록의 매개 변수를 설정할 수 있습니다.

Capture Settings(캡처 설정) 창에서는 출력 기록에 대한 파라미터를 설정할 수 있는 옵션을 제공합니다. 아래에서는 이 창에서 각 옵션을 강조 표시합니다. 이 첫 번째 예에서는 RTMP 서버로 스트리밍하지 않고 출력만 기록하는 설정을 설명합니다.

- **소스(Source)**: 화면 구성 창에서 캡처하려는 화면입니다. 현재 설정된 대상 또는 스테이지 화면을 캡처할 수 있습니다. 현재 이것은 단일 소스이므로 한 번에 하나의 ProPresenter 화면만 캡처할 수 있습니다.

- **목적지(Destination)**: 여기서 녹화를 비디오 파일로 저장할지 RTMP 스트림을 통해 전송할지 선택할 수 있습니다. 이것은 여기에서만 기록으로 선택됩니다.

- **다른 이름으로 저장 (Save To)**: 여기서 녹화된 비디오 파일을 저장할 위치를 선택합니다. 기본적으로 바탕 화면, 문서 또는 동영상/비디오 폴더를 선택하거나 파일을 저장할 다른 위치를 찾을 수 있습니다.

- **코덱(Codec)**: 비디오 파일을 인코딩할 코덱입니다. 일반적으로 H.264가 가장 널리 사용되는 옵션이지만 다른 코덱을 사용하여 더 크거나 더 높은 품질의 비디오 옵션을 만들 수도 있습니다.

- **해상도(Resolution)**: 여기에서 비디오 파일의 해상도 크기를 설정할 수 있습니다. 이 해상도를 캡처 중인 화면의 해상도와 일치시키는 것이 좋습니다. 일반적으로 1920x1080 또는 1280x720이지만 사용자 정의 해상도를 설정하는 옵션도 있습니다.

- **프레임 속도(Frame Rate)**: 여기에서 녹화의 프레임 속도를 설정할 수 있습니다. 다시 말하지만, 최상의 설정은 재생 방법과 필요한 것에 따라 달라집니다. 프로그램에 비디오 입력을 입력하는 경우 해당 비디오 입력의 프레임 레이트를 사용하는 것이 좋습니다.

이제 RTMP 서버로 스트리밍하려는 경우 캡처 설정 창을 살펴보겠습니다. 스트리밍 중인 화면을 동시에 녹화할 수도 있습니다.

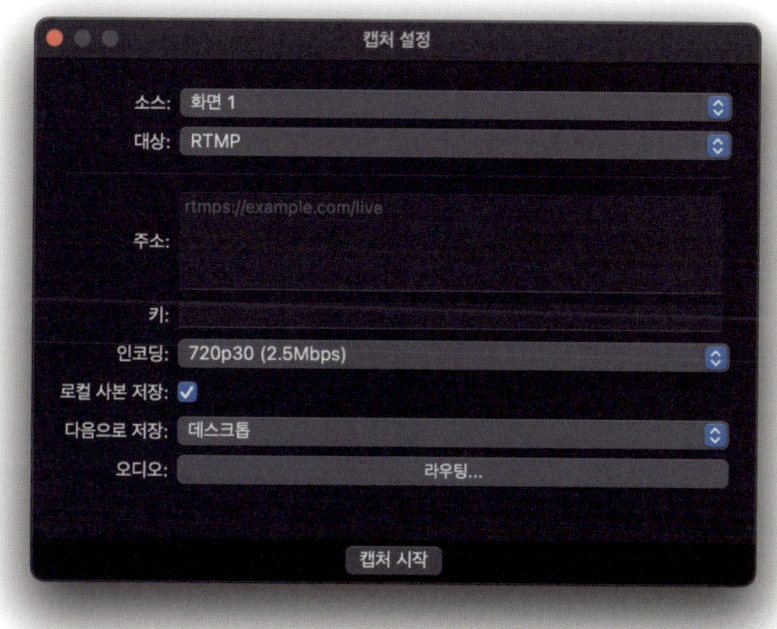

- **소스(Source)**: 화면 구성 (Screen Configuration) 창에서 캡처하려는 화면입니다. 현재 설정된 대상 또는 스테이지 화면을 캡처할 수 있습니다. 현재 이것은 단일 소스이므로 한 번에 하나의 ProPresenter 화면만 캡처할 수 있습니다.

- **목적지(Destination)**: 여기에서 녹화를 비디오 파일로 저장할지 RTMP 스트림을 통해 전송할지 선택할 수 있습니다. 이 예는 먼저 스트리밍을 위해 설정된 것입니다. 현재 이 옵션은 단일 대상 옵션이므로 하나의 RTMP 서버에만 보낼 수 있습니다.

- **주소(Address)**: 이것은 스트리밍 공급자에서 스트리밍하려는 서버 URL입니다.

- **키(Key)**: 프로그램에서 라이브 스트리밍을 할 수 있도록 스트리밍 서버로부터 부여받은 스트림 키(Stream Key)입니다.

  - 이 키를 얻는 방법을 모를 경우 스트리밍 서버에게 문의하는 것이 좋습니다.

- **인코딩 (Encoding)**: 여기서 비디오 스트림의 해상도와 프레임 속도를 설정할 수 있습니다. 캡처 중인 화면의 해상도와 인터넷 업로드 속도를 기준으로 일치시키는 것이 좋습니다.

- **로컬 복사본 저장 (Save Local copy)**: 이 옵션을 사용하면 스트림을 비디오 파일로

저장할 수도 있습니다.

- **다른 이름으로 저장(Save To)**: 이 옵션은 로컬 복사 저장이 활성화되어 있고 녹화된 비디오 파일을 저장할 위치를 선택할 수 있는 경우에 나타납니다. 기본적으로 바탕 화면, 문서 또는 동영상/비디오 폴더를 선택하거나 파일을 저장할 다른 위치를 찾을 수 있습니다.

어느 쪽이든 설정이 완료되면 캡처 시작을 클릭하여 캡처를 즉시 시작하거나 이 창을 닫을 수 있습니다. 그런 다음 Screens > Start Capture(화면)로 이동하여 Screens(화면) 메뉴에서 캡처를 시작할 수 있습니다.

캡처를 시작하면 미리 보기 창의 오른쪽 상단에 진행률 표시기가 나타납니다.

스트리밍 중인 경우 스트리밍 연결 상태에 따라 표시기가 세 가지 색상으로 표시될 수 있습니다. 일반적으로 녹색 표시기는 연결이 제대로 스트리밍 되고 ProPresenter를 통한 중단이 없음을 의미하기 때문에 녹색으로 표시됩니다. 색상이 노란색이면 스트림에서 프레임 드롭(Frame Drop)이 발생하고 있다는 경고입니다. 빨간색이면 네트워크 연결이 끊겼거나 다른 이유로 스트림이 중지되었음을 나타냅니다. 이 검사는 정기적으로 수행되며 스트림 상태를 확인하기 위해 이 표시기를 시청하는 것이 좋습니다.

스트리밍을 마치면 미리 보기 창에서 표시기를 클릭하고 캡처 중지로 이동하거나 화면 메뉴 〉 캡처 중지로 이동하거나 캡처 설정 창의 캡처 중지 버튼을 통해 캡처를 중지할 수 있습니다.

Resi를 통한 스트리밍 (Streaming with Resi)

ProPresenter 7.3의 출시와 함께 Rewended Vision은 Resi 및 그들의 복원력 있는 스트리밍 플랫폼과 협력하여 화면 스트리밍에 다른 옵션을 제공합니다. Resi를 사용하면 ProPresenter에서 웹 사이트, Facebook, YouTube 또는 기타 플랫폼으로 동시에 스트리밍할 수 있습니다.

일단 사용자가 Resi로 계정을 만들고 그들의 사이트에서 계정 설정 과정을 시작하면 ProPresenter에서 Resi 플랫폼으로 스트리밍하는 것은 무척 간단한 과정입니다.

Resi 계정 설정 (Setting up your Resi Account)

먼저 ProPresenter Preferences 창의 Resi 계정에 로그인합니다. Resit 탭을 클릭한 다음 Login(로그인) 버튼을 클릭합니다. 로그인 프로세스는 Resi 사용자 이름과 암호를 사용합니다. Resi 계정을 가지고 있지 않다면 상단의 'Need an Accoint?'를 클릭하여 Resi 웹사이트로 이동 후 계정을 생성하면 됩니다.

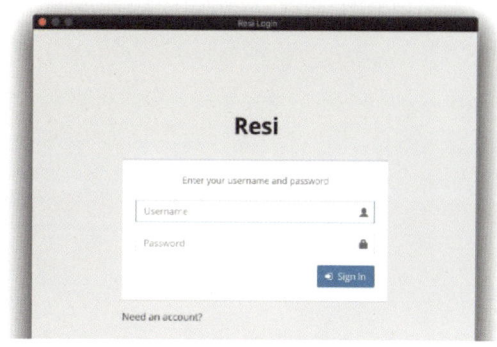

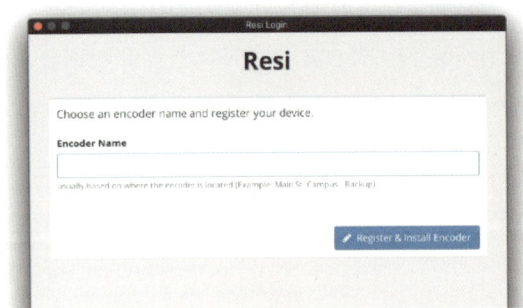

이 컴퓨터를 처음으로 Resi 통합에 사용한 경우 인코더의 이름을 입력하라는 메시지가 표시됩니다. 이 경우 "인코더"는 ProPresenter를 실행하고 Resi로 스트리밍하는 컴퓨터입니다. 일반적으로 이 컴퓨터가 작동할 룸 이름 또는 위치를 입력하는 것이 좋으나 이 컴퓨터를 식별하는 설명일 수 있습니다.

설정이 완료되면 ProPresenter와 Resi가 통신하고 스트리밍을 시작할 수 있도록 Resi 플러그인이 설치되기 시작합니다! 이 작업이 완료되면 기본 설정 창이 변경됩니다.

캡처 설정 창 (The Capture Settings Window)

계정의 초기 설정을 마쳤으므로 캡처 설정 창으로 이동하여 스트리밍을 시작할 수 있습니다. Capture Settings(캡처 설정) 창으로 이동하는 방법은 여러 가지가 있습니다:

- ProPresenter 설정의 Resit 탭에서 옵션을 클릭합니다.
- 미리보기 창의 오른쪽 상단에 있는 라이브 버튼을 클릭합니다.
- 메뉴 모음에서 **화면(Screens) > 캡처(Capture)** 설정으로 이동합니다.

이러한 각 옵션은 비디오 스트리밍에 대한 설정을 표시합니다.

이전에 ProPresenter 7 내에서 디스크 또는 RTMP 스트리밍에 캡처를 수행한 적이 있는 경우 이 창이 익숙할 수 있습니다. 여기서 Destination 설정을 **Resi**로 선택합니다. 이렇게 하면 옵션 목록이 나타납니다.

- **소스(Source)**: Resi로 스트리밍되는 ProPresenter 화면입니다. 스트림 자체만을 위한 전용 화면이거나 ProPresenter에서 다른 용도로 사용되는 화면일 수 있습니다. 이 화면에서 사용 중인 레이어를 선택하거나 선택할 수 있습니다.

- **이벤트 이름 (Event Name)**: 이것은 Resi의 제어 센터뿐만 아니라 Facebook 및 YouTube 스트림에도 나타날 스트림의 이름입니다. 이 필드는 선택사항이며, 공백인 경우 대상 그룹에 대해 선택한 이름을 사용합니다.

- **대상 그룹(Destination Group)**: 스트림에 사용할 대상 그룹을 선택합니다.

- **해상도(Resolution)**: 이 드롭다운을 통해 스트리밍에 사용할 비디오 형식 및 비트 전송률에 대한 사전 설정을 선택할 수 있습니다. 최상의 품질과 성능을 위해 화면 구성 창에서 화면에 설정된 출력 디스플레이 해상도와 일치하는 옵션을 선택합니다. 정확하게 일치하지 않는 경우 출력 디스플레이 해상도와 가장 근접하게 일치하는 옵션을 선택합니다.

- **오디오(Audio)**: 여기서 ProPresenter에서 Resi 스트림으로 오디오를 라우팅할 수 있습니다. 이때 스트림 오디오는 두 채널(좌우)로 제한됩니다. – 오디오는 48kHz 샘플링 속도의 AAC 코덱을 사용하여 128kbps의 스테레오 구성으로 인코딩됩니다.

ProPresenter에서 스트림 시작하기

세 가지 방법으로 선택한 설정으로 스트리밍을 시작할 수 있습니다:

- 캡처 설정(Capture Settings) 창에서 스트리밍 시작(Start Streaming)을 클릭합니다.
- 미리보기 창의 라이브 버튼을 사용합니다.
- 메뉴 모음에서 화면(Screen) 〉 스트리밍 시작(Start Streaming)을 선택합니다.

스트리밍을 시작하면 웹에서 스트리밍될 비디오가 즉시 인코딩을 시작하고 다시 인코딩하여 대상 그룹에 지정된 대상으로 전송하기 위해 Resi 서버에 업로드됩니다.

캡처를 시작하면 미리 보기 창의 오른쪽 상단에 진행률 표시기가 나타납니다. 표시기는 인코딩 프로세스와 Resi의 클라우드로 전송되는 스트림에 따라 세 가지 색상이 있습니다.

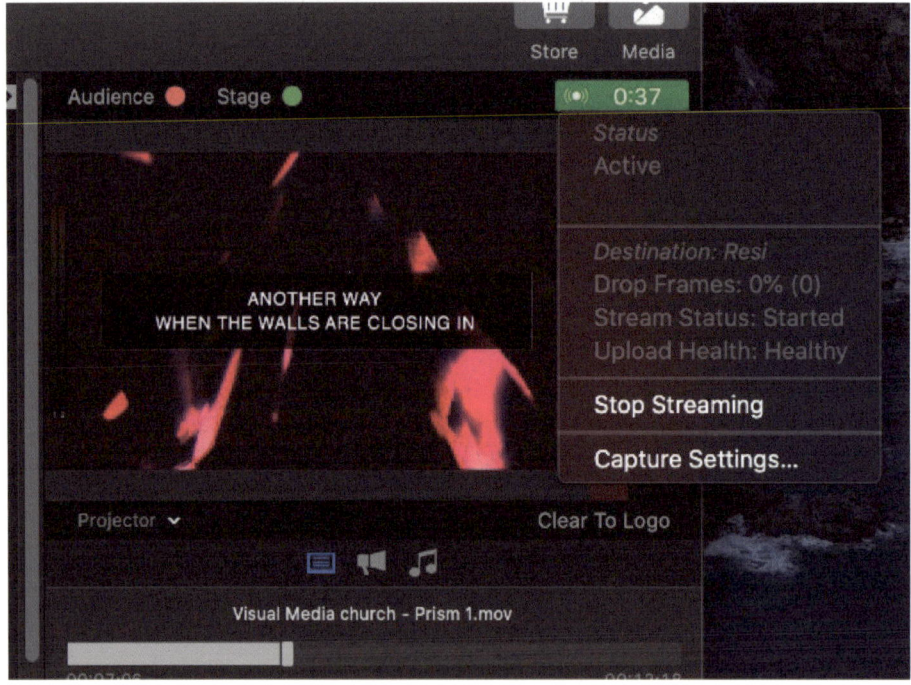

- **녹색**: 연결이 비디오 콘텐츠를 올바르게 전송하고 있으며 중단이 없음을 의미합니다.
- **노란색**: 이것은 캡처 도중 프레임 드롭(Frame Drop)이 발생하고 있다는 경고입니다.

- **빨간색**: 네트워크 연결이 끊겼거나 다른 이유로 캡처가 중지되었음을 나타냅니다.

스트림 상태는 정기적으로 모니터링되므로 이 표시기를 통해 스트림 상태를 확인하는 것이 좋습니다.

스트리밍을 마치면 미리 보기 창에서 라이브 버튼을 클릭하고 캡처 중지를 선택하거나 화면 메뉴 > 캡처 중지를 선택하거나 캡처 설정 창의 캡처 중지 버튼을 통해 캡처를 중지할 수 있습니다.

Resi 제어를 통한 원격 스트리밍

ProPresenter 내에서 Capture 설정을 설정하고 Resi Control 인터페이스에 적절한 대상 그룹을 만든 후 Resi Control Center 내에서 Resi 스트림을 시작할 수도 있습니다. 또한 지정된 날짜와 시간에 스트림이 시작되도록 예약을 설정할 수 있습니다.

Resi Control에 의해 스트림이 시작되면(인코더의 "Start" 버튼을 눌러 시작하든 예약된 이벤트 때문이든), ProPresenter 운영자는 스트리밍이 시작되도록 설정되었을 때 알림을 볼 수 있습니다. 이 알림은 운영자가 스트림 시작을 취소할 수 있는 15초의 시간을 제공합니다.

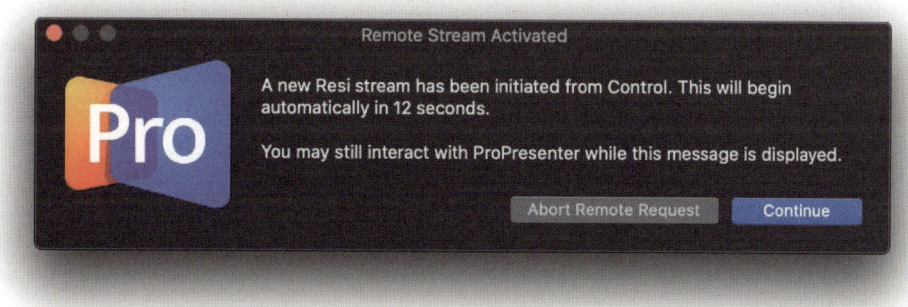

타임라인 (Timeline)

타임라인을 사용하면 오디오 트랙이 있든 없든 슬라이드를 순서대로 정렬하고 재생할 수 있습니다. 이렇게 하면 슬라이드 간에 사용자 지정 타이밍을 사용하여 프레젠테이션을 만들거나 노래에 맞게 슬라이드를 녹화할 수 있습니다.

음악으로 슬라이드 순서를 정할 수 있는 기능은 노래와 가사가 한 번의 클릭으로 시작될 수 있기 때문에 밴드나 가사를 실행할 누군가가 없는 예배 지도자들에게 특히 유용합니다.

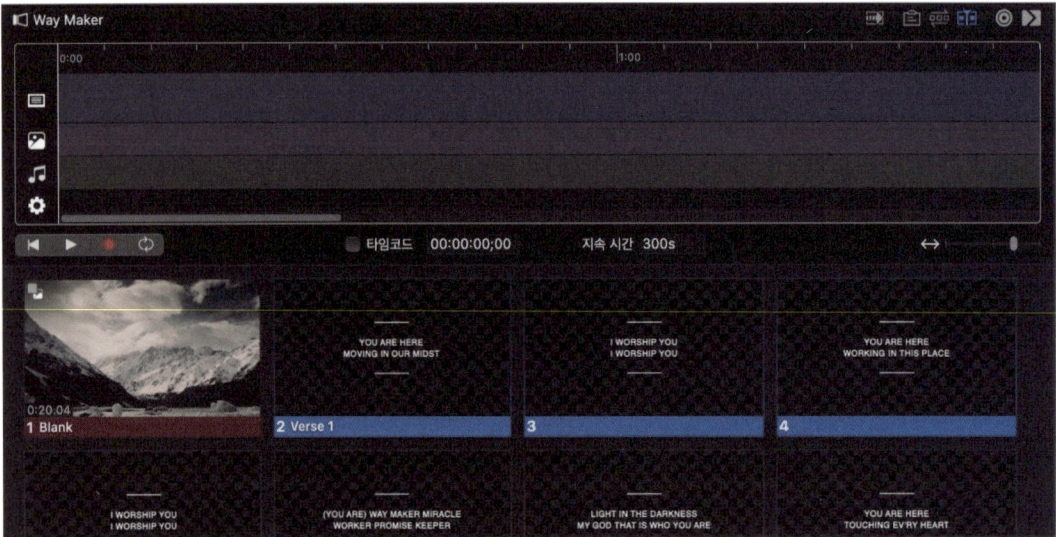

프레젠테이션 헤더에서 타임라인 버튼을 클릭하여 해당 프레젠테이션의 시간 표시 막대를 열 수 있습니다.

타임라인에 슬라이드를 추가하는 두 가지 방법이 있습니다. 첫 번째는 프레젠테이션에서 미리보기를 타임라인으로 끌어다 놓는 것입니다. 두 번째 방법은 녹화 버튼을 클릭하고 슬라이드를 라이브로 녹화하는 것입니다. 슬라이드를 오디오 트랙에 연결하려는 경우 타임라인 기록이 특히 유용합니다.

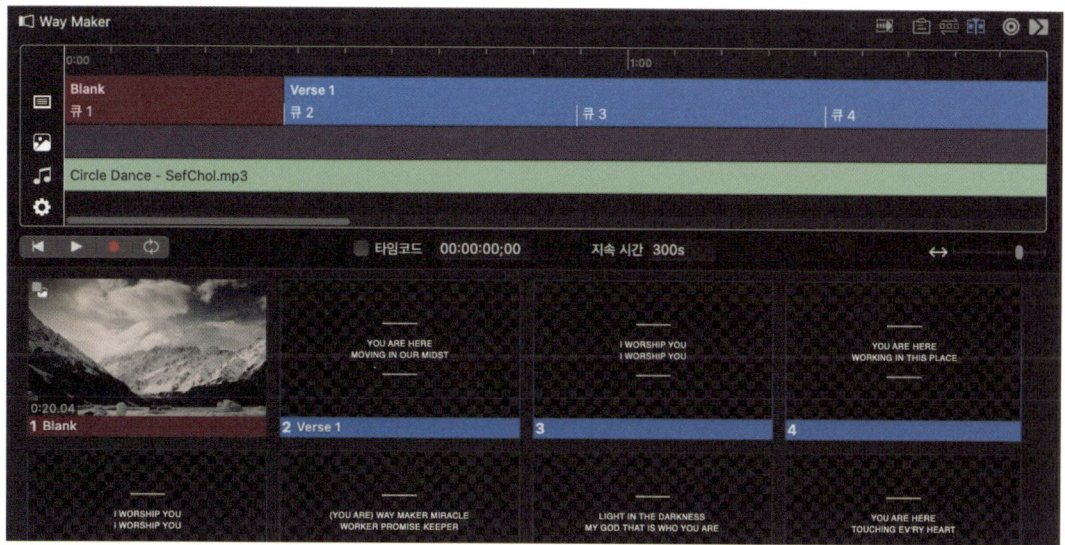

오디오 파일은 오디오 빈에서 파일을 끌거나 컴퓨터에서 타임라인으로 파일을 끌어서 타임라인에 추가할 수 있습니다. 오디오 트랙을 추가하면 슬라이드 아래에 노래 이름이 추가된 녹색 막대가 표시됩니다.

오디오 트랙을 마우스 오른쪽 버튼으로 클릭하여 몇 가지 메뉴 옵션에 액세스할 수 있습니다. 오디오 큐 자체를 수정하기위해 **검사기**(Inspector)를 사용할 수 있습니다. 필요한 경우 여기서 오디오 트랙을 **제거**(Remove)하거나 **교체**(Replace)할 수도 있습니다.

슬라이드를 라이브로 녹화하려면 **녹화**(Record) 버튼을 클릭하여 녹화할 타임라인을 준비한 다음 준비가 완료되면 재생 버튼을 누르세요. 오디오 파일을 추가한 경우 오디오가 재생되기 시작합니다. 타임라인에 슬라이드를 기록하려면 프레젠테이션을 진행할 때와 같이 슬라이드를 클릭합니다.

프레젠테이션 녹음을 마쳤으면 녹음 및 재생을 클릭하여 녹화를 중지합니다. 반복할 타임라인이 필요한 경우 녹화 버튼 오른쪽에 있는 반복 버튼을 클릭합니다.

전환 (Transitions)

ProPresenter에는 다양한 창의적인 방법으로 미디어와 슬라이드를 화면으로 전환할 수 있는 강력한 전환 기능이 있습니다.

> ※ 팁: 일반적으로 전환 아이콘이 주황색으로 표시되는 경우 슬라이드 계층에 영향을 미치는 전환을 참조하는 반면 보라색 아이콘은 미디어 계층을 나타냅니다.

전환 계층 (Transition Hierarchy)

전환의 첫 번째 중요한 개념은 ProPresenter가 사용할 전환을 결정하는 방법의 계층 구조입니다.

슬라이드를 클릭할 때 ProPresenter에서 사용할 전환을 결정하는 방법과 슬라이드에 대해 먼저 설명하겠습니다:

- **마스터 슬라이드 전환(Master Slide Transition)**: 슬라이드 창의 하단에는 마스터 슬라이드 전환을 결정하는 세 가지 전환 버튼이 있습니다. 이 전환 버튼은 다른 전환을 사용할 이유가 없는 한 모든 슬라이드가 사용하는 "기본 전환"으로 간주합니다.

- **프레젠테이션 전환(Presentation Transition)**: 슬라이드 창의 오른쪽 상단에는 프레젠테이션 전환을 결정하는 비슷한 버튼이 하나 더 있습니다. 이 설정을 선택하면 이 프레젠테이션의 모든 슬라이드가 특정 전환을 사용합니다. 특정 전환이 설정되어 있지 않으면(기본 위치로 설정되어 있는 경우) 이 프레젠테이션의 슬라이드는 기본적으로 마스터 슬라이드 전환으로 돌아갑니다.

- **개별 슬라이드 전환(Individual Slide Transition)**: 각 슬라이드에는 자체 전환 기능이 있습니다(슬라이드에서 마우스 오른쪽 버튼을 클릭하고 전환을 선택하여 추가). 이 설정은 모든 프레젠테이션 전환과 마스터 슬라이드 전환을 재정의합니다.

미디어의 계층 구조는 매우 유사합니다:

- **마스터 미디어 전환 (Master Media Transition)**: 미디어 빈 하단(또는 미디어 빈이 닫힌 경우 슬라이드 창의 하단)의 전환 기본값은 마스터 미디어 전환이며, 이 전환은 모든 미디어에 대한 기본 전환입니다.

- **개별 미디어 전환 (Individual Media Transition)**: 모든 미디어 작업(미디어 빈에 있거나 슬라이드에 추가된 작업)은 마스터 미디어 전환보다 우선하는 고유한 전환을 가질 수 있습니다. 미디어 큐 검사기에서 설정합니다.

ProPresenter에는 전환 기능을 볼 수 있는 다른 기능이 있지만, 모두 여기에 설명된 것과 유사한 규칙을 따릅니다.

전환 창 (Transition Window)

ProPresenter에서 전환을 사용하는 기능은 여러 가지이므로 전환 창을 열 수 있는 방법은 여러 가지가 있습니다. 예를 들어 슬라이드 보기의 맨 아래에 있는 마스터 슬라이드 전환 버튼을 클릭할 수 있습니다.

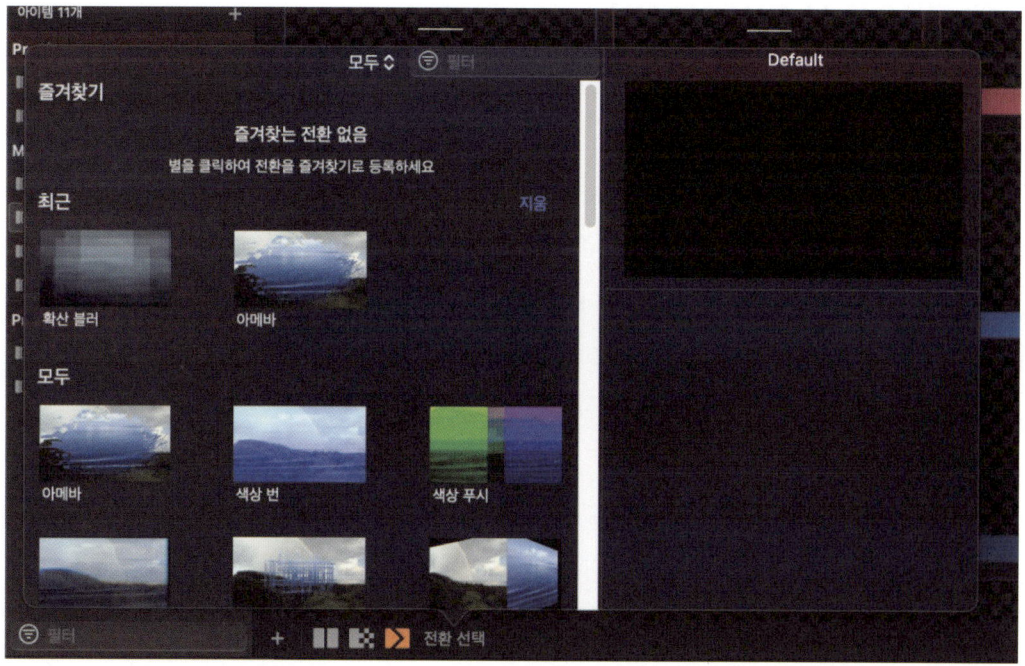

창을 연 상태에서 전환 미리 보기 중 하나를 클릭하여 선택합니다.

전환 미리 보기를 보려면 전환 이미지 위에 마우스를 올립니다.

전환 창의 왼쪽 상단에는 표시할 전환의 하위 집합을 선택할 수 있는 드롭다운 메뉴가 있습니다. 필터 필드에 사용 가능한 전환을 검색할 구문을 입력합니다. 사용 가능한 전환 목록 외에도 즐겨찾기 전환 및 최근 전환 목록의 맨 위에 있습니다. 최근 전환을 지우려면 최근 전환 섹션의 오른쪽에 있는 지우기를 클릭하세요.

잘라내기 전환을 제외한 모든 전환에서는 지속 시간을 설정할 수 있으며, 많은 전환에는 조정할 수 있는 다른 매개 변수가 있습니다.

모든 파라미터를 기본 설정으로 재설정하려면 **기본 파라미터로 재설정 (Reset to Default Parameters)**를 클릭합니다. 즐겨찾기 전환(Favorite Transition)을 만들려면 별표를 클릭하세요.

프레젠테이션 전환을 비활성화하려면(해당 프레젠테이션의 모든 슬라이드가 마스터 슬라이드 전환을 사용하도록) 전환 창의 왼쪽 위에 있는 **기본값(Default)**을 클릭합니다.

즐겨찾기 (Favorites)

프로그램 전체에서 빠르게 사용할 수 있도록 여러 전환을 즐겨찾기로 설정할 수 있습니다. **즐겨찾기(Favorite)**를 만들려면 전환을 선택하고 원하는 대로 매개변수를 설정한 다음 별표 아이콘을 클릭하여 즐겨찾기 목록에 추가합니다.

> ※ 팁: 즐겨찾기와 동일한 전환 유형을 여러 번 사용할 수 있습니다(예: 다른 매개변수를 사용). 일반적으로 즐겨찾기를 만든 다음 주 전환 창에서 전환을 다시 선택하면 해당 유형의 다른 전환 복사본을 만들기 위해 별을 다시 선택할 수 있습니다.

즐겨찾기 전환의 이름을 변경하려면 해당 전환을 선택하고 미리보기 창 오른쪽에서 전환 이름을 클릭합니다.

즐겨찾기 전환을 선택한 후 오른쪽 상단에 있는 별을 클릭하여 해당 즐겨찾기 전환("**다른 이름으로 저장(Save As)**")의 복사본을 만들거나 해당 전환을 **삭제(Delete)**합니다.

설정 (Preferences)

ProPresenter에는 여러 가지 방법으로 소프트웨어 사용 방법에 영향을 미치거나 변경할 수 있는 프로그램 내부의 기본 설정 그룹이 많이 있습니다. 초기 설정 외에 기본 설정을 변경할 필요가 거의 없습니다. 기본 설정은 Mac에서 Command-Comma 또는 PC에서 Control-Comma를 누르거나 ProPresenter 메뉴를 클릭하고 기본 설정을 선택하여 액세스할 수 있습니다. 7.3부터는 ProPresenter 메뉴에서 열려는 특정 탭을 선택할 수 있는 **설정(Preferences)** 메뉴가 표시됩니다.

일반 탭 (General Tab)

기본 설정 (Preferences)의 일반 탭에는 프로그램의 일반 설정, 로고 및 저작권 등 상황에 따라 다르게 표시될 수 있습니다. (교회 통합(House of Worship Integration)이 활성화된 경우)

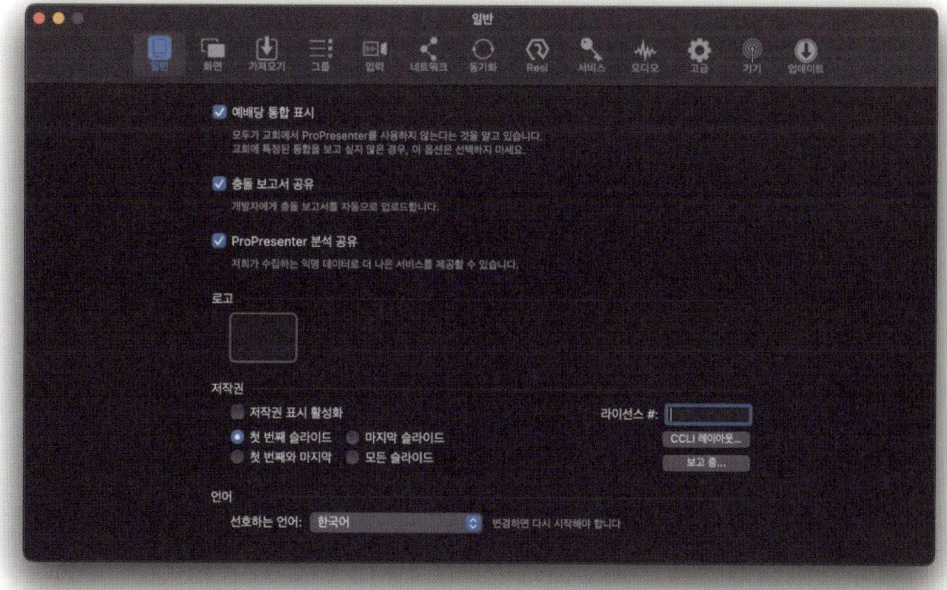

교회 통합 (Show House of Warship Integration)은 예배당에만 있는 특정 아이콘/기능의 표시를 전환합니다. 숨겨진 아이콘/기능에는 리뉴얼된 비전 미디어 저장소, 성경 및 계획 센터 온라인 통합이 포함됩니다. 또한 빠른 검색 창에서 CCLI SongSelect와의 통합을 숨기고 ProPresenter Preferences의 일반 탭 아래에 있는 저작권 표시 옵션을 숨깁니다. 이 모든 것은 도구 모음 및 메뉴 모음 옵션에서 숨겨집니다.

충돌 보고서 공유(Share Crash Reports)는 프로그램에 문제가 있을 때 갱신된 비전 팀에 충돌 보고서를 보내는 기능을 켭니다. 이 섹션을 선택하면 응용프로그램이 제대로 작동하지 않을 때 응용프로그램이 충돌 보고서 제출을 시도합니다.

분석 공유 (Share ProPresenter Analytics)를 사용하면 리뉴얼된 비전 팀에서 프로그램 사용 방법에 대한 데이터를 익명으로 수집하여 향후 기능 업데이트 및 개선을 지원할 수 있습니다.

로고(Logo)에서 상자를 클릭하여 컴퓨터 대화 상자를 로드하여 이미지 파일을 검색합니다. 여기에 조직의 로고 또는 다른 이미지가 있으면 비상 시 표시할 수 있습니다. 로고가 설정되면 프로그램 오른쪽 상단의 미리 보기 창과 작업 메뉴에 **로고 지우기(Clear to Logo)** 버튼이 나타납니다. 이 버튼을 클릭하면 슬라이드 레이어가 지워지고 해당 레이어로 로고가 전송됩니다. 로고를 변경하려면 로고 썸네일이 표시된 상자를 클릭하여 브라우저 창을 다시 열고 새 로고를 선택하기만 하면 됩니다.

저작권(Copyright)은 저작권 정보를 표시할 위치와 "어떻게" 표시할 것인지 여부를 선택할 수 있는 섹션입니다. 이 섹션은 **교회 통합 표시(Show House of Warship Integration)**가 활성화된 경우에만 나타납니다. 이에 대한 자세한 내용은 저작권 표시 섹션에서 확인할 수 있습니다.

Mac 사용자의 경우 **렌더링 모드(Render Mode)**에 대한 옵션을 사용하여 메탈 렌더링을 활성화할 수 있습니다. 이 기능은 현재 소프트웨어의 베타 기능으로 출력을 렌더링하는데 메탈을 사용할 수 있습니다. 메탈을 사용하면 GPU가 그래픽 출력을 가속화할 수 있으므로 이를 테스트용으로 사용해야 합니다.

Windows 사용자는 여기에서 ProPresenter를 실행할 기본 언어를 선택하는 옵션을 볼 수 있습니다. 자세한 내용은 **현지화(Localization)** 섹션을 참조하세요.

스크린 탭 (Screen Tab)

화면 탭을 사용하면 설정한 화면에 대한 특정 요소를 설정하고 화면 구성 창을 여는 빠른 링크를 설정할 수 있습니다.

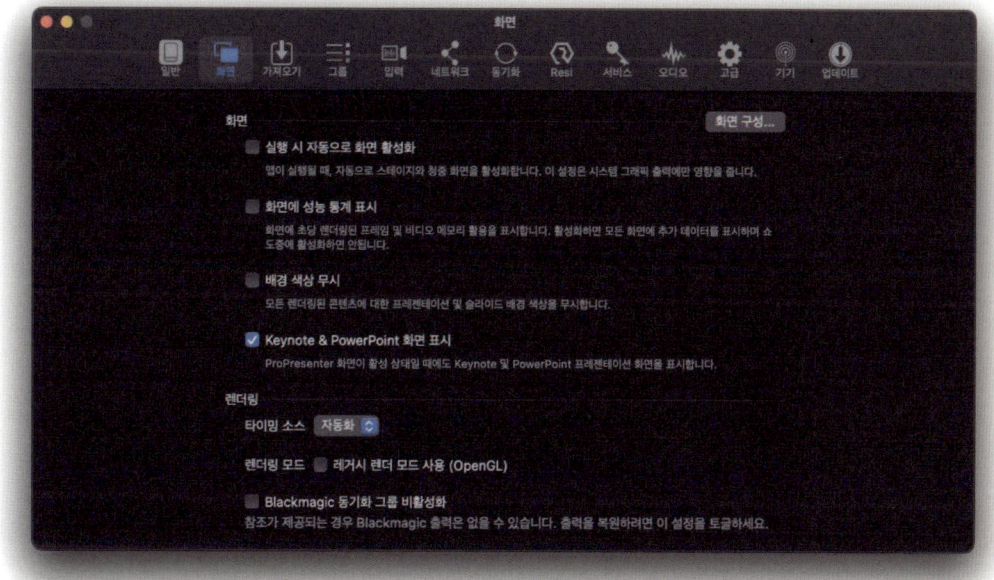

시작 시 화면 자동 활성화(Automatically Enable Screens at Launch)를 활성화하면 프로그램이 시작될 때 그래픽 출력이 할당된 스테이지 또는 청중 화면에서 전환됩니다. 이 옵션의 선택을 취소하면 미리 보기 창에서 버튼을 누르거나 Mac에서 Command+1 또는 Windows에서 Control+1을 사용하여 화면을 수동으로 전환해야 합니다. 사용자 화면 및 Mac에서는 Command+2를, Windows에서는 Control+2를 선택합니다.

화면에 성능 통계 표시(Show Performance Statistics on Screen)를 사용하면 초당 실행 중인 프레임 수와 컴퓨터에서 사용 중인 비디오 메모리의 양을 확인할 수 있습니다. 이 설정은 출력의 추가 데이터를 진단하는데 도움이 되는 고급 설정이며, 일반적으로 쇼 중에는 표시되지 않아야 합니다.

배경색 무시(Ignore Background Colors)를 활성화하면 편집기에서 설정된 프레젠테이션이나 슬라이드 배경색 없이 모든 슬라이드가 렌더링됩니다. 이 기능은 슬라이드 미리 보기에 검은색 텍스트가 나타나도록 밝은 배경을 설정했지만 배경색이 화면에 표시되지 않도록 하는 경우 특히 유용합니다.

일부 프레젠테이션에 키노트 또는 PowerPoint를 사용하는 경우 해당 프로그램의 출력 창에 대해 **키노트 및 파워포인트 스크린 보기(Show Keonkey 및 PowerPoint Screen)**를 활성화하여 해당 소프트웨어에서 쇼를 트리거할 때 ProPresenter 화면 위에 표시할 수 있습니다. 현재 이 기능은 Mac 전용이지만 향후 Windows에서 추가되기를 기대합니다.

창 하단에서 "**화면 구성 열기(Open Screen Configuration...)**"를 클릭하여 설정 화면 창을 열고 출력 화면을 설정합니다.

가져오기 탭 (Import Tab)

가져오기 탭은 미디어를 가져올 때 사용되는 기본값을 사용자 정의합니다.

크기 조정(Scaling)에서 ProPresenter로 미디어를 가져올 때마다 사용할 크기 조정 작업을 선택합니다. **전경**(Foreground) 또는 **배경**(Background) 모두에 대해 선택할 수 있습니다.

이미지(Image) 섹션에서 작업을 전경 또는 배경으로 작동시킬지 여부를 선택할 수 있으며 작업의 기본 **기간**(Duration [일정한 시간, 임의의 시간 또는 없음으로 설정할 수 있음])을 선택하고 기간이 끝난 후에 수행할 작업을 제어할 수 있습니다.

비디오 (Video) 섹션에서는 작업이 포그라운드 또는 백그라운드로 작동할지 여부와 반복 또는 중지를 실행할 **재생 동작(Playback Behavior)**을 선택할 수 있습니다. 재생 동작에 대해 **중지(Stop)**를 선택하면 **종료 동작(End Behavior)** 및 **다음 동작(Next Behavior)**에 대한 옵션을 사용하여 작업이 재생된 후 수행할 작업과 화면에서 다음에 수행할 작업을 선택할 수 있습니다. 다음 동작은 **미디어 빈(Media Bin)**에서 콘텐츠를 트리거하는 경우에만 적용됩니다.

오디오(Audio) 섹션에는 파일의 재생 동작에 대해 수행할 작업을 선택할 수 있는 옵션이 하나 있습니다. 중지, 반복 또는 다음으로 선택할 수 있습니다.

다음(Next)을 선택하면 파일이 오디오 빈에서 직접 재생되는 경우에만 작동하지만 반복 및 중지는 **빈(Bin)** 또는 슬라이드에 동작으로 추가된 경우 이 작업을 따릅니다.

그룹 탭 (Group Tab)

그룹은 노래 또는 프레젠테이션의 슬라이드를 구성하는데 도움이 됩니다. 여기 환경설정에서 새 라벨을 추가하고 색상을 설정할 수 있습니다.

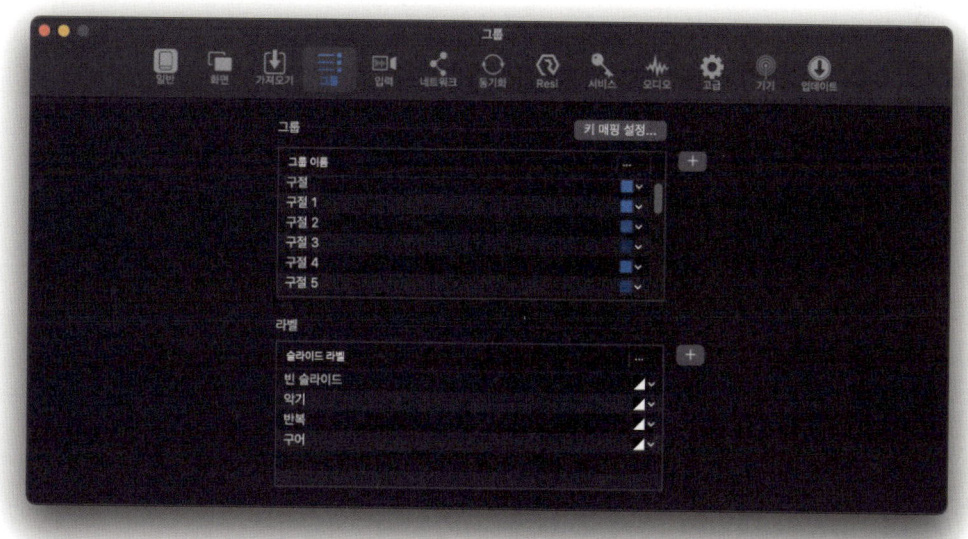

더하기 아이콘을 클릭하여 새 라벨을 추가합니다. 라벨 이름을 선택하거나 라벨을 마우스 오른쪽 버튼으로 클릭하고 삭제를 눌러 라벨을 제거합니다. 라벨에 원하는 색상을 설정할 수도 있습니다.

미리 만든 그룹 라벨 및 슬라이드 라벨 세트는 기본적으로 프로그램에 포함되어 있습니다.

그룹 라벨은 ProPresenter의 정렬 기능과 함께 사용됩니다. 그룹 라벨을 사용하여 프레젠테이션에 바로 가기 키를 자동으로 추가할 수도 있습니다.

바로 가기 키를 사용하여 키보드를 사용하여 특정 슬라이드로 이동할 수 있습니다.

슬라이드 라벨을 사용하여 슬라이드에 짧은 노트를 추가할 수 있습니다. 그룹 라벨은 일반적으로 노래의 소절을 구성하고 노래를 쉽게 편곡할 수 있도록 하기 위해 사용됩니다. 슬라이드에는 슬라이드 라벨과 그룹 라벨이 모두 있을 수 있습니다.

입력 탭 (Input Tab)

입력 탭에서는 오디오 및 비디오 입력을 모두 프로그램으로 설정하고 프로그램에서 작동하는 방식을 선택할 수 있습니다.

비디오 입력 (Video Input)

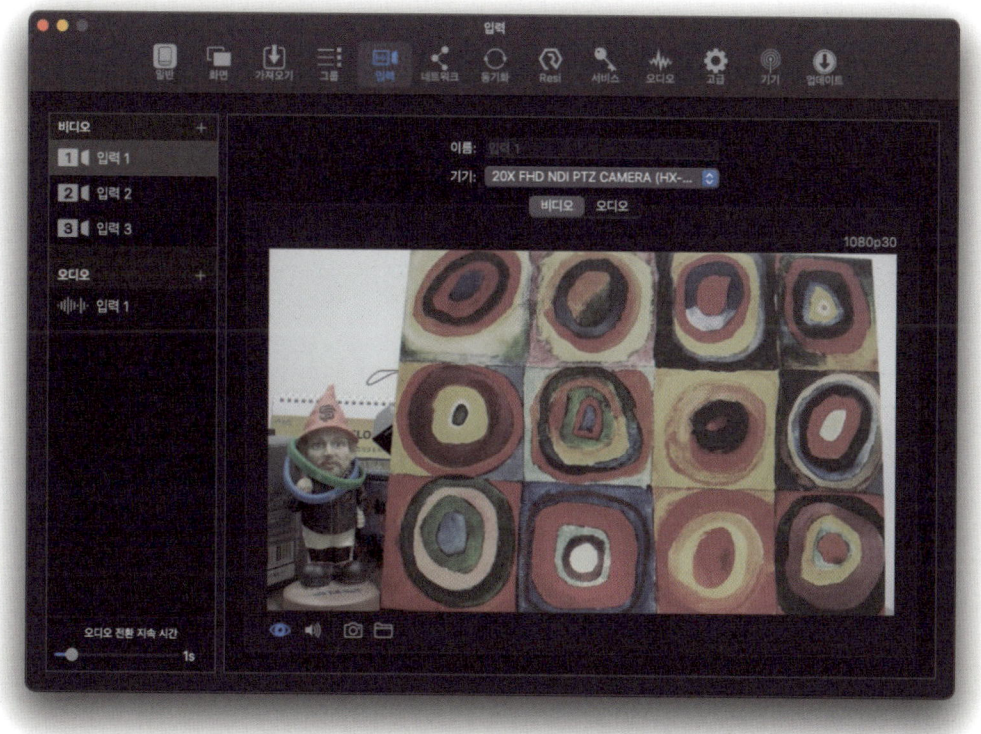

입력을 추가하려면 왼쪽 열의 비디오 옆에 있는 + 버튼을 클릭하면 입력이 추가됩니다. 이름을 한 번 클릭하거나 창의 기본 섹션에 **이름(Name)**을 입력하여 이 입력의 이름을 지정할 수 있습니다. 이 이름은 미디어 빈의 비디오 입력 재생 목록에 있는 큐 **설명(Description)**에 사용됩니다. 생성한 입력 중 하나를 제거해야 하는 경우 왼쪽 열의 입력을 마우스 오른쪽 버튼으로 클릭하거나 스와이프하여 삭제할 수 있습니다.

입력이 추가되면 장치에 연결할 수 있습니다. ProPresenter는 USB 및 Thunderbolt 장치, SDI, Syphon(Mac 전용) 및 NDI를 통해 입력을 수신합니다.

연결되고 사용 가능한 각 장치가 장치 드롭다운 메뉴에 표시됩니다. 장치를 선택하면 해당 창의 하단에 입력 미리 보기가 나타납니다. 프레임 속도 및 해상도를 자동으로 감지할 수 있는 장치는 미리 보기 창의 오른쪽 상단 모서리에 이 정보를 표시합니다. 장치가 모드를 자동으로 감지하지 못하는 경우 입력에서 사용 중인 모드를 수동으로 선택하는 상자가 표시되고 드롭다운에서 수동으로 선택합니다.

이 창의 왼쪽 아래에 있는 **재생(Play)** 버튼을 눌러 미리 보기 창을 끄거나 켤 수 있습니다. **카메라(Camera)** 또는 **폴더(folder)** 아이콘을 사용하여 입력 큐의 썸네일을 설정할 수도 있습니다. 카메라를 클릭하면 해당 순간 미리 보기의 "사진"이 촬영되고 썸네일로 저장됩니다. 다른 옵션은 폴더를 클릭하고 썸네일에 사용할 이미지 파일을 선택하는 것입니다.

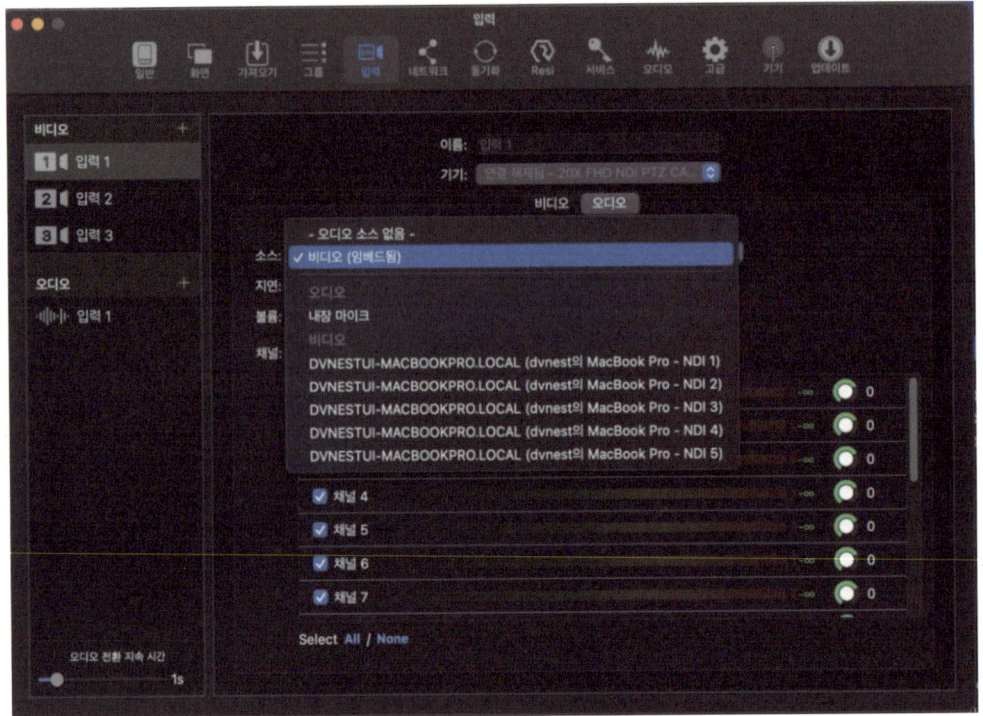

오디오 입력 소스를 해당 비디오에 내장된 비디오 입력 또는 별도의 오디오 소스에 연결할 수 있습니다. 원본에서 내장 오디오(사용 가능한 경우 기본적으로 선택됨)를 선택하거나 필요한 경우 오디오 장치를 선택해야 합니다.

오디오 소스 없음(-No-Audio Source)-을 선택하여 비디오 입력에 오디오를 연결하지 않을 수도 있습니다. 오디오 소스를 선택한 후에는 입력의 마스터 볼륨인 밀리초 단위의 지연(현재 양의 값에만 해당)을 설정할 수 있으며 오디오의 개별 채널도 볼 수 있습니다. 또한 오디오 출력 장치를 사용하고 있을 때 ProPresenter의 오디오 출력의 특정 채널로 오디오 입력의 특정 채널을 전송해야 하는 경우 오디오 라우팅을 설정하는 옵션도 있습니다. 오디오 노브를 위/아래로 끄거나 −60에서 6 사이의 값을 수동으로 입력하여 각 오디오 채널의 특정 볼륨을 설정할 수도 있습니다.

오디오 입력 (Audio Input)

오디오 입력을 추가하는 것은 비디오 입력을 추가하는 것과 유사하지만 몇 가지 추가 설정/단계가 필요합니다.

오디오 입력을 추가하려면 왼쪽 열의 "오디오" 옆에 있는 + 버튼을 클릭하면 입력 장치가 추가됩니다. 이름을 한 번 클릭하거나 창의 기본 섹션에 이름을 입력하여 이 입력의 이름을 지정할 수 있습니다. 생성한 입력 장치 중 하나를 제거해야 하는 경우 왼쪽 열의 입력을 마우스 오른쪽 버튼으로 클릭하거나 스와이프하여 삭제할 수 있습니다.

오디오 입력에는 네 가지 모드(Mode)를 선택할 수 있습니다. 여기서 선택하는 옵션은 오디오가 ProPresenter에 입력되는 시기/방식이 변경됩니다.

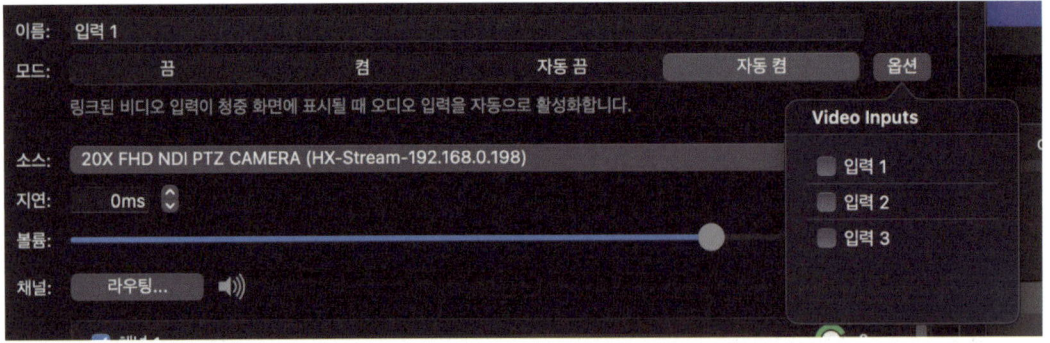

- **꺼짐 (Off)** – 입력이 꺼져 있고 오디오가 사용되지 않음을 의미합니다.

- **켜짐 (On)** – 응용 프로그램이 시작되는 순간부터 항상 입력이 켜져 있음을 의미합니다.

- **자동 꺼짐 (Auto Off)** – 오디오 트랙이 포함된 포그라운드 비디오가 트리거된 경우를 제외하고 오디오 입력 장치가 항상 켜져 있도록 유지합니다.

- **자동 켜짐 (Auto On)** – 이 옵션은 오디오와 연결된 비디오 입력이 트리거될 때마다 오디오 장치를 켭니다. 자동 설정을 사용하면 오디오를 현재 비디오 입력에 연결할 수 있는 옵션 버튼이 나타납니다.

선택한 모드는 프로그램을 다시 시작하여도 저장되며 시작 즉시 활성화됩니다. 드롭다운 메뉴에서 오디오 입력의 소스를 선택할 수 있습니다.

이 드롭다운은 오디오 전용 인터페이스뿐만 아니라 오디오가 포함된 프로그램으로 들어오는 모든 비디오 입력을 표시합니다.

오디오 소스를 선택한 후에는 입력의 마스터 볼륨인 지연 시간(밀리초)을 설정할 수 있으며 오디오의 개별 채널도 볼 수 있습니다. 고급 신호 흐름을 원하는 경우 오디오 라우팅을 설정하는 옵션도 있습니다. 라우팅 옆에 있는 스피커를 클릭하면 오디오 입력 소리를 모니터링할 수 있습니다. 기본 설정의 오디오 탭에서 검사기 출력을 위해 선택한 오디오 장치를 통해 전송됩니다.

SDI 오디오 입력은 16개의 사용 가능한 채널로 구성되는 반면, NDI 오디오는 현재 8개의 채널로 제한됩니다. 오디오 노브를 위/아래로 끌거나 -60 ~ 6dB 사이의 값을 수동으로 입력하여 개별 채널의 볼륨을 조정할 수 있습니다.

7.3부터는 이 창의 왼쪽 아래에 오디오 전환 기간을 설정할 수 있습니다. 그러면 오디오 입력이 출력에서 들어오고 나가는 시간을 0초에서 10초 사이로 설정할 수 있습니다.

네트워크 탭 (Network Tab)

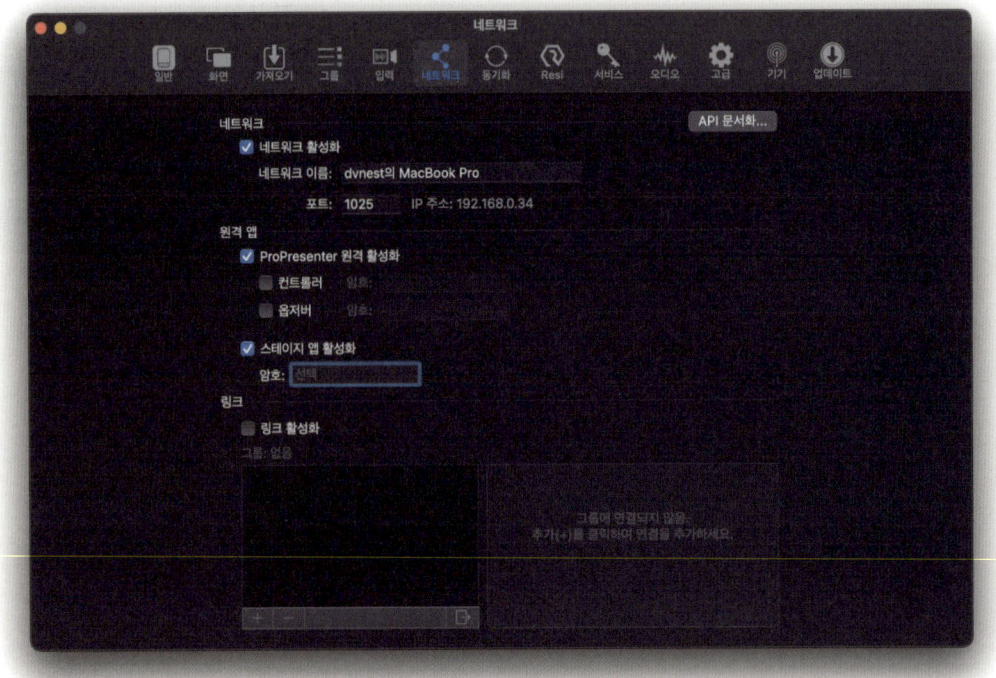

네트워크 서비스를 활성화하려면 **네트워크 활성화(Enable Network)** 확인란을 선택해야 합니다. 네트워크 이름과 포트가 자동으로 설정됩니다. 포트 번호를 변경할 필요는 없습니다. 일반적으로 네트워크 관리 요구 사항으로 인해 ProPresenter의 네트워크 트래픽을 특정 포트를 통해 라우팅해야 하는 경우에만 포트를 변경하면 됩니다.

iOS 및 Android 장치용 ProPresenter Apps와 Apple용 Stage 앱을 사용하려면 다음과 같이 하세요. TV의 **원격 앱(Remote Apps)** 섹션에서 설정을 활성화해야 합니다.

iOS 및 Android용 ProPresenter 원격 앱을 사용하려면 **ProPresenter 원격 활성화 (Enable ProPresenter Remote)** 확인란을 선택하고 **컨트롤러(Controller)** 또는 **옵저버 (Observer)** 에서 사용할 수 있는 모드를 활성화해야 합니다. 또한 각 로그인 옵션에 대해 **암호(Password)** 를 설정해야 합니다. 두 모드에 동일한 암호를 사용할 수 없으며 활성화한 각 상자에 암호가 나열되어 있어야 합니다.

스테이지 디스플레이 앱 활성화 (Enable Stage Display App) 을 사용하면 iOS, Apple TV 및

Android용 ProPresenter Stage Display 앱을 사용할 수 있습니다. 각 장치에서 앱에 로그인하는데 사용할 암호를 설정해야 합니다.

동기화 탭 (Sync Tab)

ProPresenter를 사용하면 라이브러리뿐만 아니라 다른 파일도 포함하여 컴퓨터 간에 파일을 쉽게 동기화할 수 있습니다. 이렇게 하면 ProPresenter를 사용하여 새 컴퓨터를 훨씬 쉽게 설정할 수 있을 뿐만 아니라 컴퓨터 간의 동기화를 유지할 수 있습니다.

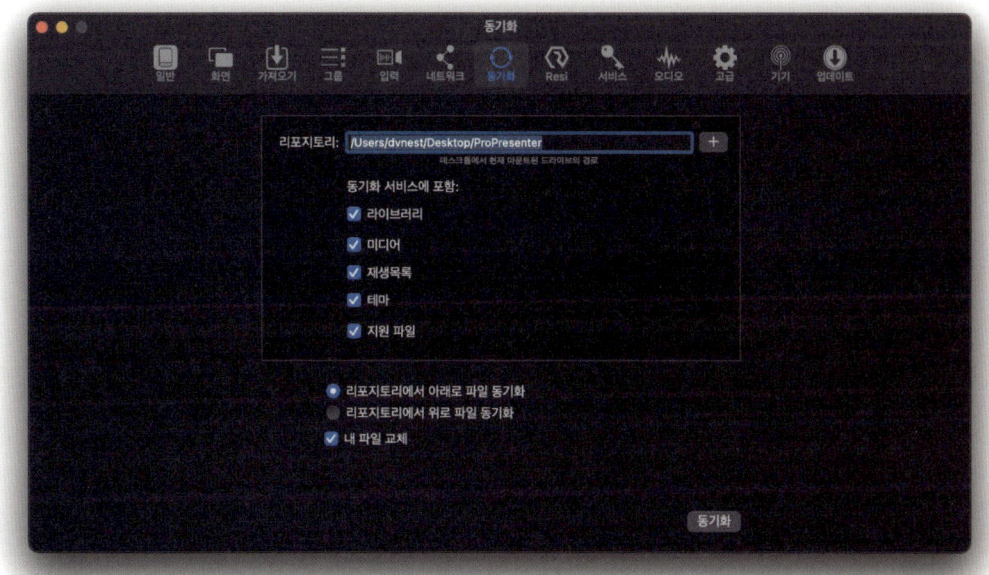

동기화를 시작하기 전에 모든 항목을 저장할 중앙 폴더가 있어야 합니다. 이 폴더는 공유 디렉터리 또는 동기화에만 사용되는 외부 드라이브의 전용 폴더여야 합니다. 이 창의 **리포지토리 (Repository)** 아래에 이 폴더 경로를 배치합니다.

다음으로 동기화 서비스에 포함할 데이터를 선택합니다. 여기에는 라이브러리, 미디어, 재생목록, 테마 및 기타 **지원 파일(Support Files)**이 포함될 수 있습니다.

이러한 옵션을 모두 선택한 다음 **리포지토리로 동기화(Sync Up to Repository)**를 선택하여 리포지토리에 초기 폴더를 만듭니다. 동기화 폴더에는 최대 5개의 폴더가 있습니다. 동기화가 완료된 후 리포지토리에 항목을 추가할지 또는 리포지토리에서 항목을 가져올지에 따라 동기화 옵션 중 하나를 사용할 수 있습니다.

한 위치에서 삭제된 파일은 동기화할 때 다른 위치에서 삭제되지 않습니다. 이 동기화 방법은 현재 파일 목록만 보고 사용자 목적에 따라 동기화해야 할 항목을 결정합니다.

리포지토리에서 아래로 파일 동기화를 선택하면 파일이 리포지토리에서 컴퓨터로 이동됩니다. 파일을 리포지토리로 동기화를 선택하면 컴퓨터에서 리포지토리로 파일이 이동됩니다. [내 파일 바꾸기]를 활성화하면 두 파일의 수정 날짜에 관계없이 원본 버전을 사용하여 동일한 이름의 파일이 대상 버전을 대체합니다. 기본 컴퓨터에서 대상의 편집 내용을 "재설정"하려는 경우에만 이 옵션을 사용해야 합니다.

Resi 탭 (Resi Tab)

ProPresenter의 환경설정 (Preferences) 창에는 Resi 계정에 로그인했을 때 유용한 리소스를 제공하는 Resi 탭이 있습니다. 로그인하지 않은 경우 로그인 버튼과 Resi 웹 사이트를 로드할 수 있는 옵션이 표시됩니다.

Resi 계정에 로그인하면 다음 작업을 수행할 수 있습니다:

- 사용 중인 ProPresenter 시스템의 Resi 계정 상태와 인코더 이름을 확인합니다.

- 관리(Management) 버튼을 클릭하여 Resi 제어 센터를 엽니다. 그러면 계정의 Resi 컨트롤 페이지에 대한 브라우저 창이 열리며, 여기서 대상 그룹을 설정하고, 웹 이벤트 프로파일을 만들고, Resi 계정에 대해 자세히 알아볼 수 있습니다.

- Resi ProPresenter 인코더의 최신 버전을 확인합니다. 여기서 업데이트를 확인하여 최신 버전이 있는지 확인할 수 있습니다.

- 스트림에 사용되는 계수를 Resi로 설정하려면 위에서 설명한 **캡처 설정(Capture Settings)** 창을 엽니다.

Resi를 통해 이벤트를 스트리밍하는 방법에 대한 자세한 내용은 이 사용자 가이드의 'Resi를 통한 스트리밍'에서 확인할 수 있습니다.

서비스 탭 (Service Tab)

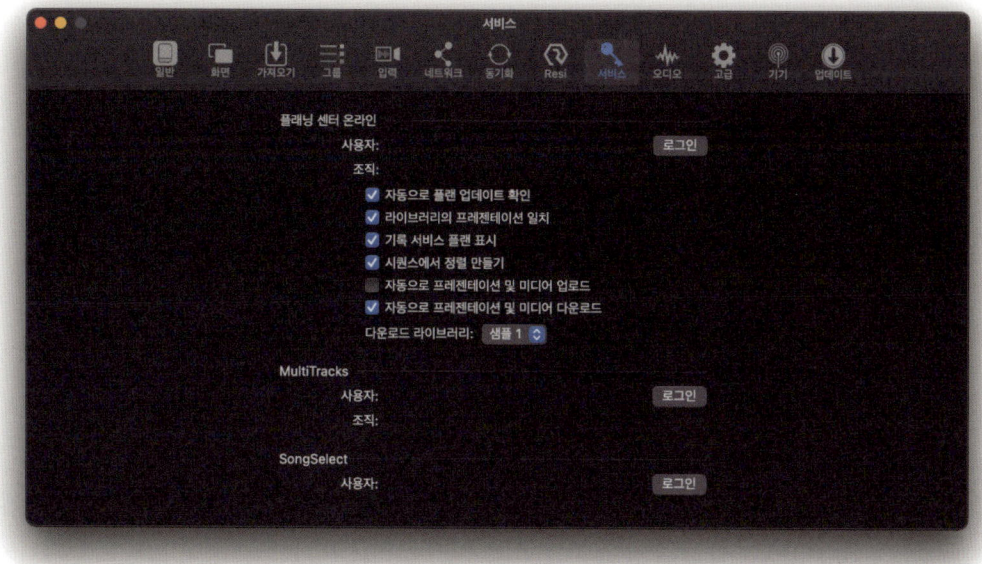

플래닝 센터 온라인(Planning Center Online)을 사용하는 경우 로그인하여 서비스 플랜에 액세스하고 플래닝 센터 라이브 기능을 사용할 수 있습니다. **로그인(Login)**하면 맨 위에 사용자 이름과 조직이 표시되고 로그아웃 버튼이 **로그아웃 (Logout)** 옵션으로 표시됩니다. 플래닝 센터에는 여러 가지 설정을 사용할 수 있습니다.

- **자동으로 계획 업데이트 확인 (Automatically Check for Plan Updates)** – 이 선택사항은 계획이 업데이트되었는지 확인하기 위해 5분마다 계획 센터를 확인합니다. ProPresenter에서 새 항목 또는 호환되는 새 파일 첨부와 같은 변경 사항을 발견하면 재생 목록의 변경 사항을 알려줍니다.

- **라이브러리의 노래 일치 (Match Songs in Library)** – 노래 일치는 계획 항목을 ProPresenter에 있는 프레젠테이션에 연결하는 프로세스 속도를 높이는 데 도움이 됩니다. 예를 들어, 플래닝 센터의 서비스에 힐송의 "Who You Say I Am"이 있고 ProPresenter의 라이브러리에 "Who You Say I Am"이 있는 경우, 계획을 추가하면 ProPresenter가 자동으로 항목과 프레젠테이션을 일치시켜 재생 목록에 로드합니다. ProPresenter는 Title 또는 CCLI 번호와 일치할 수 있습니다.

- **과거 서비스 계획 표시 (Show Historical Service Plans)** – 이 옵션을 선택하면 새 플래닝 센터 재생 목록을 작성할 때 ProPresenter에 표시된 과거 플래닝 센터 계획을 볼 수 있습니다. ProPresenter에서 플래닝 센터 재생 목록을 추가할 때 이 기능을 다시 강조합니다. 이 옵션을 선택하지 않으면 향후 계획만 표시됩니다.

- **시퀀스에서 편곡하기 (Make Arrangements from Sequences)** - 플래닝 센터는 여러분의 계획에 연결될 수 있는 노래를 위해 미리 만들어진 시퀀스의 방대한 모음을 만들었습니다. 이러한 시퀀스를 사용하여 ProPresenter에서 새 노래를 설정하는 프로세스를 가속화할 수 있습니다. 미리 작성된 시퀀스를 사용하거나 사용자 정의 정렬을 생성할 수 있습니다. 다른 순서로 계획 센터 계획에 노래를 여러 번 추가할 수도 있으며, 각 노래는 ProPresenter에서 올바른 정렬로 추가됩니다!

- **문서 및 미디어 자동 업로드 (Automatically Upload Documents and Media)** – ProPresenter 프레젠테이션을 노래에 첨부하거나 재생 목록의 미디어 항목에 미디어 큐를 첨부하는 경우, 두 가지 모두 플래닝 센터 계정에 업로드할 수 있습니다. 플래닝 센터 서비스 플랜에는 스토리지 제한이 있으므로 파일 업로드, 특히 스토리지 공간을 빠르게 사용하는 비디오 파일을 시작하기 전에 플랜을 확인하세요. 이 옵션의 장점은 컴퓨터 1에서 모든 것을 생성하는 경우 컴퓨터 2에서 동일한 계획 센터 재생 목록을 추가하고 모든 노래와 미디어를 다운로드할 수 있다는 것입니다.

우리는 미디어에 대해 한 가지를 명확히 할 필요가 있습니다. 이렇게 하면
프레젠테이션 내의 미디어가 동기화되지 않습니다. 배경이 동기화되지 않습니다.
그러나 재생 목록에 시작 비디오와 같은 독립 실행형 미디어 큐가 있는 경우
업로드할 수 있습니다.

- **문서 및 미디어 자동 다운로드 (Automatically Download Documents and Media)**
  – 위의 선택사항의 반대입니다. 앞서 언급한 바와 같이 프레젠테이션 첨부 파일 및
  미디어 첨부 파일을 다운로드할 수 있습니다. 오디오, 텍스트 또는 PDF와 같은 다른
  첨부 파일 유형은 다운로드할 수 없으며 ProPresenter에서 무시됩니다.

이 기본 설정 탭의 맨 아래에는 SongSelect에 로그인할 수 있는 영역 중 하나가 있습니다.
로그인 버튼을 클릭하면 SongSelect 계정을 ProPresenter에 연결할 수 있는 대화 상자가
나타납니다. 이미 로그인한 경우 사용자 이름이 나열되고 필요한 경우 로그아웃 버튼이
표시됩니다.

오디오 탭 (Audio Tab)

ProPresenter에는 비디오 표시를 위한 화면 설정 옵션이 다양하기 때문에 오디오 출력을
설정하는 옵션도 있습니다.

ProPresenter 환경 설정의 오디오 탭에서 사용자에게 가장 적합한 오디오 장치/설정을 선택할
수 있습니다.

여기서는 먼저 ProPresenter에서 입력 및 출력 모두에 대해 처리할 채널 수를 선택합니다. 이 숫자는 일반적인 스테레오(좌우) 채널 출력의 경우 기본적으로 2로 설정됩니다. 다중 채널 오디오 입력 장치를 사용하거나 오디오를 처리하는 방법을 보다 유연하게 선택하려면 더 많은 채널을 선택할 수 있습니다. 미디어 검사기, 주 출력, SDI 및 NDI 출력에 대한 다양한 오디오 출력 옵션이 있습니다.

검사기 출력의 경우 미디어 검사기에 표시된 미디어의 오디오를 미리 볼 장치를 선택할 수 있습니다. 예를 들어 컴퓨터에 연결된 헤드폰을 사용하여 주 출력으로 나가는 오디오에 영향을 주지 않고 미디어 파일의 오디오를 확인하려는 경우에 유용합니다. Inspector 출력 및 전체 볼륨 레벨에 대해 개별 라우팅을 선택할 수도 있습니다.

주 출력의 경우 출력 장치를 선택할 수도 있습니다. 일반적으로 오디오 출력에 대해 보다 전문적인 설정을 사용하지 않는 한 이 설정은 시스템 설정 값을 사용하는 것이 좋습니다. 프로그램의 주 출력에 대한 볼륨 레벨을 설정할 수 있을 뿐만 아니라 오디오를 최대 1500ms까지 지연시킬 수도 있습니다.

필요한 경우 다른 오디오 채널을 장치의 다른 채널로 라우팅할 수도 있습니다. 오디오 라우팅에 대한 자세한 정보는 오디오 입력 탭 내용에서 확인할 수 있습니다.

NDI 또는 SDI를 통해 주 오디오 출력을 출력하는 경우 아래의 **SDI & NDI** 옵션을 활성화합니다. 이 기능을 사용하면 시스템 오디오 출력을 사용하는 대신 DeckLink 및 UltraStudio 장치를 통해 직접 출력할 수 있습니다. 이제 NDI 출력을 통해 직접 출력할 수 있습니다. 이를 통해 하드웨어 또는 NDI 출력이 이 오디오를 읽고 내부 채널을 통과할 수 있으므로 내부 오디오 처리가 필요하지 않습니다.

> ※ 참고: 기본 오디오 출력이 BlackMagic Audio 출력 장치 또는 시스템 설정으로 설정되어 있고 시스템 설정이 해당 장치인 경우 SDI 회선을 통해 이중 오디오가 들립니다. 이 문제를 방지하려면 ProPresenter에서 기본 오디오 출력 수준을 낮추거나 기본 오디오 출력에 사용할 다른 장치를 선택하세요.

고급 탭 (Advanced Tab)

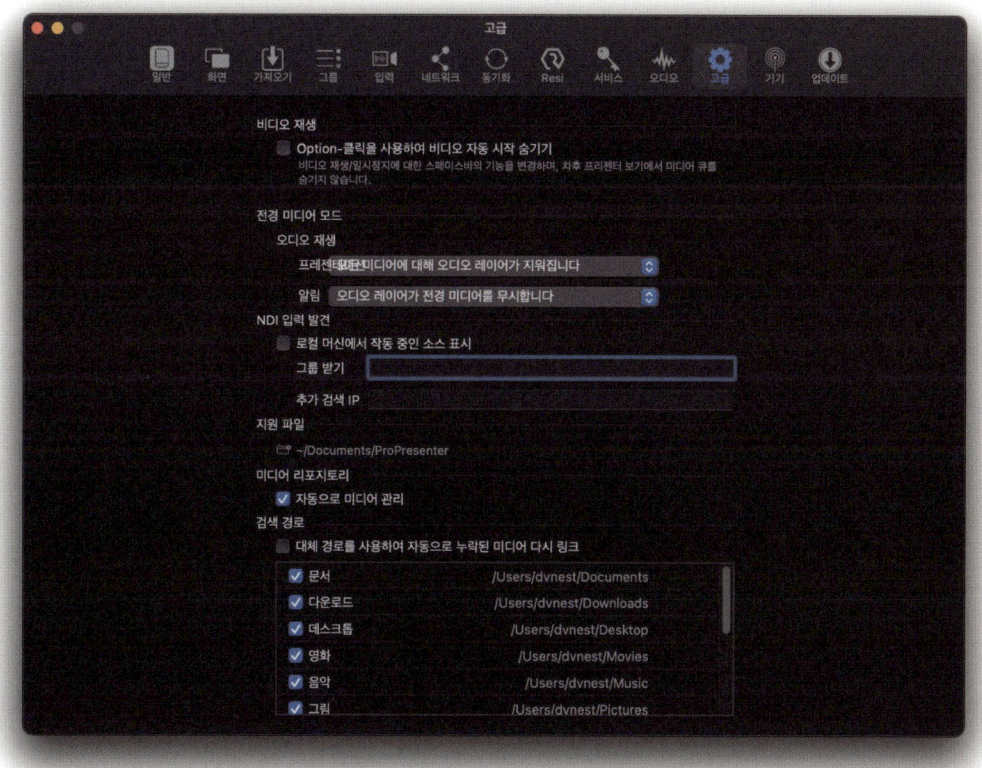

비디오 재생(Video Playback) - Option-클릭(Windows의 경우 Alt-Click)을 사용하여 비디오

자동 시작 숨기기 옵션을 사용하면 미디어 파일을 클릭할 때 자동으로 트리거하는 대신 미디어 파일을 표시할 수 있습니다. 이 기능을 사용하도록 설정한 경우 미디어 작업을 클릭할 때 Option (Windows의 Alt)을 누르면 비디오가 로드되지만 자동으로 재생이 시작되지는 않습니다. 파일을 재생하려면 스페이스 바를 누르면 비디오 파일의 재생/일시 중지 버튼이 트리거됩니다.

전경 미디어 작업 (Foreground Media Behavior) - 이 드롭다운 옵션을 사용하면 프레젠테이션 또는 알림 계층에서 포그라운드가 트리거될 때 프로그램의 오디오 출력 작업을 설정할 수 있습니다. 여기에는 각각 조금씩 다르게 작동하는 5가지 옵션이 있습니다.

- **오디오 계층에서 포그라운드 미디어를 무시(Audio layer ignores foreground media)** - 이 옵션은 단순히 포그라운드 미디어의 일부가 트리거된 경우 오디오 계층이 아무런 효과를 보지 못한다는 것을 의미합니다.

- **오디오 계층이 모든 미디어에 대해 지우기(Audio layer is cleared for all media)** - 이 옵션은 전경 미디어 조각이 트리거될 때마다 프로그램에서 재생되는 모든 오디오를 지웁니다.

- **미디어에 오디오가 있는 경우 오디오 계층 지우기(Audio layer is cleared if media has audio)** - 이 옵션은 오디오 채널이 있는 전경 미디어 조각이 트리거될 때 프로그램에서 재생되는 모든 오디오를 지웁니다. 미디어에 오디오 채널이 내장되어 있는 한(빈 채널도 포함) 이러한 현상이 발생합니다.

- **모든 미디어에 대해 오디오 계층 일시 중지/재개 (Audio layer pauses/resumes for all media)** - 이 옵션은 전경 미디어 조각이 트리거될 때 프로그램에서 재생되는 모든 오디오를 일시 중지합니다. 전경 미디어가 지워지면 오디오가 다시 시작됩니다.

- **미디어에 오디오가 있는 경우 오디오 계층 일시 중지/재개 (Audio layer pauses/resumes if media has audio)** - 오디오 채널이 있는 전경 미디어 조각이 트리거될 때 프로그램에서 재생되는 오디오를 일시 중지합니다. 미디어에 오디오 채널이 내장되어 있는 한(빈 채널도 포함) 이러한 현상이 발생합니다. 전경 미디어가 지워지면 오디오가 다시 시작됩니다.

지원 파일 (Support Files) - 여기에 나열된 폴더 경로는 프로그램의 지원 파일이 저장된 위치입니다. 폴더 아이콘을 클릭하면 컴퓨터에서 이 저장소로 사용할 새 폴더를 선택할 수 있습니다.

미디어 저장소 (Media Repositor) – 자동으로 미디어 관리 옵션을 실행하면 ProPresenter에 추가한 미디어가 지원 파일 폴더 위치의 자산 폴더로 복사됩니다. 기본적으로 이 옵션은 선택되어 있지 않으므로 ProPresenter에 추가된 미디어는 원본 파일을 이동하지 않습니다. 이 옵션을 활성화하면 모든 미디어 파일이 ProPresenter에 추가되고 미디어 저장소로 자동으로 이동되어 실수로 링크가 끊기는 것을 방지합니다. 이미 잘 구성된 미디어 저장 방법이 있는 경우 이 옵션을 실행하지 않는 것이 좋습니다.

검색 경로 (Search Paths) – 검색 경로는 컴퓨터의 다른 위치에 있는 경우 프로그램에서 누락된 것으로 표시되는 미디어 파일을 동일한 파일과 다시 연결하는데 사용됩니다. 대체 경로를 사용하여 **자동으로 누락된 미디어 다시 연결** (Automatically Relink Missing Media Using Alternate Paths) 확인란을 선택한 다음 프로그램에서 누락된 미디어를 찾기 위해 사용할 폴더 경로를 선택하여 이 설정을 활성화할 수 있습니다. 위에서 **자동으로 미디어 관리**(Manage Media Automatically)를 사용하도록 설정한 경우에는 이 설정이 필요하지 않을 수 있습니다.

기기 탭 (Device Tab)

장치 탭에서 ProPresenter에서 사용할 통신 장치를 추가할 수 있습니다. 윈도우 버전은 미디 통신을 추가할 수 있는 기능을 제공합니다. 맥 버전은 미디, DMX, AMP, CITP, 글로벌 캐시, GVG100, 로스톡, 소니 BVS, 소니 BVW 및 VDCP의 더 많은 통신 옵션을 제공합니다.

장치를 추가하려면 창 왼쪽 아래에 있는 + 버튼을 클릭하고 사용 중인 프로토콜 유형을 선택합니다. 각 장치에는 유형에 따라 입력해야 하는 고유한 설정이 있습니다. 장치를 만들면 기본 설정의 장치 탭에 나열됩니다. **연결(Connect)** 버튼을 클릭하여 해당 장치에 연결합니다. 장치를 삭제하려면 장치를 마우스 오른쪽 버튼으로 클릭하고 삭제를 선택하거나 설정 창에서 삭제 버튼을 클릭합니다.

이러한 장치와의 통신에 대한 자세한 내용은 통신 섹션에서 확인할 수 있습니다.

업데이트 탭 (Update Tab)

기본 설정의 업데이트 섹션에서는 프로그램의 현재 버전을 확인하고, 소프트웨어를 최신 버전 릴리스로 업데이트하며, 베타 채널도 볼 수 있습니다.

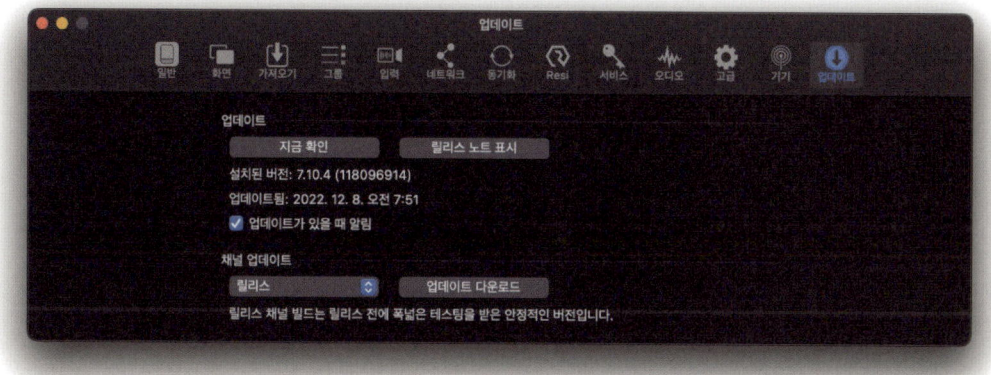

업데이트 (Update)

지금 확인(Check Now) 버튼을 클릭하여 실행 중인 업데이트 채널에 기반한 현재 업데이트가 있는지 확인합니다. **릴리스 노트 표시**(Show Release Notes)를 클릭하여 프로그램의 각 업데이트에 적용되는 개선 사항 목록이 포함된 버전 기록을 볼 수 있습니다.

또한 현재 설치된 버전 및 빌드 번호와 프로그램이 시스템에서 마지막으로 업데이트된 날짜를 볼 수 있습니다. 여기에서는 프로그램을 시작할 때 업데이트를 사용할 수 있는지 여부에 대한 알림을 표시할 수도 있습니다. 프로그램의 최신 릴리스를 사용할 수 있도록 하려면 이 옵션을 활성화하는 것이 좋습니다.

채널 업데이트 (Update Channel)

릴리스 또는 베타 업데이트 채널에 참여할 것인지 선택할 수도 있습니다.

릴리스 업데이트는 일반적으로 보다 안정적이며 실시간 프로덕션을 위한 것입니다. 베타 업데이트는 더 자주 게시되지만 완전히 테스트되지 않을 수 있으며 사용자 환경에서 광범위한 테스트를 거친 후에만 권장됩니다.

MEMO